叢書・現代社会学④

グローバリゼーション・インパクト

●同時代認識のための社会学理論

厚東洋輔著

ミネルヴァ書房

刊行のことば

人間の共同生活の科学である社会学の課題は、対象とする共同生活における連帯、凝集性、統合、関係などを一定の手続きに基づいて調査し、その内実を理解することにある。数年から十数年かけてまとめた研究成果は、江湖の批判や賛同を求めるために、ジェンダー、世代、階層、コミュニティなどの社会分析の基本軸に着眼しつつ執筆され、社会学的想像力と創造力に溢れる作品として刊行される。

「叢書・現代社会学」は、二一世紀初頭の日本社会学が到達した水準を維持し、それぞれで研鑽を積み上げた専門家が、得意なテーマを絞り、包括的な視点での書き下ろし作品を通して、現代社会と社会学が抱える諸問題に答えようとする意図をもつ。

この狙いを達成するには、一六〇年の社会学史のなかで培われてきた研究の軸となる基礎概念や基本的方法を身につけ、顕在機能と潜在機能、格差と平等、土着と流動、開放と閉鎖、包摂と排除などの視点を駆使しながら、文献や調査資料などのデータ分析からのロジカルシンキングを行うことである。これには、事例を集める、事実を確認する、定義する、指標化する、観察する、解釈する、概念を作る、推論する、原因やメカニズムを追求する、分析する、比較する、結論を下すといった科学的で普遍的な論証のための過程が含まれる。

学界の最先端の水準を維持したうえで、分かりやすく読み応えのある叢書をという目標のもと、企画会議を繰り返し、試行錯誤のなかで斬新なシリーズを誕生させることができた。叢書全体で、現代社会の抱える諸問題と真剣に格闘しつつ、社会学という学問の全体像を明らかにし、次世代による更なる探求への発展につなげたいと願っている。

その意味で、日本社会学界の今後にもささやかな貢献ができると確信する。幅広い読者の支援をお願いする次第である。

二〇〇九年九月

金子勇・盛山和夫・佐藤俊樹・三隅一人

グローバリゼーション・インパクト——同時代認識のための社会学理論　目次

目　次

コラム　初出一覧

グローバル化と社会学理論のゆくえ…　『学術の動向』二〇〇八年四月号（第一三巻第四号）日本学術会議。

人間の生きることの哀切さが心に残る…　『図書新聞』二〇〇八年三月八日（第二八六一号）。

プロローグ　同時代認識のための社会学理論

1　グローバリゼーション・インパクト

同時代の学としての社会学

社会学の課題は、「同時代」（contemporary）における人間と社会のかかわりを探求することに求められるだろう。歴史に関する知識も、異文化についての知識も、自分が生きている〈いま＝ここ〉を解明するために利用されてこそ、社会学にとって意義を持つ。「同時代」の全体的特徴は、社会学においては、「どこから」「どこへ」変わりゆこうとしているのか、という問いを立て、それに答えを出す形で探求されるのが常套的なやり方である。私たちの生きている時代を貫く「趨勢」を浮き彫りにするために用いられる、〈××化〉〈ゼーション-zation〉という言葉は、社会学の大好きな言葉であるといってよい。

では「同時代」はいったいいつから始まるのか。「同時代」の始まりをどこに定めるのかは人さまざまであろう。「同時代」は、〈いま＝ここ〉であり、強烈な臨場感と、全体としての見通し難さという二つの特性に彩られた時代である。私が未知との遭遇が始まったと痛感し始めたのは、多分一九八九年のベルリンの壁崩壊の映像を見たときであろう。私がそれまで蓄積してきた経験と知識の延長上では、こうした事態の出現は予期することはできなかった。今後の動向を占うこともできない、という思いが心を領するようになった。ベルリンの壁が壊されてから、今年で二〇年。十年一昔という言葉があるが、それに従うなら、もう二昔も経ってしまった。現代は時間の推移がスピードアップされた時代といわれている。とすれば一九八九年は二昔以上の「歴史的」出来事になり、「同時代」の起点としては、旧すぎると感じられる人も多いかもしれない。

「ミネルヴァのフクロウは夕闇迫るころ飛び立つ」といわれるように、二〇年の時の厚みをそなえたこの「同時代」を〈理論的に〉解明したいとの思いから企図されたのが、本書である。

本書は二つの大きな特徴を持つ。

グローバリゼーションと社会学理論　そのひとつが、「同時代」の全体的特性を浮き彫りにするために、「グローバリゼーション」がキーワードとして選ばれている点である。この選択は今や「常識」といえるかもしれない。最新の用語だから、あるいは多くの人々が用いるからという理由で、この言葉が選ばれたわけではない。私なりの批判的吟味の末に、時代の趨勢を記述する適正な用語として「グローバリゼーション」は選ばれている。候補となるいくつかの他の言葉を次第次第に振り落とし、この用語が選ばれる経緯については、本書ではできるだけ丁寧に論じるよう心がけている。

「グローバリゼーション」といっても、本書の関心の焦点は、具体的な個々の出来事や傾向性を経験的に確定することにおかれてはいない。常に念頭におかれているのは、個別的傾向性や事実が、「理論的に」どのような形で認識されているか、というただひとつの問題である。「グローバリゼーション」

と呼ばれる経験的事実が、社会学の理論体系にいかなる影響を与え、いかなる形で変容を迫り、どのように取り込まれるに至るのか、このような社会学における理論的革新のありさまを追究することに問題関心は絞られている。これが本書を貫く第二の特徴である。

グローバリゼーションが及ぼす社会学理論へのインパクト

社会学理論の変容は、社会学の基礎概念の変遷をたどることによって、最も簡明に跡付けることができるだろう。「グローバリゼーション」が社会学の基礎概念とみなされるには、ただひとつの言葉が孤立して登録されるだけでは不十分である。「グローバリゼーション」を核として、その周りに密接に関連するいくつかの用語が取り巻くような形で、〈知がひとつのまとまりをなしている〉(a body of knowledge) ことが必要である。「グローバリゼーション」という言葉の出現によって、従来の基礎概念のうち、どの言葉の意味がどのようにシフトするのか、さらにまたどの言葉の賞味期限が切れて基礎概念の地位から滑り落ちるのかについて、慎重に吟味する必要がある。

新しい事実を発見し、それについて詳しく経験的に言明することが、直ちに、社会学「理論」の革新を促すわけではない。新しい事実を表現するのに最も適切な言葉が「基礎概念」として登録されないのなら、そうした経験的に興味ある知見も、社会学的知のボディー部分を形成しないままに終わってしまうだろう。新しい事実に関する知見を、そのつどそのつど、「新しい潮流」あるいは「最新の学説」といった形でやりすごし、理論を旧態依然の形で保ち続けることも可能であろう。しかし新しい事実の出現に対し理論のパッチワークで凌ぐ方式は学問の王道といえまい。本書が徹頭徹尾こだわり続けているのは、「グローバリゼーション」が、社会学において、「理論的に」いかに把握されうるのかという問題である。グローバリゼーションの与えるさまざまなインパクトのうち、社会学理論に与える効果に関心の焦点は絞られている。

かつてパークとバージェスは、シカゴ大学を舞台に、社会学の新しい動きを後戻りすることなく確実に前進させるために、テキストブックの標準化を推し進めた。その結果作り上げられたのが、一九二一年刊行の『科学としての社会学入門』(Introduction to the Science of Sociology) である。私がここで特に注目したいのは、この有名な社会学の教科書の副題である。それは「社会学の基礎概念のための索引を含む」(Including an Index to Basic Sociological Concepts) と題されている。私が本書で試みているのは、「グローバリゼーション」を社会学の基礎概念に登録するために新しい手引き＝ Index を策定することである。

2 グローバリゼーションの方へ

ポストモダンから ハイブリッドモダンへ 第1章「ポストモダンとハイブリッドモダン」では、同時代の趨勢を表すキーワードとして、「ポストモダン」が適当かどうかが吟味される。「ポストモダン」は欧米の先進諸国の現代的動向に関しては適当な分析用具ではあるが、日本のような非西欧圏では、よほど注意しないと誤解を招くことになる。というのは、プレモダン→モダン→ポストモダンという形で非西欧圏では歴史は進化しないからである。日本の近代はポストモダン的な現象に満ちあふれている。日本の近代が示すポストモダンは、モダンに続く次の段階として生じたものではない。それは、西欧産のモダンを異なった文化風土である日本に移植するなかで生み出された。ポストモダンと喧伝された特性の大半は、「文明開化」の時期にもすでにみられており、日本人にはおなじみのものであった。

こうした近代日本の経験は、決して日本に固有な日本社会の特殊性に由来するものではない。現代では、土着の文化とモダンとの混淆によって生ずる「ポストモダン風味」の現象が世界各地でみられるようになった。モダンは、異なった文化圏の間を移転するうちに変質する。ポストモダンが、時間軸上で測定されたモダンの変質過程だとすれば、モダンの空間軸上の移動によって生ずる変容を言い表す言葉が必要である所以に思い至る。モダンの非西欧圏への移転によって生ずるこうした変質を指示するために、本書では、「ハイブリッドモダン」という言葉が提示されている。

モダニティとグローバリゼーション

「ハイブリッドモダン」は、世界各地にみられる現代では私たちになじみの現象である。モダンの大規模な地理的な移動こそが、現代を特徴付ける特性といって過言ではない。「グローバリゼーション」を、モダンの地理的移動の趨勢を表す言葉と解することはできないのか。第2章「グローバリゼーションと社会学変容の三段階」では、同時代の趨勢を浮き彫りにするために「グローバリゼーション」が自覚的に選びとられる。

まず最初に「グローバリゼーション」は、「モダニゼーション」の新しい展開局面として定義される。グローバリゼーションを牽引する力がモダンの移転であることが手短に論じられたあと、グローバリゼーションの展開過程と社会学の発展過程の間にある並行関係が跡付けられる。グローバリゼーションは、啓蒙時代における理念としての「人類史」の時期から、一九世紀後半の始動期（帝国主義、植民地化の時代）を経て、二〇世紀の最後の四半期に「本格期」へと突入する。社会学の歴史に関して、前提とされている「全体社会」像を手がかりに、三つの発展段階を識別することが可能である。

グローバリゼーション・インパクト　「グローバリゼーション」は、これまでの社会学理論をどのような困難に直面させ、またその困難克服のためにどのような方策が必要とされるかを論じるのが、続く第3章、第4章の課題となる。グローバリゼーション現象に立ち向かうために必要な、社会学の理論武装を求めて、社会学理論革新のためのアウトラインが模索されている。

第3章「『全体社会』から『マクロ社会』へ」において吟味の対象となるのが「社会変動論」である。グローバリゼーションは社会変動論を大いなる困難に直面させる。というのは変動の主体であり対象である「全体社会」という概念が維持し難くなるからである。グローバリゼーションに伴い、「全体社会」と「国民国家」の同一視が困難になるばかりではない。全体社会を自己充足性の基準で境界付ける仕方は今や不可能となる。社会相互の独立性を前提とする比較論的研究法も、従来の切れ味を失いつつある。社会変動の原因を社会の内部的な要因に求める内発的発展論も有名無実化する。

こうした基礎概念の無効化に抗して、「開放系」としての「マクロ社会」を想定すべきこと、こうした「マクロ社会」同士の相互作用によって同時代は突き動されているとみなすことが提唱される。インタラクションの主体として「個人」や「集団」ばかりでなく、マクロ社会もまた想定されるべきである。こうしたものの見方は、〈マクロ・インタラクショニズム〉と名付けることができるだろう。

第4章「整合的規則からハイブリディティへ」のテーマをなすのが、社会構造論の吟味である。一九世紀末から二〇世紀を貫く「社会構造」の基本イメージは「整合的な規則」にあることが手短に確定された後、グローバリゼーションの時代にふさわしい構造概念として「ハイブリディティ」が前面に押し出される。同時代を分析する理論概念へと陶冶するために、「二重構造の理論」を引照しながら、「ハイブリディティ」が備えるべき特性が議論され、ハイブリディティがマクロ・インタラクショニズムにふさわしい構造概念である所以が明らかにされる。

マクロ・インタラクショニズムへ　こうしてグローバリゼーション時代にふさわしい社会学の理論的立場は〈マクロ・インタラクショニズム〉と定式化されることになる。第1章から第4章までは第Ⅰ部としてまとめられ、「グローバリゼーションとマクロ・インタラクショニズムの展開」と名付けられる。

3　マックス・ヴェーバーの方へ

ヴェーバーへの回帰　人間の知的活動はこれまで知られていないものを知りたいという欲望を原動力にしている。未知のものへの探求という点で、宗教も芸術も科学も異なるところはない。科学という知的活動に特有なのは「既知のものから未知のものを推論する集合的な営み」という点に求められる。推論の蓋然性を高めるために既知のものが系統的に用いられる。「温故知新」は科学を貫く精神である（厚東 1991：98）。

グローバリゼーションという未知なものを認識するために、私の知的探求もこのルールに従うことにしよう。本書で「既知」として動員されているのはマックス・ヴェーバーである。ヴェーバーの学説を用いてグローバリゼーションを解明する、というのが第Ⅱ部「グローバリゼーションとヴェーバー理論の変容」の課題である。

ヴェーバーのグローバリゼーションに関連した片言隻句の集成が企てられているのではない。ヴェーバーの学説全体を、彼が生まれ、育ち、活動し、思索した時代環境から意識的に切り離し、まったく別のコンテクストに移し替えることが試みられている。まったく異なる世界を可知化するための「モデル」として、ヴェーバー学説は系統的に用いられている。こうした措置が学問的に許される所為については、別著（厚東 1991）第6章のモデル論を参照して頂きたい。

非西欧圏における急速な資本主義化

ヴェーバーの畢生の問いは次のようなものであった。社会学で最も難しいのは「問い」の発見である。学説継承の際に注視の的となるのは、与えた「解答」よりも、立てた「問い」である。

一体どのような諸事情の連鎖が存在したために、他ならぬ西欧という地盤において、またそこにおいてのみ、普遍的な意義と妥当性をもつような発展傾向をとる文化的諸現象が姿を現すようになったのか？（Weber 1921：1 ＝ 1973：5）

西欧近代に特有な文化現象のひとつとしてヴェーバーは「資本主義」を挙げている。「資本主義」は、中国においてもインドにおいても、西欧における古代と同じように、結局のところ創出されなかった。これが一九一〇年代にヴェーバーの到達した結論である。それから約百年経つと事態は大きく変わった。二〇世紀の最後の四半期には、韓国、台湾、シンガポールなどの「東アジア」を中心とする、「新しく工業化する地域」(Newly Industrializing Areas) すなわちNIEsが脚光を浴びた。二〇世紀から二一世紀の転換期になると、さらに大規模にブラジル、ロシア、インド、中国といったBRICs諸国の急激な経済成長が話題になった。中国、インドが、西欧諸国を経済的に追い抜くのは、もはや時間の問題といった勢いである。

こうしたグローバル経済の一大変革は、一見ヴェーバーの「予言」がはずれたようにみえる。だが果たしてそうだろうか。この問題を原理的なレベルにさかのぼりつつ追究したのが第5章「アジア社会論——その射程と限界」である。

ヴェーバーの議論は、アジアにおいて資本主義が「自生的に」発展するかどうかに関心の焦点が絞られている。モダンの移転によってアジア社会において資本主義が発達する可能性の吟味は、視野の外におかれている。ヴェーバーの立論は、「内発的発展論」の最も洗練された形態であり、その限りで、首尾一貫している。地理的移動に伴うモダンの変容という問題については(少なくとも『宗教社会学論集』においては)ほんのわずかに言及されているだけである。時間軸にそったモダンの変容ばかりではなく、空間軸でのモダンの変容の問題を視野の中心におかない限り、ヴェーバーの学説をもって、グローバル化した世界に立ち向かうことは難しい。徹底した内発主義という立場が、人間主体に基礎をおいた社会変動論への「射程」を切り開くと同時に、グローバリゼーションを分析する上での「限界」をもたらした、これが私の結論である。

東欧革命と官僚制の理論

一九八九年には、東ヨーロッパの社会主義諸国において「共産党政権」廃棄の企てが起こった。そして冷戦の象徴であったベルリンの壁が民衆の手によってたたき壊される。こうした動きに社会主義諸国の盟主「ソ連」は抗する術なく、一九九一年瓦解するに至った。

こうした一連の「東欧革命」はなぜ起こり、どのような意義を持つのだろうか。ヴェーバーは一九〇九年に次のような「予言」を残している。

古代におけるように現代においても、社会の官僚制化がいつか将来において資本主義を抑圧するものとなるであろうことが、十分に予期される（Weber 1909 = 1959 : 502）

「ソ連」が雲散霧消してしまったという事態は、一見したところ、こうしたヴェーバーの予言を裏切ることになるように思われる。ヴェーバー学説の再検討がどうしても必要となる所以である。その一歩として官僚制理論の再検討を試みたのが、第6章「官僚制の類型学――東欧革命とヨーロッパ統合の狭間」である。

ヴェーバーの近代官僚制に関する記述には、その定義に立ち戻り全体として考え直してみると、相互に矛盾するさまざまな要素が含まれていることに気がつく。近代官僚制は通常理解されているように「一枚岩」的なものでなく、四つの類型を内包している。近代官僚制に関する四類型論を前提とすると、ソ連は「官職 - 官僚制」に相当し、「合理的」官僚制の頂点にある「プロフェッション - 官僚制」とは別の類型に属し、その対極に位置する。ソ連の崩壊はヴェーバーが思い描いたような「社会の官僚制化」とは異なる軌道上の出来事とみなされるべきである。こうした私の議論は、「近代西欧以外の世界では、合理的な社会主義もまた知られていなかった」（Weber 1921 = 1983 : 18）というヴェーバーの言明を、一定の方向に敷衍する試みといえよう。

ヴェーバーと現代社会学理論

第7章「社会学における影響力の始まりと終わり」では、社会学におけるヴェーバー学説の作用史が、テーマとして真正面から取り組まれている。ヴェーバーが「社会学」の歴史に介入してきたのは、一八九〇年から一九二〇年にかけての「世紀の転換期」ではなく、一九三〇年代後半からである。とりわけ第二次世界大戦が、社会学におけるヴェーバー受容の画期をなす。マルクスの「資本主義vs社会主義」パラダイムにかわる新しい世界像を与えるものとして、ヴェーバー学説は社会学のさまざまな分野に競って導入された。

ヴェーバーの合理化・合理主義に関する議論は、大衆社会論に始まり、比較近代化論をへて脱工業化論（産業社会論）へと継承されるなかで、異なった色調を帯びつつも、一貫して社会学において大きな影響力を持ち続けてきた。

ヴェーバーによれば、資本主義は世界の合理化とともに（合理的な）社会主義へと至り着く。「社会の官僚制化」によってもたらされる「歴史が終わる」地点は、（合理的な）「社会主義」ということになる。だが東欧革命による社会主義諸国の資本主義化の動きは、歴史の終わりが「資本主義」にあることを意味しないのか。ヴェーバーの想定には、現実の動きと大きな食い違いが存在しないのだろうか。

私の結論は次の通りである。社会学のなかで一九三〇年から彫琢され続けてきたヴェーバーの合理主義パラダイムは、一九八九年の出来事によって影響力の終焉に至り着くことになった、と。

こうした結論は、私の付した限定を取り外し、例えばヴェーバーはもう旧い、今や読むに値しなくなったと解されるべきではない。旧くなり、今や革新が必要になったのは、ある一定のヴェーバー像、ヴェーバーに関する二〇世紀的解釈枠組みである。時代の動きのなかで篩にかけられているのは、ヴェーバー「解釈」あるいはヴェーバーに関する二次的研究群である。私の本書での結論は自己批判の企ての結果獲得されたものである。

こうして第Ⅱ部の議論は、第Ⅰ部の社会学理論における現代的革新の議論へと、なだらかにつながっていくことになる。

第Ⅰ部　グローバリゼーションとマクロ・インタラクショニズムの展開

第1章　ポストモダンとハイブリッドモダン

同時代の社会学は、一九八〇年代に一世を風靡したポストモダン論の再検討から出立する。ポストモダンと呼ばれている現象群は、たしかに、欧米諸社会を念頭に浮かべれば、ごく最近に出現し、それまで支配していたモダン原理の否定に由来するものであった。しかし日本人からみれば、明治維新直後の「文明開化」以来、そうした現象はなじみのものである。ここでモダンの変容の仕方には二つのパターンを区別しなければならないことに思い至る。一つはプレモダン（伝統）→モダン→ポストモダン、のように、モダニティが時間の推移のなかで自生的に変わっていくパターンである。このパターンは西欧においてのみ典型的にみられた。もう一つがモダニティの生まれ故郷である西欧から非西欧世界に移植されるなかで変容するパターンである。日本におけるモダン形成（モダニゼーション）はモダニティの地理的移動によって可能になったものであり、こうしたモダン変容は近代日本を波頭として、二〇世紀後半に至ると世界各地にみられるようになった。非西欧諸社会の変動は、「土着」から「ハイブリッドモダン」へ、を基軸に描き出すことができる。ポストモダンと区別されたハイブリッドモダンを概念として打ち立てる必要がある。

1　「西と東」「北と南」枠組みの崩壊

西と東、北と南、という分類枠は、第二次世界大戦以降、私たちが社会事象を理解するために用いてきた最もポピュラーな解釈図式であろう。西と東の間に「体制」の相違があるのは社会科学の常識であり、どちらの体制につくかは国際関係ばかりでなく国内政治の陣営分けにも強い影響を与えた。西と東の対立がなければ「スパイ物」という文芸ジャンルは存在しえなかったであろう。他方「南北問題」という枠組みも、国連や民族紛争のような国際政治を左右していたばかりでなく、人々の日常的な思考にも根深く影響を与えた。南の国の環境破壊あるいは「買春」問題などは、「草の根」レベルにおいて強い情動を喚起し、現代社会において民衆的なラディカリズムが棲息しうる数少ない場所であった。

二〇世紀の準拠枠

「西と東」という枠組みを「資本主義と社会主義との対立」という形で捉え返すなら、その起源は「社会問題」が先鋭化した一九世紀中葉に求められる。西と東は、第二次世界大戦以降ばかりでなく、二〇世紀全体を貫いてきたパラダイムといえよう。同じように「南北問題」も、その起源をさかのぼっていけば一九世紀後半にみられた西洋列強による「帝国主義的」侵略に突き当たる。植民地化とそれからの解放＝新しい主権国家の形成というダイナミクスは、二〇世紀全体を貫き通す運動といってよい。

「西と東」という横軸に「北と南」という縦軸を組み合わせて、出来事を解釈するやり方は、用いられている座標軸が常識的なだけに、アカデミックな世界を越えて、現実政治や日常生活の中で、大きな威力を発揮することができた。その通用範囲の広さおよび自明化の程度は、一九世紀を席捲した進化論的枠組みに匹敵するといえるだろう。二〇世紀を支配してきたこうした世界解釈図式が、時代の進展に伴い動揺してくることもまた避けることはできない。「西と東」という対比に対する異議申し立ては、D・ベルの「イデオロギーの終焉論」、T・パーソンズの「(両体制)収斂論」にみられるように、社会学の重要な寄与のひとつであった。こうした思想的な助走期間を経て、一九八九年に起こったいわゆる「東欧革命」は、「西と東」という座標軸に死亡宣告を突きつけるものであった。

「西と東」の有効性の低下に反比例するように、「北と南」の地位は相対的に上昇してきた。エマニエル・ウォーラスティンの「世界システム」論はポスト冷戦時代を解釈するためのパラダイムをいち早く提供した。北と南の対立は、かつての資本主義vs社会主義の様に、「体制」間の対立へと仕立て直された。出発点で「周辺」に位置付けられた社会は、どんなにあがいても「中心」へと成り上がることはできない。資本主義は、いくら修正や改革を繰り返しても社会主義に移行できないように、「世界システム」を所与とする限り「周辺」がいくら近代化しても「中心」へとなし崩し的に移ることは「原理的に」不可能である。

理論と現実の落差

「北と南」が理論的に洗練されるにつれ、逆に現実面では、それに反する事象が顕著になる。韓国、台湾、マレーシア、シンガポールといった「NIEs」の台頭は、北と南を体制間の対立へと仕立て直す「世界システム」論に対する最もわかりやすい反証であろう。NIEsはほんの数十年前には「周辺」のメンバーであったが、工業化への飽くなき努力の結果、「中心」の経済的優位性を脅かす存在になりつつある。「NIEs」はかつての「修正」資本主義論争に似た問題を「世界システム」論に対して突きつけているようにみえる。マルクス経済学の理論的純粋化が進めば進むほど、全面的な「革命」以外には体制間の移行を可能にする手だてはないとみなされるようになった。しかし理論的なラディカリゼーションが進行した時期とちょうど同じくして、政府による市場介入などによって、資本主義の「原理的」矛盾が現実的に制御される道が開けてくる。理論にとって致命的なのは誰でもがわかる単純な現実的な反証である。「北と南」が「体制間の対立」へと理論的に昇華されたその時が、実は、南と北の相互移行の可能性を問い直さねばならない時でもあった。

「西と東」の無効化に伴い、「北と南」という座標軸の有効性もまた厳しい批判にさらされるべきものとなる。

「ソ連」の解体にみられるように、今や死に体にあるのは「西と東」ばかりではない。それに寄り添うようにして存在していた「北と南」もまた同じ運命にある。リハビリテーションの対象となるのは「資本主義vs社会主義」図式だけではなく、「先進vs開発途上」という枠組みもまたそうである。二〇世紀の社会科学的思考のパラダイムが問題にされるなら、「西と東」「北と南」という二つの座標軸が同時に再審の対象とされねばならない。

2　モダンを問う「場所」

ポストモダン論

「西と東」という座標軸が弁別力を失うにつれ、それに代わるパラダイムとして隆盛してきたのが「ポストモダン」論である。建築の「近代的」様式を撃つための

「ポストモダン」という言葉を、同時代の特性を浮き彫りにするために転用してみせたのがJ・F・リオタールの功績である。一九七九年に刊行された『ポストモダンの条件』は、それ以前に培われた哲学・思想における「言語論的（あるいは広く記号学的）転換」を土壌に、八〇年代に入ると社会学者の仕事に大きな影響を与えるようになった。モダンvsポストモダンという対比が、社会学のさまざまな分野で用いられ、「ポストモダンの社会学」とでも呼びうる傾向が一世を風靡する。「ポストモダン」という言葉が一気に社会学のキータームになったさまは、一九四〇年代にみられた「大衆社会」の大流行を想起させるものがある。(1) 二〇世紀も末に至ると、ポストモダン論がはらむさまざまな傾向や問題点を丹念にフォローしながら、その鳥瞰図を描き出そうと試みる総括的研究書も刊行されようになった。ポストモダン論も、発生期の星雲状態を脱し、理論的エラボレーションの時期に入ったように見受けられる。最新の流行という時期を脱した現時点から振り返ってみると、モダンの「ポストモダン」への変容という規定は、ヨーロッパおよびアメリカ合衆国における現代的トレンドを総括したものであることがよくわかる。「ポストモダン」論は、生まれた場所の特性がはっきりと刻印されている現代社会論である。マンハイムの「存在拘束性」をもじっていえば、ポストモダン論を議論する場合、その〈文化拘束性〉の問題が常に念頭におかれるべきである。こうした注意点を、社会学理論はすべて文化制約的である、という一般論に解消させ、論点をうやむやにさせないために、ここで議論をもう少し具体的なレベルで深めておくことにしよう。

試みに、例えばN・アバークロンビー／S・ヒル／B・B・ターナー編の『社会学中辞典』で「ポストモダニズム」（Postmodernism）の項を引いてみることにしよう。そこでは六つの特性をならべることによって説明が企てられている（Abercrombie, Hill & Turner 2000＝2005：254-5）。

すなわち①パスティーシュ。根本的に異なったコンテクストや歴史時期に存在した様式の諸要素の張り合わせ。②自省性。しばしば反語的感覚を伴う自己意識性。③相対主義。真理の客観的基準は存在しないという主張。④結末に向けて整然と整えられた物語、真実を描こうとする表現法への抵抗。⑤ジャンルや文化の区分を重視せず、境界を越えようとする企図。⑥テクストの創造者である著者に対する信念の減退、という六点である。ポストモダンの文化についてのさまざまな論者の議論が網羅的に取り上げられている列挙的なスタイルなので、共通性やつながりが今ひとつ判然としない欠点はあるにしろ、全体としては穏当な記述といえよう。

日本の文明開化

こうした六つの特性をあらためて見直すと、「既視感」に襲われる。こうした議論はどこかで聞いたことがある。少なくとも私にとっては、七〇年代以降に初めて聞いた話ではない。ではいったいどこで聞いたことがあるのか。それは明治以来の日本の「文明開化」の歴史のなかでである。「パスティーシュ」？　これは「鹿鳴館」や神戸の「異人館」など、日本人にはおなじみの様式（スタイル）であろう。「反語的な自己意識」？　先鋭な自省性こそ、明治以来日本の知識人のトレード・マークであり、「神経衰弱」は知識人のアイデンティティを証し立てる病であった。また「反語的」といえば漱石、荷風など「洋行」を経験したものによくみられる意識＝表現形態である。「相対主義」？　近代の日本で「客観的な真理」の存在など、一部のマルクス主義者を除けば、いったい誰が信じていたというのか。列強における最新流行の制度や思想、風俗や習慣は「真理」故に取り入れられたわけではない。それらは「さまざまな意匠」として着ては脱ぎ捨てられていった。「古典的芸術技法への抵抗」？「リアリズム」小説の立場から繰り出された「私小説批判」は、近代日本において秩序だったストーリーを物語る叙述や「写実主義」がいかに根付いていなかったかを証し立てる。「越境性」？ 探偵小説において「本格派」という呼称があることからも窺えるように、近代日本におけるた「ジャンル」とは、原理に即して確立されたものではなく、何よりも人と人とのつながりによるものであった（例えば「文壇」）。中国文明への深い帰順によって生み出された「南画」や「文人画」の伝統は、西洋的常識からいえば「越境」に値する事がらであろう。最後に「著者への信頼」？「和魂洋才」というスローガンが成立するためには、「テクストの創造者としての著者の重要性」に対する信仰の欠如が、前提条件をなす。

辞典において列挙されている「ポストモダニズム」の特性は、西欧派知識人が「日本的なもの」あるいは「遅れている意識」として明治以来繰り返し指弾してきたもので、こうした努力が百年にもわたって続けられてきたことこそ、日本文化が完全には「近代化」されはしなかったことの証であろう。実態に即していえば、近代日本の文化はモダンではなく「ポストモダン」の部類に属する。むしろそれは「パスティーシュ」の傑作といってよい。

たしかにパスティーシュとしての近代日本の文化は、価値的に劣ったものと遇されてきたのが通例である。自分自身をポジティブに評価しないという点で、ポストモダニズムとは異なる。西欧派も、それに敵対する土着派も、強い価値評価の虜となり、文化の実態を端的に観察したり受け入れたりすることは困難であった。日本の近代化においては、モダンからポストモダンへの進化が認められるのは価値評価の側面だけで、文化の実態は、ポストモダンからモダンへと移り変わっていったといえるだろう。

漱石の「開化の内発性／外発性」の議論にみられるように、近代日本の「混成的」文化状況は浅薄な「欧化主義」の帰結として厳しい批判を浴びてきた。しかしだからといって日本は内発的開化によりいつの日にか西欧と同じになるべきだと主張されていたわけではない。日本の近代を西欧近代に一元化し去るのが議論の眼目ではない。「内発的」な開化とは、日本の現実を認め、その上に独自の工夫を凝してモダンを構築するべきだといっているに過ぎない。日本の現実を受け入れないとこれ以上の近代化は不可能である所以が熟知されていた。漱石にとって、漢詩の素養が英文学を理解する上での妨げになるとは一回も感じられなかったであろう。近代日本の知識人の掲げた理想は、スローガン風に定式化するのなら、結局のところ、「西洋と東洋の調和」に帰着する。近代日本の現実が全体として「モダン」でなかったからといって、西欧的なモダンが全面肯定されたわけではない。近代日本にあっては、西欧派知識人においてすら「ポストモダンへの傾斜」は認められる。

モダンと場所

モダンからポストモダンへという進化図式を日本に適用する場合、よほど入念な注意が必要である。現実の平面で語っているのか、理念（思想）の平面で語っているのか、両者をはっきりと区別する必要がある。モダンとポストモダンは、時系列上に並ぶ「段階」であるばかりでなく、空間的に配置された二つの要素間の優越性の問題でもあった。モダンもポストモダンもひとつの理念型である。二つの理念型を進化論的につなぎ合わせる発想は、明らかに欧米での経験をベースに紡ぎ出されたものである。図式の射程と限界に明晰である限り、こうした〈文化拘束性〉は致命的な理論的欠陥ではない。ポストモダンの問題をモダニティの歴史的変質という視点から体系的に議論したペーター・ワグナーは、著書の冒頭で次のように述べている（Wagner 1994：X）。

モダニティ再考のここでの中核的議論は、西欧人に向かって、歴史的＝経験的見地から展開されている（傍点、厚東）。

私もワグナーに倣って、ポストモダンの問題を徹底的に日本の経験にこだわりながら語りたいと思う。日本という場をフィールドに、日本の経験を常に念頭におきながら、モダニティの変容について議論する、という立場を私は自覚的に採ることにしよう。(2) こうした問題設定は、ポストモダンと喧伝されている文化特性など、西欧を離れれば日常茶飯の事がらであり、文化圏ごとにそうした要素の位置付けを正確に見定める必要性を明らかにするばかりでなく、さらにまた「北と南」という座標軸のリハビリテーションにも役立つと思われる。ポストモダン問題は、前述のように、「西と東」という分類枠を用いた分析の力の低下を背景に浮上してきた。「西と東」が二〇世紀全体を通して命脈を保ってきたのは、「北と南」とワンセットにされ、それに支えられてきたからであった、という点は忘れられるべきではない。二つの座標軸は、どちらか一方への一元化が試みられるべきではない。世界を複眼的にみるために、両者は一緒に継受されるべきだろう。

ＮＩＥｓ現象を分析するための道具立ては、日本の体験にこだわりながらモダニティの問題を考えるなかで、最もよく開発されるであろう。ＮＩＥｓ問題が西欧産のモダニティ論とは異なった切り口から解明されるなら、それを突破口に「北と南」という常套的な座標軸に対して新しいパースペクティブを開示することができるかもしれない。「アジアからの視線」に基づく「モダンの脱構築」こそ、西と東、北と南という二〇世紀的図式から離脱する際に、何よりもまず試みられてしかるべきテーマといえるだろう。

3　ポストモダンとハイブリッドモダン

マックス・ヴェーバーによれば、「他ならぬ西欧という地盤において、またそこにおいてのみ、普遍的な意義と妥当性を持った発展傾向をとる文化的諸現象が姿を現すことになった」という（Weber 1920：5）。合理化によって文化が「普遍妥当的だ」と認められるような発展段階にまで達した時に「近代西欧」は生まれる。「近代西欧の文化世界に生を享けた者である」ヴェーバーが、どのような基準で文化の「普遍妥当性」を測定したかは、わからない点も多いが、〈日本に生を享けた〉私はそれをさしあたり文化の「移転可能性」によって操作的に定義したいと思う。

文化の移転可能性

ある技術を社会的にも文化的にも異なったコンテクストに移し替え、生まれ育ったのとは別の制度的枠組みのなかで有効に使いこなせるようにする組織的努力は「技術移転」（technology transfer）と呼ばれている。技術（テクノロジー）は文化のひとつの項目である。他の文化項目、例えば、宗教や政治についても、こうした異なった文化の間を移転させる可能性を考えることができるだろう。テクノロジーに比して宗教の移転可能性は低いと頭から決めつけることはできない。宗教にとって「布教」は本質的な属性であるが、「布教」とは異なった文化圏に当該宗教を定着させる組織的努力であり、ここでいう「移転」のひとつの形態である。それゆえ移転は宗教の本来的目標といってもよい。とはいえ移転が実際に成功するかどうかは、宗教ごとに事情は大きく変わる。キリスト教、イスラム教など「世界宗教」と呼び慣らわされている宗教は、移転可能性がきわめて高水準な宗教といえるだろう。社会的・文化的コンテクスト次第では、テクノロジーより宗教の方が移転がずっと容易であることは十分ありうることである。文化は有機的全体をなしていると考えて、その複合体が容易に移転可能な項目から構成されている場合、当該文化複合体の移転可能性は高い水準にあると判断されよう。もしもさまざまな文化複合体ごとに、その移転可能性の程度を測定できるなら、近代文化とは移転可能性が極限にまで上りつめた文化複合体と規定できるだろう。とはいえ合理化されさえすれば移転可能性の程度が高まるというわけではない。合理化の進行が移転可能性の高まる方向で進んだのが西欧合理主義のひとつの特徴といえるだろう。モダンはたしかに西欧を地盤に生誕した。しかし異なった文化圏に移植されても有効に作動し続けるのがモダンである。モダンの種別的特性として高度な移転可能性がある。モダンにとっては移転に移転を重ね、「グローバライズされること」が運命となる。その限りでモダンの本来の故郷は、西欧ではなく、「グローバル・ソサイエティー」ということになるだろう。

ただし移転可能な高い能力を持つ文化がすべて、ヴェーバーのいう「普遍的な意義と妥当性を持つ」文化とはいえないだろう。「普遍的な妥当性」を主張するには、高度な移転可能性以外にも何かほかの特性も必要だろう。しかし「普遍妥当」なものは同時に移転可能でもある。「移転可能」は「普遍妥当」の必要条件といえよう。

モダン移転の二つのパターン

異なった文化・文明圏の間を移転するなかで、その文化項目が自己同一性を保ち続けられるというのはやはりまれだろう。異なった文化・文明圏に移植されれば、何らかの形で変容を蒙るのが普通である。例えば「ベンツ」が輸入される場合を考えてみよう。ドイツで作られたベンツは日本の道路でも同じように走るはずである。世界中どこに行っても、降っても照っても暑くても寒くてもアクセルを踏めば同じように作動し、性能に何の変化も起こらないような製品を作り出すというのが近代技術の誇りであろう。高度な移転可能性の象徴ともいえるベンツも、日本に輸入されると社会的、文化的な意味で、ある種の変容を蒙る、というのも事実である。まず日本に入ると「外車」という意味を蒙り「馬車」などの伝統的な輸送手段ばかりではなく、「国産車」との差異の体系のなかにおかれる。日本でベンツを運転する人はマナーの点で問題があり、たとえ駐車違反していたとしても見てみぬ振りをしていた方がいいといわれている。「自動車」とは、運転されて、道路上を走ってはじめて、当該社会の文化項目のひとつに登録される。「ベンツ」はドイツとは異なる意味付けを受けながら日本社会の文化項目となることができた。日本でセールスする場合、この日本的な意味を無視することはできない。「ベンツ」が社会・経済・文化システム中で占める位置は、ドイツと日本では異なるといわざるを得ない。

モダンの生み出す文化は、極限にまで上りつめた移転可能性を誇っている。モダンは世界の隅々まで移転し続ける能力を持つ。高度な移転可能性と、移転のなかで自己同一性を保ち続けられる能力とを混同してはならない。異なったコンテクストにおかれても何の変容も蒙らない文化項目は、当該社会からみれば異物に終始するものにほかならない。高度な移転可能性は、異なった文脈を構成する要素と容易に化合し、オリジナルとは異なる混成を次々と可能にする能力と言い換えることもできるだろう。「定着」という局面からみれば、モダンの重要な特性として、異質な要素を取り込んで自己を次々と変身させる文化的ポテンシャリティーと指摘することができる。

こうしてモダンの変容といった場合、二つのケースがあることに気付く。そのひとつが、欧米の歴史のなかで蒙ったような変容。もうひとつが、異なった社会的・文化的コンテクストのなかに移転されるなかで蒙る変容。前者が時間的移動に基づく変化とすれば、後者は空間的移動に由来する変化といえよう。ポストモダンとは時間的＝歴史的経過に注目したモダンの変容の特徴付けのひとつである。空間的な移転あるいは文化伝播によって蒙るモダンの変質を何と呼んだらいいのか。文化伝播に伴うモダンの変容を「ハイブリッドモダン」と名付けることにしよう(3)。

ハイブリッドモダンへ

近代日本が西欧文化にとった基本スタンスである「和魂洋才」は、根本的に異なったコンテクストや歴史時期に存在した様式の諸要素をひとつの文化複合体へと積極的に張り合わせてゆくことで、「混成」を意図的に活用した典型的事例である。和魂洋才的な混成のようなモダンからの逸脱の試みは、従来の近代化論では、「プレモダン」の残存としてネガティブに評価されるか、「ポストモダン」の先駆としてポジティブに評価する以外に位置付けのしようがなかった。だが、「ハイブリッドモダン」という言葉を用いれば、それは最適の事例となる。「ハイブリッドモダン」と「ポストモダン」との間に、現象的に酷似した部分がたとえあったとしても、それが成り立つメカニズムは全然異なるのだから、少なくとも概念的には峻別しておく必要があるだろう。

モダンは真空のなかで生まれたわけではない。従来の制度的枠組みを、一方では「条件」として受け入れつつ、他方では「拘束」として拒絶しながら、生み出されたものである。既存の社会的・文化的エシュタブリッシュメントとの生きるか死ぬかの激しい闘争を抜きに、モダンの成立を語ることはできない。したがってモダン制覇に対抗する「敵役」にも二つの部類を区別しておく必要があるだろう。従来のように、モダンに先行する形態を「プレモダン」と一括するだけでは不十分である。まず、モダンが歴史的に生成してくる際に、「壁」としてその行く手に立ちふさがる形で機能するのが「伝統」、もう少し詳しくいえば「内生的伝統」と呼ばれるものである。次に、モダンが外来文明・文化として輸入されるケースにおいては、外来的モダンに対する反動の拠点として選び取られるのが「土着」、もう少し詳しく言えば「土着的伝統」と呼ばれるものである。西欧におけるモダン変容のプロセスは「モダンvs（内生的）伝統」の弁証法として理解されるとすれば、日本のような「後発的」近代化を駆動しているのが「欧化（モダン）」と「土着（的伝統）」との間の牽引反発のダイナミクスである。

一口に「西欧」といってもそこで展開されているモダンの実態は、イギリス、フランス、ドイツ等、仔細に調べればさまざまである。こうした違いをもたらしたのは、まず第一に「伝統」と呼ばれるものの内実の相違であり、次に、こうした伝統とモダンとの綱引きの結果として生じた着地点の様相の相違である。「ポストモダン」の生成の際に何よりも手ごわい「伝統」として機能したのが、その前段階で確立した「モダン」であるが、このモダンの様相は、その一昔前の伝統とモダンの間で成立した妥協形によって規定されている。西欧諸国でのポストモダンのあり方を規定しているのは、モダンという伝統の相違にほかならない。

他方、「ハイブリッドモダン」の様相を決定的に定めるのが「土着」のあり方である。西欧にモダンが成立するということは、地球上のあらゆる地域がモダンの侵入を受けざるをえなくなったことを意味する。西欧でモダンが生誕した時期以降、地球上のあらゆる地域は大なり小なり、「ハイブリッドモダン」の段階に突入することを余儀なくされた。違いがあるとすれば、「ハイブリッドモダン」に突入する速度と程度の相違に過ぎない。とはいえ、モダンを手なずけ、「混成」とでも呼びうるひとつのまとまりを持った「作品」へと自己の社会を転形することができたのは、ある時期までは「日本」だけだといわれてきた。アジア・アフリカ諸国にみられる「ハイブリッドモダン」の様相の甚だしい相違は、何よりもまず「土着」の著しい多様性に起因する。「土着」のあり方がモダンの侵入（「欧化」）への対処のヴァリエーションを決定したのである。「ポストモダン」と「ハイブリッドモダン」というモダン変容の二つの様相、「内生的」と「土着的」という伝統の二つの類型を区別することは、少なくとも日本においてポストモダンの問題を議論する際には、致命的に重要と思われる。

4　グローバリゼーションの三段階

モダンの変質といった場合、直ちに念頭に浮かぶのはポストモダンの問題であり、文化伝播に伴う変容については、これまでほとんど議論されることがなかった。そのため、文化移転に由来するモダンの変容、すなわちハイブリッドモダンを分析するための道具立てはほとんど整備されていない。こうした事態を少しでも打開するために、モダン移転を論じる際に重要と思われる論点について、議論しておくことにしよう。

モダニゼーションのタイミング　ここで想像力を刺激するために、日本の経験について事実に反する仮定をしてみよう。一八六七年に成就した明治維新が、もしもその五〇年前に起こったとすれば、いったいどういう歴史的経過をたどったであろうか。一八一七年といえば、イギリスが「世界の工場」になる直前で、イギリスのみが産業革命に突入しているが、当時の西欧全体の最重要課題は、産業化の問題ではなく、ナポレオンの巻き起こした嵐をいかに鎮めるかにあった。さて、日本からの視察団がこうした時期の欧米に行ったとすれば、いったい何を学ぶべき対象とみなしたであろうか。イギリスの「地方」に勃興しつつある工場制大工業を視察に行ったとすれば、その歴史的洞察力は驚嘆に値する。しかし多分モダンの本質は、フランス革命で命がけで争われたデモクラシーの原理に求められ、(革命に直結するような)デモクラシーを日本に移転させることを国是に選んだことだろう。日本の新政府にとっては、デモクラシーを核に国民国家を形成することが至上命令となったであろう。近代化のこうした捉え方は、ちょうど日本より五〇年前にモダニゼーションが始まったラテンアメリカ諸国でみられたものである。目標がこう設定された場合、日本の近代化の軌跡はラテンアメリカ諸国のそれに重なるものになったと思われる。文明開化の基軸が「自由民権」に集約されると、土着的伝統との激しい軋轢が引き起こされ、政治は右へ左へと大きく揺れ続けることになる。百年経っても、デモクラシーの面で日本が西欧諸国に肩を並べられる程、安定した政治体制を確立しえたかどうかは甚だ疑問である。明治維新が五〇年早く起こった場合、百年後に「ジャパン・アズ・ナンバーワン」に成り上がる成功譚は夢物語に終わったであろう。

一八一〇年と一八六〇年を隔てるたかだか五〇年の差で、西欧におけるモダンの様相は大きく変わった。イングランド革命に始まりアメリカ独立戦争を経てフランス革命で頂点を迎える「市民革命」に代わって、イギリスに始まりフランス、アメリカ合衆国、ドイツへと燎原の火のように広がった「産業革命」が新しい時代の課題となった。市民革命に比べると、産業革命の方が移転させるのがずっと容易なようにみえる。それだけ市民革命の方が西欧という「場」の影響を強く受け、西欧固有の産物といった性質が濃厚である、といえるだろう。

モダンの規格化

こうした市民革命と産業革命の対比を、経済はまねしやすいが政治はそうではない、という形で総括するのは適切ではない。西欧を地盤に、そこでのみ生まれたデモクラシーもまた一九世紀後半になると、新しい形へと脱皮していき、国民の多くに「選挙権」が与えられるようになった。国民の政治参加とは、与えられた権利を選挙の時に適正に行使することにつきる、とみなされる。「国民」の選挙で選ばれた議会のなかで物事が多数決で決められるなら、それでデモクラシーという政治体制は確立されたと捉えられるようになった。デモクラシーのこうした進化のプロセスは、イギリスにおける何回かの選挙法の改正、ドイツにおける「三級選挙」などを経て、普通選挙法に至る道筋である。デモクラシーが「議会制民主主義」と同視されるなら、フランス革命の遺産もそう恐れるには足らない。実際日本でも帝国憲法の発布によって、こういう形でなら民主政治の体裁をいち早く整えることができたからである。

市民革命から産業革命へ、フランス革命から議会制民主主義へ、という二つの動きの間には、何か共通性があるように思われる。それは何か。私は二つに共通するものをモダンの「規格化」（標準化）（standardization）と呼びたい。一九世紀半ばを画期にして、西欧で生まれたモダンも大きく変容するに至った。その変質過程は〈モダンの規格化〉の動きとして特徴付けることができるだろう。規格化の動向は、経済や政治ばかりでなく、社会や文化、芸術など、あらゆる領域に認めることができるだろう。

明治初年に日本から派遣された岩倉使節団がちょうど際会したのは、モダンの規格化へ向かう滔々たる流れであった。モダンの側が規格化されるなら、モダンの移転の決定的問題は、規格化の進んだ文化項目を誤りなく見抜く具眼の士がいるかどうかであろう。岩倉使節団はこの歴史的使命を的確に果たすことができたと大局的にはいえるだろう。異文化のなかから短期間で自国にとって必要なものを見定めるのは難事業であることが、十分に強調されてしかるべきである。こうした点を認めてもなお、五〇年前に比べれば、モダン移転によって近代化の道を歩むことはよほど容易な状況になっていた、といわざるをえないのである。

移転のメディア

モダンが規格化されたとしても、それをいざ移転させようとすれば、さまざまな困難に出会うのは必定である。移転が成功するための条件をもう少し掘り下げて検討することにしよう。モダンの移転とは異文化間のコミュニケーションのひとつの形態である。というのは、ひとつの文明圏で生まれた要素が、異なった文化システムの言葉で理解され、そうした解釈に従い異なった文明圏への移し替えが意識的に試みられるが、新しい環境に定着するなかでオリジナルな意味は変容し、新しい意味が創発されるからである。文化の翻訳は、要素どうしの一対一の置き換えではなく、システム間の変容の問題である。モダンの移転も例外ではない。コミュニケーションの過程を厳密に分析するには、意味の伝達を仲介する「メディア」に注目することが早道であった。モダンの移転に関しても、それを媒介するために活躍するメディアの存在を想定することができるだろう。〈モダン移転のメディア〉に止目すると、モダンの世界制覇、すなわちグローバリゼーションに三つの段階が区別されるべきことがわかる（表1-1参照）。

表1-1　モダン移転のメディアの諸類型あるいはグローバリゼーションの三段階

	資源の伝達	情報の伝達
萌芽期 1650年～	商品（消費財）	印刷物（書物中心）
始動期 1850年～	機械（生産財）	印刷物（新聞／雑誌） あるいはマスメディア
本格期 1975年～	イベント	マルチメディア

（出所）筆者作成

グローバリゼーションの萌芽期　モダン移転のメディアは、伝達されるものが主として「情報」かそれとも「資源」かによって、大きく二つの部類に分けられよう。近代化の初期（一七世紀の後半から一九世紀半ばまで）では、情報は印刷された書物を「乗り物」として移動した。グーテンベルクの活版印刷術の発明を契機に勃興した「印刷‐資本主義」が、西欧近代を形成する大きな要因であったことはもはや周知であろう。それと並んでモダンの移転のメディアとして活躍したのが「商品」である。西欧に資本主義が勃興し、商品‐生産が普及するにつれ、西欧以外の地域も商品交換の波にのみ込まれ、経済システムは商品経済化した。その場合西欧資本主義への巻き込まれ方は、「原料」の商品としての輸出という、一方通行的な交易のパターンをとることが多かった。その場合、西欧は収奪するだけでの存在であり、モダンは土着からみれば疫病神に過ぎない。モダンを導入し、ハイブリッドモダンへの歩みが始まるには、モダンは光り輝く存在として土着の人々を魅了するものでなくてはならない。そうなるには、交易は互酬的な形をとっている必要がある。そうしたモダンの魅力とは、安くて性能の良い「消費財」に凝集される。西欧が、それ以外の地域に対し、原料あるいは完成品の対価として、廉価で良質の商品を多量に供給し続けることができる限りにおいて、モダン移転は進展する。商品として世界を流通する毛織物や綿製品は、モダンを世界各地に運ぶ文化移転の「乗り物」であった。

始動期　消費財ばかりでなく、それを生産する「機械」までも商品として流通するようになると事態は一変する。機械のなかにモダンが凝集されるようになる。日本でも明治初年以来各地で「内国勧業博覧会」が開かれたが、そこでの呼び物は「機械」の展示であった。廉価で良質の消費財ではなく、それを作り出す生産機械に人々は魅了されるようになる。金属でできた武骨な機械を眺めて喜ぶというのも、考えてみれば奇妙な話である。モダンイコール機械、という等式は「勧業博覧会」というネーミングから窺えるように、明治政府の思いでもあった。モダンを「機械」に見定めた官民一致の熱意は、例えば三〇年も経たないうちに豊田佐吉に「豊田式自動織機」の発明を促した。機械はモダン移転の先兵となる。

近代化の半ばに当たる一九世紀後半にあっても情報は印刷物を介して伝達された。しかし詳しくみれば前段階とは若干の相違がある。以前は「書物」（単行本）が決定的であったが、今や新聞や雑誌といった、最新情報を掲載した印刷物が主流になった。発行されて間もない印刷物が競って読まれ、地球規模での情報の同時化が進行する。その反面、情報の通用期間が短縮され、情報の使い捨ても始まった。ヴェーバーのいうように「ただ印刷されたものというだけではなく、もっぱら印刷されることを予想し、また印刷を通じてのみ生命をもつことになる文書、とりわけ『新聞』や『雑誌』などが生まれたのは西欧だけであった」（Weber 1920＝1973:8）。

本格期

こうしたモダン移転における印刷物中心主義を打破したのが、いわゆる情報機器の発達である。電信電話、映画、ラジオに始まり、テレビジョンの発明および普及は、人間のコミュニケーションに新しいページを開いた。コンピュータが搭載されたエレクトリックメディアの大衆化とともに情報化時代が始まった。インターネットの網の目が世界各地に張りめぐらされ、それを通して、文字ばかりでなく映像や音声による情報伝達が可能になる。手軽で便利なマルチメディア機器の開発が進み、開発途上地域においても、テレコミュニケーションが可能になる。否、識字率の低いこうした地域においてこそ、高度な情報機器を介したコミュニケーションが、情報伝達の基本型となる。高度なコミュニケーションメディアの無差別の使用はハイブリッドモダンを際立たす特性である。

活字情報の場合、それを解読するには外国語の知識が必須不可欠である。英語を知らなければ、ロンドンからの情報を受信することはできない。「ヨーロッパからの材料は、文字通り、船を通してパッケージとしてやって来る。ロンドンからの船が到着する。それと一緒にニュースもまたもたらされる」(Giddens 1991：26)。語学力は一朝一夕には習得できない。また言葉は（少なくとも近代以降は）国民国家ごとに異なってばらばらである。活字が文化移動の最大のメディアである場合、文化のつながりと国と国とのつながりは重なり合う。近代日本の知識人は、ドイツ派、フランス派、イギリス派、などに分裂し、ベルリン、パリ、ロンドンに本店がある文化大国の現地駐在員のごとき言動を繰り返してきた。本場を崇拝する「拝外主義」は、一方では「排外主義」的反動を引き起こし、他方では「文化的帝国主義」を跋扈させた。活字メディアからエレクトリックメディアへの転換は、知識人の地位を低下させる一方、情報回路の「地理的合切袋」の紐をゆるめることに貢献した。情報発信地の持つ特権性は失われ、情報は国籍を問われることなく、グローバルに流通するようになった。

モダン移転のメディアとして、書物から映画、映像のなかでもアニメーションが前面に押し出されるにつれ、文化移転に果たす国民国家の役割は決定的に低下した。高度情報化の進展に伴い、モノ生産の意義は低下する。それに応じてモダン移転のメディアとして「イベント」が重要になる。オリンピック、万国博覧会、音楽祭や芸術祭、さまざまな国際会議といった行事ばかりでなく、軍隊のパレードや演習、元首の冠婚葬祭といった純然たる国家儀礼もまた、モダンの魅力をアピールし、憧れを喚起する手段として重要となった。こうしたイベントを成功裡に終わらせるには、今や国際的な協力は必須不可欠である。お金に始まり、人員や物資、それにノウハウの先進地域からの適切な供与なしに、大規模なイベントを企画運営することは不可能である。イベントはいわばモダンを体現した小宇宙を、文化的＝歴史的コンテクストとは無関係に、人知を尽くして意図的に作り上げる営みといえるだろう。モダンのミニチュアを構築するという一点に向けて、さまざまな資源が動員される。イベントに参加して、つかの間にしろモダンに触れた人々は、もはやモダンの魔力から逃れることはできない。イベントはモダンを乗せて異文化を渡り歩く、夢の乗り物といえるだろう。

モジュール化への動き

モダンの規格化が進み、規格化されたモダンが次々と文化移転のメディアに乗せられ、伝播されるようになる、こうした段階に至りついたモダンの発展局面を〈モダンのモジュール化〉(modularization of modernity) と呼ぶことにしよう。「モジュール」とは、情報科学において、独立して識別可能なプログラム単位を意味する。モジュールというプログラム単位が作動している限り、特定範囲の情報を用いて特定領域の問題が適切に処理されていることになる。このモジュールという言葉を社会科学に転用して、社会制度の基本単位を指すことにしよう。社会学的意味のモジュールとは、特定範囲の情報を用いて特定範囲の資源使用が行われているような、情報－資源処理の相対的に自立したシステムと定義される。つまりモジュールとは、社会制度の機能単位のことで、社会制度はこうした（相対的に）自己完結した機能ユニットから組み立てられている「モジュール連結体」とみなされる。モジュールは、他の制度的要素からの支援を受けることなく、独自な情報－資源処理を通して、特定のタスク実現＝課題達成を果たすことができるところに、その真骨頂がある。こうしたモジュールは、ギデンズの言葉を用いれば、コンテクストへの依存を断ち切られた（disembedding）「抽象性システム」（abstract system）の典型といえよう。

もしもこうしたモジュールが識別可能なら、文化移転の基本単位はこのモジュールということになる。モジュールの一部のみの移転では所定の機能を果たすことはできないし、モジュール以外の要素まで含み込んだ移転は、移転コストを高めるだけである。モジュールをひとつずつ慎重に吟味し、その過不足のない移転の積み重ねによって、制度全体を作り変えていく。オリジナルな制度をモジュールに分解し、そのモジュールの無駄のない組み合わせによって新しい制度を作り上げる。モジュールを戦略地点に選ぶのが文化移転の最も効率的な方策であろう。

工場制度と万国博と

こうしたモジュールについて具体的なイメージを持つために、「マニュファクチュア」と「工場制」という生産組織の二つの形態を例に採ることにしよう。どちらの移転が容易であろうか。それは「工場制」の方だろう。いったいなぜか。それは工場制の中核に「機械」があるからである。まず機械を据えつける。この機械を作動させるのに必要な最小限のノウハウを修めた人員をその周りに配備する。さらにその外側に、そうした人々の指揮命令に従い利用されるような人的および物的な資源を配置する。つまり機械の周りにそれが有効に作動するのに必要なヒト・モノ・情報を適当に張り合わせていけば、工場は運転し始める。

それに対してマニュファクチュアで利用されるのは道具という生産技術である。生産をおこなうためには、まず、道具を使いこなせるような熟練工を多量に育成しなければならない。こうした熟練工は一カ所に集められる。集められた熟練工を上手に働かすには入念な組織作りが必要だろう。それには熟練工の考え方や行動様式に通暁していることが前提となる。このようにマニュファクチュアを作動させるには、それを包み込んでいる社会的・文化的な制度枠組み全体を活性化させる必要がある。というのもマニュファクチュアは「コンテクストに深く埋め込まれた」生産組織だからである。それに比べれば工場はコンテクストから（相対的に）独立した機能単位であり、モジュールとしての特性をよく備えている。

西欧で生まれたモダンも、時代の進展とともに、モジュールへの分解が進行した。モダンのモジュール化の劈頭を飾る歴史的出来事が、一八五一年にロンドンで開催された「万国博覧会」のように思われる（吉見1992参照）。「万博」は濃縮されたモダンの小宇宙である。周囲の社会的・文化的状態がどうであろうと、それとは関係なく、その場に足さえ運べば、自存した形でモダンを満喫することができる。「万博」はコンテクストへの埋め込みを解除されたモダンの典型といえよう。しかもそこで展示されているのは、他の追随を許さないような固有文化ではない。規格化され、ユニット化され、持ち運びに便利なモダンが、これ見よがしに飾り立てられ陳列されている。「万博」こそ移転可能なモダンの象徴である。モダンの規格化と移転メディアの整備、という二つの流れの交点に立つのが万国博覧会であるといえよう。一八五一年を端緒に、モダンのモジュール化は押し止め難い形で驀進する。

一八六七年に明治維新をなし遂げた日本が、非西欧世界で真っ先に近代化に成功した国であることは、決して偶然ではない。一九世紀の半ば直後というのは、西欧からの文化移転によって近代化を開始し、「ハイブリッドモダン」を目指して「離陸」するための、世界史上初めて訪れたチャンスだったからである。

5 「近代化」再訪

近代化の理論再考

モダンの「変質」か「超越」かという二者択一によって、現代の特質を浮かび上がらせるような問題設定をするなら、私の立場は明らかに前者に近い。まずモダンの本質を「モダニティ」として抽象化し、次に、ポストモダンの現象を、こうしたモダニティが歴史的・社会的事情の変化によって蒙った「変形」(transformation)のひとつの段階/類型として理解しようとする。一方では近代はモダニティという形に原理的に再構成され、他方では個別具体的な現実は、こうした原理の多様な表れの一こまとして処理される。モダニティという「理念型」との偏差によって現実の意味を明らかにしようと試みる点で、こうした思考法は「近代化」論の圏域に属するものといえるだろう。

しかし二つの点で従来の近代化論と異なることは、これまでの議論から明らかであろう。まず第一に、近代の変質を、歴史の内生的圧力によるものばかりでなく、空間的な伝播に由来するものとも考え、近代化に二つの様相を区別している点である。モダンはポストモダンへと進化するばかりでなく、ハイブリッドモダンへと変形される。

もうひとつの相違は、近代化と伝統のあり方との関連のさせ方である。モダンが優越化する近代化の過程は、しばしば「伝統」が消滅する過程と捉えられてきた。「伝統の発明」の議論などを思うと、私はこうした見解にとうてい与することはできない。〈近代化とは、同時代を地平として、「新＝モダン」と「旧＝ancient」との差異化がおこなわれる過程である〉、これが私の至りついた近代化の定義である。伝統は消滅するのではなく、理念的に再編されるだけである。かつての「新」も時代が経てば「旧」となる。大衆社会論で（近代と区別された）「現代的」特質として喧伝されたことは、ポストモダン論では近代の本質をあらわにした「旧」へと分類され直す。これもまたひとつの伝統の発明の試みにほかならない。

近代化の新しい定義

〈同時代を地平とする新と旧との差異化の試み〉という視点は、ハイブリッドモダンにも当然適用される。「土着（的伝統）」は不変の所与として持続しているわけではない。それは、移転されるモダンとの対比のもとに、不断の再定義を受けて初めて制度として存在する。モダンの外からの流入は、内なる「土着」の理念化・純粋化を引き起こす。

同時代を地平に新と旧との厳しい差異化がおこなわれることによって、同時代は「旧から新へ」の、「前近代（＝伝統的なもの）から近代（＝新しいもの）へ」の一大変革期として了解されることになる。同時代のはらむ「新しさ」は「旧」との対比によって極端にまで際立たされ、前の時期との相違・断絶が先鋭に自覚化される。こうした二項対立的な思考法をとるが故に、近代の徹底的な批判によって近代の再生を図るという、近代人特有な同時代に対する逆説的態度も可能になる。「未完のプロジェクトとしての近代」という思考様式は、「再帰性」というモダンに特有な制度的装置を作動させるための不可欠な思想的条件といえよう。西欧の社会科学は、モダンに内属しつつモダンを認識しようと試みてきた。私の考えによれば、この系譜こそ今後の社会学もまた採るべき道筋である。

注

（1）社会学におけるポストモダン論の始まりの書としては、今田（1987）、総括の書としては新（1995）が重要である。

（2）私はモダンを問う場所の規定性の決定的な重要さについて、Weber の *Gesammelte Aufsaetze, zur Religionssoziologie, I*, 1920 の「序言」から学んだ。彼は「近代ヨーロッパの文化世界に生を享けた者」という先鋭な自覚の上に問題を立てている。「普遍的意義と妥当」という規定も「少なくともわれわれはそう考えたい」という限定が付されている点に注意。大塚久雄・生松敬三訳『宗教社会学論選』一九七三年、みすず書房、五頁参照。

（3）加藤（1974）、参照。核になった「日本文化の雑種性」という論文は、今から五〇年以上も前の一九五五年に発表されている。

第2章　グローバリゼーションと社会学変容の三段階

モダニティに関する第1章を受けて「グローバリゼーション」へと議論は進められる。グローバリゼーションは5W1Hという六つの特性を手掛かりに簡明な定義が試みられる。全体を統括するアイディアは〈モダニティの持つ高度な移転能力〉という考え方である。モダンという文化・文明は、これまで人類が知っていたこれまでの文化・文明と比べると大きな特徴がある。それは異なった文化・文明圏の間を短期間にかつ大規模に移転しうるきわめて高い能力である。モダニティは一九世紀の半ばから「帝国主義」の波に乗り世界各地に移転し始める。二〇世紀の後半に入ると、科学・メディア・貨幣という乗り物に乗って、モダニティは世界の隅々まで移転する。グローバリゼーションとは世界のハイブリッドモダン化を押し進める過程である。グローバリゼーションの過程は、萌芽期／始動期／本格期の三つの段階に分けられるが、社会学の発展も、現実のこうした変化に応じるように、三つの段階に分けられる。三つの段階ごとに前提にされる「社会」概念が大きく異なることが議論のポイントをなす。

1　ポストモダン論からグローバリゼーション論へ

グローバリゼーションの理論へ

現代社会の特質を記述するキーワードは、一九九〇年代に入り大きく変わった。それまでは現代はモダンを乗り越えたポストモダンであるとみなす「ポストモダン論」が有力であったが、九〇年代以降は「グローバリゼーション論」がそれに取って代わった。

むろん、こうしたキーワードの変更は一夜にして起こったわけではない。議論の原型はアンドレ・ギュンター・フランクの名とともに名高い「従属理論」によって定礎されたと思われる。彼の基本的アイディアはエマニエル・ウォーラスティンの「世界システム論」のなかで彫琢され続け、その適用範囲が歴史的研究から現代社会論へと広げられたところにグローバリゼーション論は成立したといえよう。

モダンvsポストモダンという二項対立に依拠するポストモダン論は、資本主義vs社会主義という東西対立に代わる世界解釈の図式として流行することになった。それに対して、グローバリゼーション論は、南北対立図式のリハビリテーションされた最新版と位置付けることが可能だろう。ポストモダン論では、物事の変化は「モダンからポストモダンへ」といった時間の流れのなかで捉えられていたとすれば、グローバリゼーション論では「中心と周縁の相互作用」といった空間上の位置取りの変化が基本枠組みをなしている。「東西問題」に由来し時間的趨勢を重視するポストモダン論に対して、グローバリゼーション論は「南北問題」に由来し空間的布置を重視する。両者はその意味で対極的なパラダイムといえよう（厚東 2006）。

しかし他方、西と東、北と南、という二つの二項対立を組み合わせて世界を解釈する様式は、二〇世紀を通底する図式ということも可能である。一九世紀中葉のカール・マルクスに淵源し、マックス・ヴェーバーらによって継承され、西欧の社会科学のメインストリームを形作る解釈図式ともいえる。その意味で、ポストモダン論とグローバリゼーション論は、二〇世紀が終わり、二一世紀が始まろうとする時代の変曲点において現れた、相互補完的な二つの潮流と位置付けることも可能と思われる。両者の根はお互いに絡まり合い、共通の土壌に生育したものともいえる。ポストモダニゼーションとグローバリゼーションは、車の両輪として、現代を牽引していくひとつの趨勢へと合流していく。

二一世紀へ

2　グローバリゼーションの5W1H

5W1Hを用いた定義

ではグローバリゼーションとはどんな傾向性を意味するのだろうか。この言葉は、一気に流行語になったこともあり、その意味内容は必ずしも明確ではない。若干の紙幅を割いて定義の試みをおこなうことにしよう。その際、手掛かりになるのが5W1Hという六つの疑問詞である。

グローバリゼーションとはいったい何か（What）？　グローバリゼーションがみられるのはいったいどこでなのか（Where）？　グローバリゼーションを引き起こす原因はいったい何なのか（Why）？　グ

ローバリゼーションの開始点はいったいいつなのか（When）？　グローバリゼーションに着目し研究したのはいったい誰なのか（Who）？　グローバリゼーションはいったいどのようにして進行するのか（How）？　各項目ごとに順次検討することにしよう。

いったい何か
What?

グローバリゼーション研究の牽引者の一人であるジョン・トムリンソンは、『グローバリゼーションと文化』の冒頭で、次のような定義をおこなっている。

グローバリゼーションが指示しているのは、近代世界を特徴づけている相互結合・相互依存のネットワークが急速に発展し、不断にその密度を増加しているということである（Tomlinson 1999：2）。

トムリンソンによれば、グローバリゼーションの中核にあるのは「複合的結合性」（complex connectivity）である。ヒトやモノ、シンボルなどの移動がきわめて活発になり、社会を構成している単位同士の相互作用が広範かつ深刻になった。mobility（移動）、flows（流れ）、networks（ネットワーク）、interface（交錯）といった、近頃あちこちで見聞される言葉をひとまとめにしたのが「複合的結合性」という概念である。だが、トムリンソンの定義はやや抽象的に過ぎる。実感をもって理解されるには、複合性と結合性という二つの構成要素の意味内容を、一歩一歩限定していく作業を積み重ねることが必要であろう。

どこで生起するのか
Where?

次に、グローバリゼーションが生起する場所はどこか。この問いに答えるのは最も容易である。globalization は「地球」を意味する globe から作り出された言葉であり、「地球」全体が活動の舞台をなす。「全世界規模の（worldwide）相互結合性の広範化・深化・スピードアップ化」したところにグローバリゼーションが生成する（Held, D., et al. 1999 : 2）。

人々の日々の暮らしは、人々のつながりのなかで初めて再生産可能である。人々の生活の再生産を保障する単位は、人類の歴史とともにだんだん大きくなったと考えられる。常識的には、家族→村落→国民国家という形で、その動きを総括することもできるだろう。日本の歴史でいえば、戦国時代は郷村から領国へと再生産の単位が交代した時期であり、明治維新は藩（領国）から国民国家へと再生産の単位が移る変曲点に位置する。近代社会を特徴付ける再生産の単位が「国民国家」である。近代では、生活の地平は国民規模（nation-wide）で限られていたとすれば、現代は world-wide がそれに取って代わる。

グローバリゼーションは、逆からいえば、「国民国家の没落」を意味する。国民国家の内包する結びつきだけでは、人々の日々の生活の再生産が不可能になる。国民国家を超えた、ヒトやモノやシンボルの移動が活発になる。国民国家の自給自足性は破綻し、それに代わって地球が自給自足の準位にある唯一の共同体となる。近代が国民化の時代とすれば、現代は地球化の時代といえよう。グローバリゼーションの中国語の訳語「全球化」とは、言い得て妙である。

「国際化」とグローバリゼーションは概念上区別しておいた方がいいだろう。国際（inter-national）とは、文字通り、nation と nation の結びつきであり、「国民国家」を前提としている概念である。その際、国民国家は、政府を頂点とするピラミッド型をなすとイメージされ、人々の日常の暮らしはピラミッドの底辺に位置付けられる。人々の日々の暮らしを形作る地域社会や（機能）集団が、他の国民国家から影響を受けるとすれば、それは頂点にある政府を経由してである。国際化が攻略するのはまずは政府である。その構成要素がどの程度他の国民国家の影響下におかれるかは、さしあたり国内問題である。民衆からみれば、他の国民国家の影響力は、自国の政府によって、相殺され無効にされる場合もあれば、逆に増幅され相乗化される場合もある。このように国際関係は、まず中央政府と中央政府の関係、それに続く国内における中央と周縁、という二段階の流れを経て作用する。国際化の主体（agency）は、国民国家の中心にある政府である。

これに対してグローバリゼーションは、中央政府の媒介を経ることなく、地域（エリア）や会社やサークルといった機能集団が直接的に捕捉される。地域や機能集団が国境を越えた強い結びつきのもとにおかれるグローバリゼーションの主体（agency）は、文字通り「政府でない組織」、すなわちＮＧＯである。例えば、日本の九州が、経済的にみれば、東京より韓国の強い影響下に組み入れられる、といった事態は、グローバリゼーションではありふれた事がらである。国民国家を前提とすれば、こうした事態は、韓国による九州の植民地化である。東京に代表される日本の中央政府の支配権が韓国政府によって奪われるゆゆしき事態ということになる。グローバリゼーション論のなかでは、「九州」は、東京と密接な関係の下におかれている「地域」かもしれないが、東京に属する「領土」ではない。地域連合と植民地化とは概念上区別されなければならない。崩壊しているのは、地域性と主権性とが表裏一体となった「領土」という観念である。この点からみればグローバリゼーションとは「脱領土化」（deterritorialization）にほかならない。

引き起こす原因は何か
Why?

Why に対する答えは大きくいって二つに分けられる。ひとつは、経済の契機を強調する考え方で、世界経済システムの拡大と深化、もうひとつは、インターネットを典型とするような、情報機器の高度化・情報処理の高速化・情報ネットワークの広域化といった契機を重視する考え方である（これに付け加えて、核戦争の危機、地球温暖化などの環境問題の深刻化が強調される場合もある）。

生産、金融、情報といった要素は、グローバリゼーションを単独で引き起こす「原因」というより、グローバリゼーションを形作る典型的局面と捉えられる。アパデュライの表現を借りれば、生産が作り出す「技術の風景」、貨幣の作り出す「金融の風景」、情報メディアが作り出す「メディアの風景」は、それぞれグローバリゼーションが私たちの目を撃つ典型的風景である（それに加えて、人の移動が作り出す「民族の風景」、知識の流通が作り出す「アイディアの風景」もまた指摘されている〔Appadurai 1996〕）。

経済や文化は相互に結びついて、全体としてひとつの方向に向かう力が生み出されている。トムリンソンの「複合的結合性」という規定は、要因が独立にではなく、相互に連動しながら作用する点を押さえる点では便利ではあるが、全体として一定の方向性が生み出されるという点への着目が十分ではない。

私は、第１章で触れたように、世界規模での相互結合性を生み出す原因として「モダニティの高度な移転可能性」を指摘したいと思う。かつてマックス・ヴェーバーはモダニティを「普遍的な意義と妥当性を持った発展傾向をとる文化的諸現象」と特徴付けた（Weber 1920）。ヴェーバーが何をもって「普遍妥当性」を測定したのかわからない点も多いし、この言葉遣いでは「正しい」とか「優れている」という含意から自由になることも難しい。そこで、モダニティの特性を「高度な移転可能性」すなわち「異なった社会的・文化的コンテクストに移し替えられても本来の活動水準がほとんど損なわれることなく作動する能力」に求めることにしたい。

かってアルフレート・ヴェーバーは「文明」と「文化」の対比を用いて、「文明はさまざまな文化圏で移転可能であるが、文化は一定の文化圏に固有のものである」と定式化した。果たしてそうであろうか。アルフレート・ヴェーバーのいう文化の典型である「宗教」を例にとって考えてみよう。「卑弥呼の主宰する宗教」と「キリスト教」の二つをとれば、どちらが異文化圏に属する人々にとって信仰することが容易であるかを想像してみよう。キリスト教が「世界宗教」と呼ばれるのは、異文化圏の布教に成功したからである。宗教の本質に布教があるとすれば、宗教は決してひとつの文化圏に閉じこもることを欲しているわけではない。問題は、布教に成功するのか失敗するのか、布教が容易であるのか困難であるのかという点である。「卑弥呼の主宰する宗教」も布教を望まなかったわけではなく、移転可能な能力が低位だったために、局地的で一時的な宗教で終わってしまっただけである。

キリスト教は世界宗教のなかでもたぐいまれな移転可能性を享受している。こうしたキリスト教も、「神が死んだ」以降の近代に固有な文化である「科学」に比べれば、移転可能の能力の点で大いに遜色がある。「科学」は異文化圏に移転されてもその固有の機能がいささかも失われないことを理想とする知といえよう。神学や哲学を追究するためのアカデミーにとって「グローバル・スタンダード」はそれほど魅力ある組織目標とはいえないだろう。しかし、科学的知の生産に特化した現代の大学にとって「グローバル・スタンダード」は抗い難い規格となる。

「複合的結合性」の「複合的」とは、モダニティという複合体（complex）によって媒介され・生み出された、という意味にとるべきであろう。機械による生産、市場経済、インターネット、高速な交通手段、核兵器、地球温暖化等々といった要因が一体となってグローバリゼーションを生み出すことができるのは、こうした要因がすべてモダニティの産物だからである。

広くて深い「結合性」は何故にもたらされるのか。グローバリゼーション特有の結合紐帯を提供するのがモダニティだからである。ヒトとヒト、ヒトとモノ、ヒトとシンボルを結び合わせるためにお互いに差し出される「手」、結合のための絆となるのがモダニティである。モダニティを共有することによって、ヒトとヒト／ヒトとモノ／ヒトとシンボルが、広範にしかも深い層で緊密に結び合わされるのである。

「複合的結合性」とは端的にいえば「共有されたモダニティ」(shared modernity) のことである。聖なるものの共有によって成立するのが「教会」であるとすれば、「モダニティの共有」によって生成するのが「グローバライズド・ソサイエティー」なのである。「全世界規模の (worldwide) 相互結合性の広範化・深化・スピードアップ化」を惹起したものこそ、モダニティの持つ高度な移転可能性にほかならない。

いつ始まったのか
When?

J・A・ショルトによれば (Scholte, J. A. 2000 : chap.3)、グローバリゼーションは三つの時期に分けられる。①一八世紀までのグローバルな想像力が生成する萌芽期。②一八五〇年頃から一九五〇年頃までのグローバリゼーションの始動期。③一九六〇年代から現在までのグローバリゼーションの本格期。こうした時期区分は、無理がなく穏当であり、一見常識的であるがなかなか意味深いものでもある。

グローバリゼーションの始点が一九世紀の半ばに求められるのは何故なのか。それはモダニティの規格化＝標準化 (standardization, formalization) がこの時期に大幅に進展したからである。日本の近代化の始点である明治維新は一八六七年に始まった。ラテンアメリカの国民国家形成の動きは、それより約五〇年前の一八一〇年代に始まっている。日本にとってモダニティの典型は「産業革命」であり、西欧を見習うとは「富国強兵」を建国の旗印とすることであった。それに対してラテンアメリカの諸国にとってモダニティの典型をなすのは「フランス革命」であり、西欧を見習うとはデモクラシーを建国の理想とすることであった。日本にとって移転すべき対象は「工場制機械工業」であるのに対して、ラテンアメリカ諸国では「デモクラシー」であった。

一九世紀の前半期の五〇年で、モダニティの移転可能性は飛躍的に増大した。一八世紀の末では、道具を用いる労働者の協業組織である「マニュファクチュア」(工場制手工業)が最新の生産様式であったが、一九世紀の後半になると、機械が生産の基礎に据えられ、機械のリズムと必要によって労働の組織が組み立てられるようになった。一八世紀末に工場を移転させようとした場合、道具を自在に操ることのできる熟練工の存在が決定的に重要であった。熟練工をはるばる西欧から連れてくることができないのなら、自国で養成するほかない。大量の熟練工を育て上げるには一世代以上の年月が必要であろう。それに対して、一九世紀後半になるとまずは機械を輸入すればよい。たしかに機械を動かすための人材がいなければ、工場は操業することができない。しかし、機械の操作は若い労働力に短期間で教え込むことができる。機械のメカニズムに強い技術者は少数いれば十分である。「技術移転」も決して平坦な道筋ではない。しかし「マニュファクチュア」の移転に比べればずっと容易といえるはずである。

他方、デモクラシーといっても一八世紀末と一九世紀後半では、その内実は大きく異なる。フランス革命が求めていた政治体制は「直接民主制」である。一九世紀のイギリスにおいて二回の選挙法改正を通して徐々に作り上げられてきたのは、議会制民主制あるいは間接民主制である。立法行為に参画するのは個々の市民ではなく、市民を代表する代議士である。代議士がどのような形で選ばれるか、選挙権が国民にどのように配分されるかが、選挙法改正の最大の争点であった。ラテンアメリカ諸国が移転させようと試みたのは、市民が直接政治に参加するデモクラシーであったのに対して、日本が見習おうとしたのは、選挙権が国民の間で平等に配分されている状態を示す民主制であった。直接民主制は、ギリシャやローマといった都市国家（ポリス）の政治的伝統のない場所に移し替えることは難しい。事実ラテンアメリカ諸国では、民主革命から二〇〇年以上経った現在でもまだ安定的な政治体制が築けているとは言い難い。それに対して、選挙権の配分をデモクラシーの根幹とみなした日本では、成人男性の普通選挙権、女性の参政権などを比較的早い時期に制度化して、民主制の移植に成功することができたとみることも可能であろう。

モダニティは、出現した当時では、生誕の地である西欧に固有な「文化」に色濃く染め上げられていた。モダニティが十全に作動するためには、西欧人に独特な思考・行動様式に支えられている必要があったのである。デモクラシーでいえばポリスの政治的伝統が必要であり、マニュファクチュアでいえばプロテスタンティズムの倫理が育て上げる人間類型が支柱として必要であった。

モダニティも一九世紀を経過するなかで、西欧の文化的伝統への埋め込みから解除されるようになり、合理性という骨格のみから組み立てられるようになった。埋め込みが解除され、伝統による支えを必要としなくなると、モダニティは異なった文化圏に移し替えられても、容易に定着しうるようになる。埋め込み解除は高度な移転可能性の必要条件をなす。ラテンアメリカから遅れること半世紀経って始められた日本の近代化が、ともかくも成功することができたのは、モダニティのこうした規格化と同時進行したからである。

二〇世紀の後半にグローバリゼーションがフルスケールで驀進するようになったのはいったい何故なのか。それはエレクトロニックなコミュニケーション・システムが出現したからである。

コミュニケーション・メディアという観点からグローバリゼーションの三つの時期を見直せば、グローバルな想像力の生成の時期は「文字」とともに出現し、グローバリゼーションの始動期は「印刷」による書物や雑誌の大量出版とともに始まり、マスメディアの隆盛とともに完成した。日本における西洋の文物の輸入は、印刷物（本や雑誌）の緻密な読解を通じておこなわれた。グローバリゼーションの本格化にとって決定的に重要なのは、マルチメディアの発展、とりわけ映像によるコミュニケーションの大衆化という条件である。

例えば、全世界規模での人口爆発を抑止するために、開発途上国で家族計画を普及させるプロジェクトを推進しようとする場合、民衆への啓発活動が重要となる。日本の場合、パンフレットや冊子の印刷物が民衆啓発の主要なメディアであったが、現代の開発途上国ではそういうわけにはいかない。というのは、識字率は依然として六〇％前後であるし、とりわけ女性の識字率は著しく低位のままである。文字を読めない人が半分を超えている国は決して珍しくない。さらに、共通語の制度化がそれほど進んでおらず、ひとつの国のなかで、いろいろな言葉・文字が使用されている。あるいは植民地解放闘争によって独立した国々にあっては、共通語は依然として旧宗主国の言語であることが多い。英語やフランス語が部族間を超える唯一の言葉である事態は、国民国家形成が始められて四半世紀以上も経った現時点でも、依然として克服されないままであることも多い。こうした事情のなかで民衆の啓発活動をおこなおうとすれば、映像を用いたコミュニケーション以外にはない。ビデオやアニメーション、コンピュータ・グラフィックスといった最新の情報機器や技術が駆使されることになる。

インターネットも、電話回線が必要な場合は威力が半減するが、無線ＬＡＮが用いられるようになれば、世界のどんな奥地にも入り込むことができる。開発途上国での援助活動の場合、移動手段としての自動車や飛行機への依存率は先進諸国の比ではなく、携帯電話、無線ＬＡＮによるコンピュータは代替不能な通信手段をなす。活動の場が後進的であればあるほど、文明の利器に対する依存性はいっそう高まる。

印刷物を介してモダニティが移転する場合、印刷物を読解するには言語を習得しなければならず、外国語を習得するには多大な時間とエネルギーが必要であった。民衆の教育水準の向上は、モダニティの移転に伴う成果というよりそのための前提条件をなす。それに対して、高度な情報機器を介してのモダニティの移転は、きわめて短時間に移転作業を完了することができる。情報機器が高度になり「利口」になればなるほど、それを利用する人々の知的能力は低位のままで構わなくなる。モダニティの移転はきわめてスピーディーに完遂され、モダニティの移転に牽引されたグローバリゼーションは、こうして一気に加速されるのである。

どのように進行するのか How?

マックス・ヴェーバーのいうように「モダニティ（普遍的な意義と妥当性を持った発展傾向をとる文化的諸現象）は、ほかならぬ西欧という地盤において、またそこにおいてのみ姿を現すことになった」とすれば、モダニティの移転によって引き起こされるグローバリゼーションは、結局のところ「西欧化」に帰着するのではないか。モダニティを西欧の文化・文明と同一視すれば、モダニティの急速で・広範で・深刻な世界規模での波及は、西欧の世界制覇を意味することになる。例えばジョージ・リッツァーの「マクドナルド化」論はこうした議論の典型だろう（Ritzer 1993＝1999）。世界各地にマクドナルドのチェーン店があり、世界の人々が好んでマクドナルドのハンバーガーを食べるように、今や世界の隅々までアメリカン・ウェイ・オブ・ライフが行き渡っている。近代化がヨーロッパ化だとすれば、グローバリゼーションはアメリカ化だというのである。

ディズニーランド、コカ・コーラなどを典型として展開されたこの種の議論を、トムリンソンは「文化帝国主義」というラベルの下に一括して、その議論の妥当性の範囲を精密に測定している（Tomlinson 1999）。普通選挙制に依拠する民主制を取り入れたから、日本の政治はイギリスやアメリカと同じようなダイナミクスを持つわけではない。同様にアメリカの音楽や映画がほぼ同時期に日本で享受されるからといって、日本人とアメリカ人の考え方や振る舞い方がまったく同一になるわけでもない。マクドナルドのハンバーガーが好んで食べられるからといって、日本食が廃れたであろうか。食文化のグローバリゼーションによって、「すし」や「しょうゆ」が全世界に波及したという側面もあるのではないか。こうした問いかけを並べていけば、グローバリゼーションによって全世界の文化がアメリカ文化によって一元化あるいは画一化されたとは到底言い難いのは明らかであろう。

グローバリゼーションは、一面では、自他の文化的相違にきわめて鋭敏な感性を生み出す。例えば、イスラム教とキリスト教の対立は長い歴史を持つが、イスラム圏のなかで原理主義的理念や運動が社会の前面に押し出されるようになったのは、ごく最近のことである。イスラム圏と西欧圏との対立が、政治的あるいは軍事的な平面から、文化的優劣の次元へと戦線を拡大していったのは、グローバリゼーションの帰結のひとつである。日本の近代においても西洋vs東洋という対比はきわめて重要な政治的・文化的意味を持ったが、雑多な要素を包含する非西欧文化圏が「東洋」として一括されるようになったのは、日本がモダニティの移転に一意専心し始めてからである。「文明開化」は、その対極に「国粋主義」を生み落とす。

グローバリゼーションは、統一的なひとつの世界文化・世界文明を生み出すどころか、文明の衝突を生み出す傾向を内包している。グローバリゼーションは「文明の衝突」の時代でもある（Huntington 1993＝1993）。ホブスボームによれば、「伝統」という包括的な観念それ自体が、近代を特徴付ける「発明」のひとつであるという。第１章で述べたように、近代化が内発的に進展する場合、近代（モダニティ）と伝統という時間的対比が、そのダイナミズムを決定する。それに対して、モダニティの移転によって近代化が駆動される外発的なケースでは、西欧（モダニティ）と土着という空間的対比によって、人々の意識と行動が規定される傾向がある。

ハイブリッド化　モダニティの移転とは、モダニティが生み出された場所から引き抜かれ（disembedding）、根本的に異なったコンテクストに置き直される（displace）ということである。モダニティが、こうした移転にもかかわらず、円滑に作動し続けようとすれば、異なったコンテクストに「適応」することがどうしても必要になる。適応は変形を必然化する。モダニティの移転には必ずその変容が伴われるのである。

他方、モダニティという要素が新しく埋め込まれることによって、コンテクストのあり方も変容する。

「土着」はその場所に古来からある不変のものではない。モダニティとのインタラクションによって、その内実は時々刻々と変化し続けている。ハイウエイからでこぼこ道に走行環境が移し替えられることによって、自動車の機能や形態の変容が余儀なくされたばかりではない。でこぼこ道を徒歩や馬車で移動する代わりに、自動車が走ることによって「道」が持つ意味は確実に変化した（道は道路となる。「奥の細道」は「奥羽地方の道路」となる）。それに応じて、でこぼこ道を含んだ地域や集団もまた形態変容する。

こうしたモダニティとコンテクスト（土着）の相互作用は「ハイブリッド」という言葉で捕捉することも可能であろう。ニーダビーン・ピータースの言うように、まことに「グローバリゼーションとはハイブリディゼーションのことである」（Nederveen Pieterse 1995）。土着を「ローカルなもの」という空間的なメタファーで言い直せば、モダニティと土着の相互作用＝ハイブリッド化という論点は、グローバリゼーションとローカリゼーションの同時的進行、あるいはローカルなものとグローバルなものとの弁証法という形で、ギデンズが提示した論点と重なる（Giddens 1991：22）。こうした用語法を前提にすれば、モダニティと土着のハイブリッド化は、グローバルなもののローカリゼーションを意味する「グローカリゼーション」というローランド・ロバートソン独特の用語と、意味的に重なりを持つだろう（Robertson 1992＝1997）。

ハイブリッドとは「雑種」のことである。何と何が掛け合わされるかで、生み出される「雑種」は多種多様である。「土着」が異なれば、同じモダニティが掛け合わされたとしても、そこから生成してくる社会・文化・制度は個々別々なものといえるだろう。モダニティは真空のなかを駆けめぐるわけではない。それぞれ独特な雰囲気を持った大気のなかに入り込むので、その文化圏ごとに固有の屈折を蒙ることになる。

このようにグローバリゼーションは画一的な文化・文明をもたらすわけではない。モダニティの平板さに飽き飽きして、代わりに、差異を生み出す源泉として、土着の文化・文明にスポットライトがあてられる傾向もある。ここにファンダメンタリズム＝原理主義が跳梁する根拠がある。

3　理論的モデルとしての全体社会——一九世紀中葉まで

社会学史の問題

Who の問題が論じ残されている。グローバリゼーションに関する研究は、誰によって始められ、誰によって発展されてきたのか。グローバリゼーションに関する研究史を「社会学」という専門に焦点を絞って追うことにしよう。すなわちグローバリゼーションにおける Who という問いかけには、「グローバリゼーションの社会学」の歴史的展開を瞥見することによって答えることにしよう。

グローバリゼーションの社会学の歴史については、オルブロウの議論が引照されることが多い（Albrow 1990）。彼によれば、グローバリゼーションに関する捉え方を手掛かりにすると、社会学の歴史は五つの段階に分けることができるという。

①　普遍主義の時期（一九世紀の半ばまで。サン・シモン、コント、マルクスなど）。

② 国民国家の社会学の時期（一九世紀後半から第二次世界大戦まで。テンニース、デュルケーム、ヴェーバーなど）。
③ 国際主義の時期（第二次世界大戦後から一九六〇年代まで。パーソンズなどの近代化論）。
④ 土着化の時期（一九七〇年代から一九八〇年代。従属論やポストモダン論）。
⑤ 社会学のグローバリゼーションの時期（一九九〇年代以降）。

この図式は上出来とは言い難い。というのは、ローランド・ロバートソンもいうように、「社会学のグローバリゼーションとグローバリゼーションの社会学との混同」があり、時期設定の基準が一定でないからである。とはいえ社会学の歴史をグローバリゼーションというテーマとの関連で考察しようとする視点には、大いに学ぶ点がある。視点を継承しつつ、図式を再構成し直すことにしよう。

社会学発展の三段階　前述したようにグローバリゼーションの展開過程は三つの時期に分けられる。一八世紀末までのグローバルな想像力が生成する萌芽期、一八五〇年代から一九五〇年代までのグローバリゼーションの始動期、一九六〇年代以降のグローバリゼーションの本格期、以上の三つである。

社会学はひとつの思考のあり方である。思索は、現実の動きから一歩遅れた形で発動される。まことにミネルヴァのフクロウは夕闇迫る頃にようやく飛び立つのである。社会学の歴史は、上述の時期を約半世紀遅らせることによって、次の三つの段階に分けることができるだろう。

① 人類進化の社会学（一九世紀中葉まで）理論的モデルとしての全体社会。
② 国民的発展の社会学（一九世紀末から一九七〇年代まで）国民国家としての全体社会。
③ 人類と国民の相互作用の社会学（一九九〇年代以降）グローバルな単位としての社会。

段階を分けるための基準を提供するのが、社会学において用いられている全体社会のイメージである。全体性を主張しうる社会としてどのようなものが観念されているかによって、社会学のあり方は根本的に規定されている。

理論モデルとしての社会　まず理論的モデルとしての全体社会からみていくことにしよう。マルクスとエンゲルスは一八四八年刊行された『共産党宣言』において次のように述べている。

大工業は、すでにアメリカ発見によって準備されていた世界市場を作り上げた。…世界市場の発展はまた工業の伸張に反作用した。そして工業、商業、航海、鉄道が伸張する程度に応じて、ブルジョワ階級が発展し、その資本を増加させ、中世から受け継いだすべての階級を背後に押しやった。こうしてわれわれは、近代ブルジョワ階級自身が長い発展行程の産物であり、生産様式や交易様式における一系列の変革の産物であることを知る（Marx & Engels 1848 : 19 = 1946 : 41）

マルクスとエンゲルスが立ち会っていたのは、ちょうどマニュファクチュアの代わりに近代的大工業

（工場制機械工業）が出現する変曲点であった。西欧を地盤に発生してきたモダニティが、西欧文化圏という保育器から出て、世界各地に移植されようとする直前である。グローバリゼーションの黎明期のこの時期に、「蒸気と機械装置による工業生産」の行き着く先が「世界市場」であることが明確に見据えられている。近代ブルジョワの支配する近代という時代は、「全社会が、敵対する二大陣営、すなわちブルジョワ階級とプロレタリア階級とに、だんだん分かれていくという特徴を持つ」。

マルクスとエンゲルスにとっては、近代社会とはブルジョワとプロレタリアという二大階級が直接対立しあう、きわめてシンプルな骨格からなる社会である。「今日までのあらゆる社会の歴史は、階級闘争の歴史である」という長い歴史過程のなかで、最も単純な階級対立を示すという点で異彩を放つ社会である。

ブルジョワとプロレタリアからなる資本制的社会という像は、発展傾向を未来に外挿することによって得られた理論像で、ドイツとかイギリスとか現実の社会から帰納的に抽出された概念ではない。商品に始まり資本を経由して諸階級で終わる『資本論』の構成をみても明らかなように、近代社会のダイナミクスを規定しているのは「資本」である。ブルジョワとプロレタリアの階級対立はこの「資本」の運動がもたらすひとつの帰結、「資本」の活動様態の一こまに過ぎない。

資本は、狭隘な国内市場に満足することはできず、世界市場を本来的な活動の舞台とする。資本制的社会という社会概念は、近代における地球上のあらゆる社会に適応可能であるが、具体的な特定の社会のうちで、この概念にぴったりと当てはまるようなものは存在しない。たとえイギリスであってもブルジョワとプロレタリアのみからなる資本制的社会とは到底いえず、傾向性の極限値として、ようやくそうぃえるに過ぎない。「資本制社会」は、近代の本質を浮き彫りにするための演繹モデルであり、経験事例を積み重ねて作り出された社会概念ではない。

近代の本質を明らかにする社会モデルを作り上げるというのは、この時代の社会学者の共通な関心であった。サン・シモン（「産業体制」）、コント（「実証主義政治に立脚した社会」）、スペンサー（「産業型社会」）の提示するのは、すべて近代社会の理論像である。ヨーロッパ諸国のなかには、こうした理論像に当てはまらない国々は決して少なくない。西欧文化圏から一歩外へ出れば、例えば「産業型社会」に合致するような社会は皆無である。理論像から逸脱した現実的ケースは、発展状態の不十分さの表れとして解釈された。現実の多様性は、発展行程にしめる段階の相違に帰着されたのである。アジアは遅れた西欧であり、ドイツはイギリスの一段階前の姿を示す。進化図式は、マルクスとエンゲルス、サン・シモン、コント、スペンサーらの社会学を貫く共通のパラダイムである。そして彼らは、進化を押し進める根本的な動力を競って発見しようと努めた。その結果、進化は経済あるいは知識といったひとつの要因に帰因させられた。発展の全行程は、内生的な一変数によって、決定論的に説明されることになったのである。

4　国民国家としての全体社会——一九世紀末から一九七〇年代まで

自己充足の基準

タルコット・パーソンズは『諸社会』の中で「社会」を次のように定義している。理論モデルの対象になっていた「社会」とは、正確にいえば「全体社会」のことである。「社会」には、二人関係から地球社会まで、大小さまざまなものが含まれる。

社会とは社会システムのひとつのタイプのことで、システムと環境との関係からみて、自己充足性の最高の水準に到達した社会システムを指す（Parsons 1966：9）

「社会」（society）は、学会（アメリカ社会学会 American Sociological Society）やクラブ（ESS, English Speaking Society）を意味する場合もある。そうした用法を考慮すれば、自己充足性の域に達した society は「全体社会」と呼ぶことが可能であろう（全体社会を強いて英訳すれば societal community）。パーソンズはこの全体社会を、歴史的には古代エジプト、ギリシャの都市国家、ローマ帝国などに適用しているが、近代では、アメリカなどの国民国家と同一視している。世紀末の社会学者、例えばデュルケームでは第三共和制下のフランスが、ヴェーバーではビスマルクが主宰する帝政ドイツが、全体社会ということで念頭に浮かべられていた実体であったことは疑いえない。

国民国家の問題

一九世紀後半に至ると、ヨーロッパではイギリスやフランスに遅れて、ドイツやイタリアもようやく国民統一を果たすことができた。国民国家を形成したヨーロッパの列強は、直ちに世界各地に植民地を求め、お互いに闘争を繰り返した。時代はいわゆる「帝国主義」時代へと突入する。植民地の争奪、植民地の宗主国への反乱などが複雑に絡まりあって、全世界を舞台に二回の世界大戦が引き起こされた。第一次世界大戦のもたらす混乱のなかから同じ時期に、一方ではロシア革命が起こりソ連が建国され、他方では戦後処理の方針として「民族自決」の原則がアメリカ大統領によって提唱される。ソ連の掲げる「一国社会主義」の原則は、本来インターナショナリズムである社会主義（共産主義）を、国民国家建設のためのイデオロギーへと歪曲するスプリングボードを提供した。他方「民族自決」の原則は、植民地の人々にも国民国家を建設する権利を保障するための梃子となった。

二〇世紀は、冷戦に象徴される「東西問題」と、民族解放闘争に象徴される「南北問題」という二つの座標軸によって、世界全体が引き裂かれた時代である。ソ連vsアメリカという対立においても、先進諸国vs開発途上国という対立においても、勝ち取られるべき目標とされているのは独立国としての政治的・経済的主権である。つまり、闘争で賭け金として賭けられていたのは国民国家という理想でありました現実であった。

帝国主義に始まり、東西問題、南北問題へと引き継がれる一連の歴史過程は、国民国家という制度的枠組みが地球上のあらゆる地域・民族へと移転されていった過程である。ギデンズの次の断言は、こうした歴史的コンテクストを背景にして、しかもこの時期の社会学における全体社会概念に限ることによって、首肯することが可能となる。

社会学の研究対象をなす社会とは端的に国民国家のことである（Giddens 1990：13）

比較の問題

全体社会を国民国家に限ると、社会の現実形態の多様性が際立ってくる。経験的多様性を処理するために「類型」概念が愛好される。また、社会類型を構築するために比較論的視座が強調される。比較というパースペクティブの下で、諸社会間の差異が際立たされたり、あるいは類型を貫く共通性が探求されたりする。こうして進化論に代わり比較論が社会学的研究の基本方針となる。

A社会とB社会が比較される時、社会はそれぞれ独自な内発的発展の産物と捉えられる。しかし国民国家が地球全体に普及したということは、モダニティの規格化がすすみ、モダニティの移転が少なくとも西欧から非西欧へという一方通行にしろ、かなり大規模に現実化しつつあることを意味している。つまり、一つひとつの社会が孤立した形で発展することがもはや不可能になった時代に突入しつつあるのである。この時期がグローバリゼーションの始動期と名付けられる所以である。

モダニティの移転は基本的にネガティブな評価の対象とされた。それは西欧の「模倣」、「コピー」、「外発的」、「表面的」、「似非」を作り出すだけである。西欧からの文化の移転は西欧による支配と表裏一体をなしている。モダニティの移転は、西欧への屈服・従属の異なった表現に過ぎない。グローバリゼーションと西欧化の同一視は、その反動として、非西欧文化圏に国粋主義・原理主義を呼び起こす。土着への引きこもりこそが主体性を守る唯一の道とみなされる。西欧的社会学を拒絶して民族に固有な社会学の樹立が声高に叫ばれることも珍しくない。

比較論的パースペクティブの採用は、非西欧圏の社会学をして、拝外と排外との両極端の間を揺れ動くことを余儀なくさせた。ハイブリッドなものをピュアなものより下位に置く価値観が相対化されたのは、ようやくポストモダン論の隆盛を待ってであった。内生的変数による社会変動の説明様式は、それほど、社会学にとっては根深いものだったのである。

多元主義　比較によって発見された社会の多様性はどうしたら説明可能になるのか。従来の一元論に代わり多元論が前面に押し出される。経済的利害は歴史を動かすエネルギーかもしれない。このエネルギーに形を与え、歴史をひとつの方向に牽引するのは世界像の役割である。経済／政治／宗教／思想／親族といったさまざまな要因の間に、アプリオリに重要性のランキングがあるわけではない。地域や時期など、作動する歴史的コンテクストが変われば、おのおのの要因が持つ規定力は大きく変わる。どの要因がどの程度の規定力を持つかは、経験的事例に直接当たって個別的に探求すべき事がらである。理論的ないし演繹的に決定することはできない。

多数の要因間の相互関係を統一的に扱うために、システム理論が引照されることも多い。個別的な事例を見通しよく整理するカズイステーク論の試み、あるいは全体社会のひとつの領域にのみ適用可能な特殊理論の構築、あるいは一般理論と具体的事例の中間に位置する中範囲の理論の提唱など、さまざまな理論的営為が企てられてきた。そこに共通するのは全体社会の運動を丸ごと法則化しようとする思弁的理論に対する懐疑である。こうした懐疑はしばしば理論化一般への躊躇へと転化し、調査至上主義、経験的データのアナーキーな集積という事態を生み出すことも多い。

5　グローバル単位としての社会――一九九〇年代以降

社会概念の再検討　グローバリゼーションの本格期の到来とともに、全体社会を国民国家と同一視することがだんだんと困難になる。自己充足性を主張しうる社会システムは今や

「地球」あるいは「世界」のみになるからである。社会学のなかで「社会」がキー概念の地位を失うに連れ、それと入れ替わるように重要性を増してきたのが「文化」である。グローバリゼーションを概括的に論じるためにトムリンソンによって選ばれたタイトルが、『グローバリゼーションと文化』であって『グローバリゼーションと社会』でなかったのは象徴的である。グローバリゼーションを論じるために、社会に関するこれまでの概念装置は使いづらいことは確かである。モダニティの移転という決定的論点を敷衍するのに、「文化の移転」は語ることができるが、「社会の移転」というのはきわめてイメージしにくい、という事情ひとつとってもこのことは首肯できるだろう。

しかしながら、「社会」をキー概念としない社会学はやはり形容矛盾である。社会学の興廃は社会の盛衰と軌を一にしている。社会学がグローバリゼーションを適切に論じられるようにするには、「社会」概念をリハビリテーションすることが必須不可欠である。社会学が二一世紀に生き延びようとするなら、グローバリゼーションの時代にふさわしい社会概念を彫琢する必要がある。社会概念のリハビリテーションは、社会学の現代的課題のうちでまずもって第一に挙げられるべきものであろう。方向性を暗示的に示すために「グローバル単位としての社会」という観念をここでは提示しておこう。

グローバルな単位としての社会　社会をグローバルな単位とみなすことは、社会に自己充足性を認めないということである。社会を、それ自身自足し、相対的に孤立した実体と取り扱うことをやめ、グローバルなシステムを構成する要素として分析せねばならない。社会を比較するといった場合、ひとつずつの社会はそれぞれ独自な自生的発展傾向を内包した、相対的に独立した単位として扱われるのが普通であった。グローバリゼーション下で重要になるのは、複数の社会同士の間でおこなわれる相互作用・インタラクションである。グローバリゼーションに組み込まれた社会は、他の社会の影響を受けることなしに、存続することはできない。影響関係が一方的なものに終始するというのはきわめて例外的である。相互に影響を与えあうことによって、要素同士の違いがなくなるわけではない。このことは、人々は社会的行為をおこないながら、主体であることを止めないことからも、明らかであろう。

相互作用・相互行為は、社会学を構成する基礎範疇である。ミクロ社会学ではあれ程強調されたのに、「全体社会」のレベルの分析では、まったく重要視されてこなかった。また比較論は、進化論と同じように、相互作用の効果を軽視するという一点で同罪である。進化的枠組みに由来するモダニゼーション論は、比較論的パースペクティブを取り入れ、多系統的・分岐的発展図式を提示することができた。しかし、相互作用的視座の取り込みには、きわめて不熱心であった。散発的な試みのなかで、早い時期の例としてネテルとロバートソンの業績を挙げることができる（Nettl & Robertson 1968）。『国際システムと社会の近代化』というタイトルからも窺えるように、全体社会は国民国家と同一視され、社会間の関係は何よりもまず国民同士の関係（inter-national）である。したがってマクロ社会レベルのインタラクションは、中央に位置するエリートを代行者として発動されることになり、その点での時代的制約性もまた顕著である。

「社会」はグローバルに開かれた存在であるにしろ、しかしひとつのまとまりをもった実体である。それゆえ、それは「単位」として取り扱われうると私は考える。

脱領土化の概念

デヴィット・ヘルド等は、グローバリゼーションの他の概念には還元しえない新しさを求めて、社会の脱領土化（deterritorialization of societies）という特性を特筆大書している（Held. et al. 1999）。「脱領土化」は、国民国家という領土の持つ意義の低下と解せば妥当な概念であるが、社会生活にとって「地縁」という要素が意味を持たなくなったと解するなら、それは行き過ぎである。というのはトムリンソンもいうように「人間の生活世界は本質的にはローカルなもの」だからである。ギデンズの言い回しを借りれば、グローバリゼーションはその対極にローカリゼーションを招き寄せる。人間の日常生活におけるローカルなものの決定的意義は決して失われることはない。藩から国民国家へと生活の再生産の単位が移ったからといって、地縁という要素が消失したわけではない。地縁の形態が変わっただけである。人間の命が「身体」という形を取ってしか存在しえない限り、人間の生活が「土地」を離れて可能になるわけではない。

問題は、グローバリゼーションによって、「社会」に占める地縁という層の位置が、いかに変化するかを的確に捉えることである。社会の存立に地縁がどのような意味を持つかを根本から捉え直すために、京大の東南アジア研究センターの所員らが提示した「世界単位」論は参考になる（矢野 1994）。「世界単位」は特異な生態環境を基盤にしているという。「世界単位」は生態／風土／外文明、といった形で、その成り立ちを順を追っていくと理解しやすいという。「一つの生態があると、そこにはそれに応じた風土ができあがる」。「だが、この原初的風土も外文明の到来があると変容する」。「外文明は時には複数の風土を結びあわせて一つの新しい地理的範囲を作る。その範囲が住民によって大きな意味を持つものになった時」、そこに「世界単位」が成立するという。地域研究から生み出されたこの「世界単位」という考え方は、地域のまとまりを手掛かりに「社会」概念をリハビリテーションする試みといえるだろう。

ローカルといった場合、国民国家の領土を分割したより小さい単位が直ちに念頭に浮かべられるが、それと同時に、国民国家の領土を超えたより広い地域的まとまりもまた想定されてしかるべきである。グローバルに開かれると同時にローカルに閉じられた単位が、グローバリゼーションの社会学のキーとなる社会概念である。

コラム　グローバリゼーションと社会学理論のゆくえ

歴史のなかの社会学

歴史は繰り返すとしばしばいわれるが、今から一六〇年ぐらい前の一九世紀半ばの社会学の文献を読んでいると、今書かれたばかりの最新の仕事のように思え、びっくりする。

社会学には他の諸科学には滅多にみられないユニークな特徴がある。「社会学」という学問名称は、作り出された時期が特定できるのである。周知のように sociologie はオーギュスト・コントによって一八三九年に考案された。

二一世紀の社会学はいったいどこに行くのだろうか。現在はグローバル化の時代といわれる。グローバリゼーションの進展に伴う現象として、三点がよく指摘される。①国民国家の枠組みが弱体化する、②グローバリズムの中核にあるのは自由競争市場であり、市場主義が唯一絶対の原理となる、③インターネットなどを通して、情報が迅速かつ活発に全世界を駆けめぐるようになる。以上である。

社会学の一九世紀

社会学が誕生した一九世紀中葉とはいかなる時代だったのか。

国民国家の体裁を整えていたのは、せいぜいイギリスとフランスぐらいで、ドイツはまだ領邦が分立し、アメリカ合衆国では東西南北いまだバラバラの地域として分立していた。日本は明治維新の前夜、ロシアは帝政期、インドは植民地、中国はイギリスとのアヘン戦争に苦しんでいた。「国民国家」という枠組みは、支配的な形態であるどころか、現実的にそれほどの力はなかったし、近い将来、強大な力を振るうとの見通しさえほとんどの人が持ってはいなかった。その代わりに当時の人々の眼前で、燎原の火のように燃え上がっていたのが、弱肉強食の「市場経済」（資本主義）であった。一九世紀の半ばには、イギリスは産業革命に成功しており「世界の工場」と呼ばれていた。フランスでもドイツでも日本でも、産業化は当面する最重要課題であった。機械制大工場に憧れる人、避けては通れぬ災厄と諦観する人、イギリスをモデルとみなす人、別の道筋を構想する人など立場はさまざま、百花斉放の様相を呈したが、自由競争的市場の生態は、当時の人々の想像力に強いインパクトを与えるものであった。

一九世紀中葉においては、政治的なものは、帝政、王制、貴族制、共和制等々、国民国家に一元化されることのないさまざまな形態のもとに存在していた。そこに、産業化の帰結あるいは前提条件として、自由競争的市場が圧倒的な力をもって侵略する。経済的なものの本質が、市場メカニズム（価格機構）として把握されるようになったのは、一九世紀における努力の結果であった。

社会学が構想されたのは、国民国家へ一元化されることのない「政治的なもの」と、産業化の初期に通有な無制約な自由競争を本質とする「経済的なもの」とのせめぎあう狭間に腰を据え、両者を相対化しようと志す人々によってである。無制限な自由競争が人々の共同生活を破壊することは、現時点より以上に一九世紀においての方がシビアに認識されていた。「経済的なもの」の侵食に抗して共同生活を守るために、多くの人々が期待を寄せたのが、政治権力の作り替えであった。度重なる政治改革の結果、産み落とされたのが国民国家である。二〇世紀は国民国家の時代であった。

「社会学的なもの」の新しい学へ

社会学者たちは、市場主義 vs 政治による規制、という二項対立の平面を捨て、第三の要素である「社会的なもの」に止目した。もしも市場のもたらす自生的な秩序形成力に全幅の信頼を寄せることができるのなら、あるいは政治力によって弱肉強食の世界に歯止めをかけることが可能と信じられるなら、社会学など構想する必要はない。政治にも、経済にも還元できない社会的なものが存在すること、この社会的なものこそが、人々の共同生活の屋台骨を形作る、と信じていたが故に、「社会的なもの」の新しい学が必要になったのである。グローバリゼーションがもたらすプロブレマティークは、文化の位相を除けば、一九世紀中葉と同一である。

昨今、「人間の安全保障」とか、あるいはまたトランスナショナルな「市民権」といった言葉がよく議論で用いられる。これらの議論の前提にあるのが、国民国家の機能不全化という現状認識である。国民国家の代わりに、もしも一人ひとりの創意と工夫により、自己の身体、家族、財産等々を守っていけるものなら、人間の安全保障とか市民権といった観念は無用であろう。一人ひとりの力では回避し得ないリスクは集合的に対処するほかないと考え、こうした集合的なものを「社会」と呼ぶ時、人は「社会」学者になる。

グローバリゼーションとともに「社会以降」(post-social/post-societal)の時代が到来し、それとともに「社会」という概念の賞味期限が切れる、という議論がある。しかし、社会学の歴史を顧みれば、次のようにいうのがむしろ正確だろう。すなわち、グローバリゼーションに対する広範な関心は、社会学の創設者たちと同じ地平に人々を誘い、社会的なものに対する新たな探求を呼び覚ます。グローバリゼーションは社会学の新しい紀元を切り開くものである。

第3章　「全体社会」から「マクロ社会」へ
──社会変動論再考──

グローバリゼーションの社会学理論に与える影響が、第3章、4章で立ち入って検討される。社会学におけるグローバリゼーション・インパクトとしてまず最初に指摘されるのは、「社会」概念が不要になるという帰結である。グローバリゼーションとともに何故従来の「社会」概念が立ち行かなくなるのか。その理由を社会と国民国家の同一視に求める見解の表層性が明らかにされた後、もっと根本的な理由が探し求められる。これまでの社会概念のバイアスとして次の三点が指摘される。①自己充足性の基準。②比較法の優位。③内発的発展論。社会変動の理論的前提が、グローバリゼーションを分析する上での不具合の源をなす。グローバリゼーションに向けた社会変動論を構築するためには、次の二点が必要となる。①変動の主体であり対象である「社会」に対するイメージを変えること、すなわち環境に対して閉ざされた「全体社会」から、自己の境界を維持し続ける開放システムとしての「マクロ社会」へとキー概念を変更すること。②マクロ社会の変動の動因として、マクロ社会同士の間の相互作用を重視する〈マクロ・インタラクショニズム〉を方法的立場とすること。以上の二点である。

1　モダニゼーションからグローバリゼーションへ

社会変動あるいはまた社会発展に関する議論には、一九九〇年代に大きな変曲点があった。ロバーツとヒットが編集したリーディングスのタイトルを借りていえば「モダニゼーションからグローバリゼーションへ」(from modernization to globalization) として、こうした流れを整理するのは穏当なところであろう (Roberts & Hite 2000)。

ポストモダン論

一九七〇年代の後半から八〇年代において一世を風靡した感があった「ポストモダン論」において、キー概念をなしていたのは近代性＝モダニティであった。モダニティが変質して今やモダン以後、すなわちポストモダンの時代に突入したというのが、ポストモダン論の時代診断であった。モダニゼーション論は、近代性に到達するに至る過程を問題にし、歴史の趨勢の最後に位置するのがモダニティ＝近代であり、それ以後の変容の問題を論じないのが普通である。事実、ポストモダン論の最大の論争相手は近代を歴史の頂点とみなす「近代化」論者であった。ポストモダン論を、モダニゼーション論の一バージョンと理解するのは、論争の当事者にとっては納得し難いことかもしれない。しかし、モダニティをキー概念として、社会発展や変動を測定している点に関しては、ポストモダン論もモダニゼーション論も同じといってよい。

現時点から振り返ってみれば、ポストモダン論は、モダニゼーション論をその内部から革新に導いた議論と考えることができる。ポストモダン論はモダニゼーション論の最新形態であるといえよう。

ポストモダン論は、モダニティが変質し消滅する過程を強調した。だがモダニティが消え去った近代以後＝ポストモダンが現出すると、そのあとはいったいどうなるのか。ポストモダンもまた、歴史の進行のなかで変質し、ポストモダン以降の段階すなわち「ポスト‐ポストモダン」に突入するのか。それとも「歴史の終焉」に至りつき、その後には、社会変動あるいは社会発展は、一切存在しなくなるのか。ポストモダン論の最大の泣き所は、モダン以降の時代を積極的に定義することができない点にある。モダンからの逸脱が強調されるだけである。

こうした缺を補うような形で勃興し始めたのが、グローバリゼーション論である。

グローバリゼーション論

グローバリゼーション論は、一九九〇年代を通して、徐々に支配的パラダイムへと成長していった。グローバリゼーションは、現時点では、私たちが日常生活においても、最もよく目にし耳にする社会変動＝発展に関する用語であろう。

グローバリゼーションとは何か。前述のロバーツとヒットの二人が編纂したグローバリゼーションに関するリーディングスでは、①近代への移行、②モダニゼーション理論、③従属理論と世界システム理論、④グローバリゼーション論、という四つの柱が用意されている。こうした四つの分野に分けて、おおよそ時系列的に整理されている既存文献を一読すると、グローバリゼーション論というものが、自然発生的な議論の集積態にほかならず、創始者も代表者もはっきりとしない、きわめて曖昧・多義的な学際的領域であることがよくわかる。「グローバリゼーション」に関して共通了解がすでに存在し、十分に成熟した理論体系があると考えるのは、時期尚早であろう。グローバリゼーション論は、現時点では、依然として普請中の理論体系として取り扱うのが最も適切だろう。

星雲状態にあるグローバリゼーション論に関する私なりの見取り図については、私の別著（厚東 2006）を参照していただくことにして、ここでは、社会変動の理論枠組みに対して、どのようなインパクトを与えるのか、という一点に焦点を絞り、議論をしていくことにしよう。

2　社会以後という時代診断

グローバリゼーションは社会変動論に決定的な影響を与える。というのは、変動という現象の生起する「社会」という地平そのものについて、再検討が促されるからである。

社会概念の不要化

クリス・ラムフォードはいう。

社会学の視点に立つと、グローバリゼーションへの広範な関心のひとつの重要な帰結は、社会に対する関心を新たにさせたことである。関心の的にされたのは、たんに社会に帰属される特性あるいは要素についてだけではない。その形態さらにはまたその存在が、特有性と多様性のなかで、問い直されたのである（Rumford 2001：325）

社会変動を定義するには、変動の主体あるいは対象を指す「社会」という概念が必須不可欠である。

「社会」が問い直された結果、社会変動論にとっては、致命的に重要な論点が開示されることになった。

すべての人が社会という概念を保持することに好意的なわけではない。実際、ある人たちは、社会概念を無しですませようとし、社会によって指示される何らかの境界付けられた全体性という観念を捨て去ろうとする。二者択一的に、社会はモダニティに付随するあるものとみなされ、ポストモダニティの到来とともに、社会の代わりに、ポスト社会的 postsocial、あるいは社会以後的 postsocietal が用いられるようになる（Rumford 2001：327）

もしも「社会」という概念を放棄するなら、「社会変動」という言葉も意味をなさなくなるだろう。「社会」の終焉とともに、「社会変動」論も終局を迎えることになる。

果たしてそういえるのか、という論点を私は本章において掘り下げ、議論したいと思うが、そのために、出発点として、「社会」という言葉の意味を正確に見定めておくことにしよう。

社会とは何か

蔵内数太によれば、「社会」は三つの意味の次元を持つという（蔵内 1966：348-53）。

「第一に社会は」「最も抽象的に［人と人の］結合として」、すなわち「個人に対する社会というように、抽象的、一般的意義において、すなわち人間の結合的関係そのものとして考えられる」。

「第二にそれは」「関係や集団という形象を意味する具体的概念として」、すなわち「それは友人関係とか、集団とか個別的に与えられている結合事象を包括する概念として考えられる」。「第三に」「日本の社会とか、中国の社会とかいうような全体社会として」、すなわち「特有の複合性を持ち、もっとも具体性、歴史性に富む全体概念として」考えられる。

三つの次元は、それぞれ「社会の関係」／「集団」／「全体社会」という形で規定される。社会におけるこうした三つの次元は、現在の私たちからいえば、ミクロ／メゾ／マクロ、という三分法に重ね合わして理解する方が、わかりやすいかもしれない。

グローバリゼーションの進行とともに、その無効性が主張されているのは「社会」の第三番目の次元、すなわち「日本の社会とか、中国の社会とかいうような全体社会」のことである。「社会」という言葉によって「何らかの境界付けられた全体性」を指示することがだんだん困難になってきたといわれているのである。

「社会」の代わりに「ネットワーク」を重用する考え方によれば、「全体社会」ばかりでなく「集団」の次元も次第に、その効力が失われつつあり、ただひとつ「社会的関係」の次元のみに社会が平準化しつつある、というのが現代の診断ということになる。(1)しかしそれとは逆に、「集団」の次元についていえば、「自発的結社＝ボランタリーアソシエーション」の形態に注目して、グローバリゼーションとともに、ますますその重要性が増しつつある、ということも可能であろう。(2)グローバリゼーションがすべての「社会的なもの」の死滅を招き寄せると主張されているわけではない。疑問視されているのは「全体社会」あるいは「マクロ社会」の存在可能性なのである。

3　国民国家の問題

国民国家と社会の同一視批判

グローバリゼーションは、何故に、「全体社会」あるいは「マクロ社会」の存立可能性を危うくするのだろうか。その理由としてしばしば持ち出されるのは、全体社会と国民国家との同一視である。

ギデンズがかなり早い時期に明確に指摘したように、社会学において全体社会という意味に理解された「社会とは端的に国民国家のことである」（Giddens 1990 : 13）。同様な趣旨のことは、日本では友枝敏雄が一九九〇年代の初頭にすでに明確に指摘している（友枝 1993 : 114）。

グローバリゼーションとともに、national なものを超える super-national あるいは trans-national な力が次第に優勢となる。国際関係において唯一絶対なアクターであった nation-state は、それを超える力の掣肘を受け、その役割は低下しつつある。中世から近代にかけての変革期において、藩や領邦といった封建的集団が力を失ったように、近代からポスト近代への変曲点においては、国民国家の地位が決定的に低下する。社会学においては、「全体社会」は国民国家と同一視されていたといわれている。国民国家の重要性が失われるのなら、それに同一視されていた（全体）「社会」もまたキー概念の地位を失うのは当然であろう。グローバリゼーションとともに社会概念が重要でなくなる理由として、こうした推論が繰り返されている。今や「通説」といっていいかもしれない。

ラムフォードはいう。

国民国家が、伝統的にいって社会に関する支配的なパラダイムであり続けた、という点で、最近の社会学の文献は合意している（Rumford 2003：326）

しかし、こうした主張はレトリック以上の意味があるのだろうか。

コントのケース

社会学の名付け親であるオーギュスト・コントとともに有名な社会発展の図式がある。(3) 人類の歴史は、神学的→形而上学的→実証的、という三段階を通って発展するのが通則であるとコントはいう。こうした「三段階の法則」は、たしかにフランスの歴史を念頭に浮かべると、きわめて理解しやすい。フランス革命を想定しないと、神学的と実証的の中間に位置する段階が「形而上学的」と呼ばれる必然性がなかなか理解し難い。その意味で、コントの図式には一九世紀フランスという彼の生きた時代の刻印が捺されている。しかし、この図式は、社会と国民国家の同一視を前提としない限り、理解不可能になるわけではない。「実証的」段階のイメージには、フランス社会イコール国民国家という等式が隠されていた、といえるほど、ことは簡単ではない。例えば「実証的」段階を、国民国家の止揚段階にしばしば位置付けられるEUに比定することはできないのだろうか。コントの定義を文字通り解したとして、EUは社会の実証的段階に相当するということは可能であろう。否むしろ、国民国家フランスに当てはめるよりはEUの方がぴったりするといって過言ではない。コントに従えば、EUもまた、人類の三段階の法則のもとにある限り「社会」と呼ばざるをえない。

国民国家の社会学の時代

コントは国民国家フランスの黎明期の社会学者である。ヴェーバーとかデュルケームといった世紀の転換期の社会学者たちの社会観こそが、問題の焦点をなしている、という反論がなされるかもしれない。たしかにマックス・ヴェーバーは終生熱烈なナショナリストとして、国民国家ドイツのブラッシュアップを求め続けてきた。エミール・デュルケームもまた、第三共和制の熱烈な支持者として、その生涯を貫いたことも事実である。しかし、一九世紀的ナショナリズムを信奉し国民国家とともに生きたからといって、認識のレベルにおいても、社会と国民国家の同一視がなされていたと推論するのは、やや乱暴である。

ヴェーバーの『儒教と道教』あるいは『ヒンドゥー教と仏教』は、それぞれ、中国社会論あるいはインド社会論の傑作として、現在でも味読に値する。(4)「全体社会」と把握された「インド社会」は、『ヒンドゥー教と仏教』の第一章において「ヒンドゥー的社会システム」というタイトルのもとで、その基本的骨格が押さえられている。インド社会が国民国家と混同されてもいないし、国民国家ではないのでインドには「社会」は存在しないと、断定しているわけでもない。むしろ「社会」概念が前提として活用されているので、国民国家以前の社会関係のまとまりを明確に把握することが可能になっているといってよい。

デュルケームにおいても、有名な社会の発展図式がある。(5)それは、機械的連帯から有機的連帯へ、環節的類型から組織的類型へ、という社会発展の段階論である。「歴史の進展とともに有機的連帯が次第に優越化する」という命題は、社会概念が国民国家と暗黙裡に同一視されない限り、導出することは不可能だろうか。コントの場合と同じように、有機的連帯という観念は、何も国民国家フランスに限る必要はない。ＥＵにおいて人々を結びつけているものが「有機的連帯」であるといったからといって格別の支障が生じるわけでもない。実際、デュルケームは『社会分業論』において、「分業は組織的に構成された社会でのみ生じる」という命題を国際的分業に適用できるか否かを注意深く検討するためにひとつのセクションを割いている。有機的連帯の進展とともに、国際的分業の重要性が増大すると想定している彼の興味深い議論を読むと、デュルケームがグローバリゼーション始動期に生きていた社会学者であることがわかる。

以上の簡単な考察からも窺えるように、グローバリゼーションの出現とともにこれまでの社会学の蓄積を慌てて捨て去る必要はない。社会学の創設者たちは、社会と国民国家を区別できないほど愚かだったと思うのは、後世の者の思い上がりである。

変動論におけるグローバリゼーション・インパクト　しかし、だからといって私は、これまでの社会観の延長上でグローバリゼーションという現象が的確に捉えられる、と主張したいのではない。社会のイメージに関するこれまでのバイアスを是正しない限り、グローバリゼーションの社会学は十分に展開できないだろうという見通しを持つ点では、例えばラムフォードらと意見を同じくしている。「国民国家」をマジックタームとして、物事を単純化する傾向に異論を唱えたいだけである。

これまでの社会イメージのバイアスは、国民国家との混同といった表層よりも、もっと深層に根を張っている思考傾向である。三点に分けて、以下逐次立ち入って検討することにしよう。

①　自己充足性の基準

これまでの社会概念のバイアスを形作った根源として取り出され、議論されるのは、

② 比較法の優位
③ 内発的発展論

という三つの論点である。

4　自己充足性の基準

「全体社会」とは社会関係（社会結合）のひとつの特殊な形である。「全体社会」を他の社会関係（例えば集団）と区別するメルクマールはいったい何だろうか。

「全体社会」とは何か　タルコット・パーソンズは全体社会を次のように定義している。

社会を定義するにあたって、少なくともアリストテレスに由来する一つの基準を用いることにしよう。社会とは、社会システムの宇宙のなかで、システムと環境との関係において自己充足性の最も高いレベルに到達した社会システムの一つのタイプのことである（Parsons 1966 : 9）

パーソンズがいうには、全体社会は、「自己充足性」あるいは「自給自足性」という基準で、他の社会システムと区別されている。アリストテレスによれば、社会はさまざまな共同体の系列として理解される。共同体系列の始まり（アルケー）をなすのが、「家」（オイコス）であるとすれば、その最終点に位置するのが「ポリス」である。「ポリス」は、オイコスをはじめすべての共同体を自らのうちに含み込み、ポリスを超える共同体は存在しない。人々が寄り集まってひとつのポリスを形成するのは、自給自足を求めるが故である。さまざまな共同体は、最低級なオイコスを底辺に、最高級なポリスを頂点とする、価値のヒエラルヒーとして並べることができると信じられていた。その限りでポリスは、共同体が成長していくための目的（テロス）をなす。

「自己充足（自給自足）」の基準は、西欧の社会認識におけるアリストテレスの卓越した影響力とともに、今日まで長い命を保ち続けてきた。ロバート・マッキーバーはここでいうマクロ社会を「コミュニティ」と名付け、「アソシエーション」と対比して、その定義を試みている。

アソシエーション（機能集団）は、いかにそれは重要なものであろうと、部分的である。従ってそれは特定の目的を持って組織化されている。それが一定のやり方で追求するのは、メンバーのすべての目的を包括することのないある特定の目的であり、アソシエーションが属するコミュニティ全体の目的全体に遠く及ぶことの出来ない目的である。それに対してコミュニティは全体的であって部分的ではない（MacIver 1949：8）

コミュニティとは、メンバーが生活する上で必要とするすべてのニーズが充足される範域である。メンバーが必要とするすべての機能が供給される源泉、それがコミュニティである。コミュニティが「全体」とすれば、アソシエーションは「部分」をなす。アソシエーションが「限定的」ならば、コミュニティは「包括的」とみなされている。

全体社会の上に立つ社会は存在しない。全体社会は、存続する上で他の社会からの援助（機能の供給）を必要としない。自己の存続に必要なすべての機能は、自らの力で作り出すことができる。人々の一生で必要とされるすべてのニーズは、コミュニティに属することを介して獲得され、コミュニティの外に出ることは生活上必要としない。ソクラテスがポリス追放の宣告とともに毒杯をあおぎ自殺したように、人々は全体社会を離れると生存に支障を来す。人の生は、全体社会のなかにおいてのみ可能である。

さて、社会を定義する上で、こうした自己充足性の基準を用いることは、グローバリゼーションとともに維持し難くなった、というのが第一の重要な論点である。

自己充足性の破綻

グローバリゼーションのひとつの局面として、ヒト・モノ・シンボルのネットワークは全世界規模に拡大して、ますます緊密化することがしばしば指摘される。ネットワークに沿って、ヒト・モノ・シンボルは「地球」を舞台に、縦横無尽に交流する。テクノロジーやアニメーションが移動するばかりではない。宗教や芸術といった人間の「心」にかかわる事がらも、国境を越え、全世界へと輸出されるし、輸入されもする。

かつては、異なる文化圏を越えて移動することができるのは、テクノロジーや科学といった人間の知性にかかわる産物だけで、人間の美意識や感情に根を持つ宗教や芸術といったジャンルの事がらは、異なった文化圏に属する人々が同じように享受することは難しいと考えられていた。「わび」や「さび」を理解できるのは日本人のみで、欧米人の理解は皮相なレベルに止まらざるをえないと想定されていた。しかし現時点では、こうした想定は偏見以外の何物でもない。「禅」にひかれる若者は、決して日本人に限らない。「青い目の修行僧」などは、もやはマスコミ種にもならない日常茶飯の事がらとなった。移動のネットワークは、「社会」の自己充足性を破綻させる

日本製の商品といっても、生産過程の全行程が日本のなかでおこなわれているわけではない。その部品の大半は外国製であるのが普通であり、最後の組み立て作業が日本においてなされたに過ぎない。最近では、最後の組み立ても外国でおこなわれた製品に、最終段階で、日本企業のブランド名が冠されただけという場合も多い。「日本の企業」といっても、工場は海外にあることが多いし、従業員が日本人に限られているわけでもない。海外の企業と資本や技術の提携を結んでいるのが普通である。「多国籍企業」と呼ばれる場合、どこの国の会社かを特定化することは困難となる。

東京を舞台に繰り広げられている文化的あるいは社会的な活動は、その担い手を日本国籍を持つものだけに限ったとすれば、その魅力の大半を失うことになるだろう。同じことは、ニューヨークやパリやロンドンの場合についてもいえる。

人々が、自分の欲求を満たすのに、例えば、日本社会にのみ住み、そのすべてを満たすことは困難となる。日本社会の内と外とを頻繁に往復するなかで、一生を過ごすのが普通になりつつある。外国に行くのは、かつてのように、選ばれた人の特権ではなくなる。いわゆる「下流社会」の人々も、かつては東京に出稼ぎに行ったように、現代ではアルバイト先が外国ということさえ決して珍しいことではない。

社会の存続に必要なすべての機能を、メンバーの活動によってのみ満たすことは困難になる。外国人がサッカーや野球ばかりでなく、集団のチーフの座を占めることは珍しい話ではない。日本のＧＤＰに貢献している経済活動を、活動の舞台が日本社会の内にあるか外にあるかによって、あるいはメンバー

シップによって（日本国籍を持つものによって担われているか否かによって）弁別することは至難の業になる。

全体社会としての地球社会

ある一定の社会の範域の内部で、社会およびその所属員のニーズがすべて満たされる自己充足性（自給自足性）の基準に合致する社会は今やほとんど存在しなくなる。もしも全体社会を定義するのに「自己充足」の基準を用いるのなら、グローバリゼーションのもとでは、ただ地球社会のみがそれに合致する。そうした場合、従来「日本社会」とか「アメリカ社会」と呼び習わされてきたものは、何と呼んだらいいのか。こうした点の困難さに着目すれば、「社会以降の時代」という同時代規定も、あながち無理な話とはいえない。しかしここで次の点を確認しておこう。日本社会を「社会」と呼べなくなるのは、全体社会のメルクマールとして自己充足性あるいは自給自足性という基準を用いるからである。

5 閉鎖系から開放系へ

鎖国と自己充足性

グローバリゼーションの進行とともに問い直されているのは、自己充足性で全体社会を定義する思考の習慣である。しかし振り返って考えてみれば、自己充足性は全体社会を弁別するのに本当に適切な基準だったのだろうか。日本社会を例に考えてみよう。明治維新によって幕藩体制が崩壊し、国民国家日本が新しく建設された。幕藩体制と明治維新後の日本社会を比較した場合、どちらが自己充足性の基準をよりよく満たしているだろうか。江戸幕府は一定の期間鎖国政策をとり、海外との経済的、文化的交流をできる限り制限しようとした。常識的にいえば、幕藩体制の方が、自己充足の度合いは高かったといえるだろう。

明治維新の進める文明開化、富国強兵政策は、むしろ外国との経済的、文化的、政治的交流を飛躍的に増大させた。政治的な意味での独立を強く志向したことは確かだが、海外からのヒトやモノやシンボルの輸入に関しては、きわめて貪欲であった。領土的野心も旺盛であり、軍事力を担保として、海外進出を繰り返し企てた。鎖国体制のもとで育った人々からみれば、明治の日本社会は、自己充足性の壁を打ち破った存在とみなさざるをえなかったであろう。この点では現時点で私たちが感得している日本像と大きな相違はない。国民国家論では、国民国家の自足性が異様に強調される傾向がある。

日本の歴史に即する限り、自己充足性の基準は、グローバリゼーションの到来とともにではなく、近代における国民国家の誕生とともに、その破綻がもたらされた、というのが至当であった。経済史においては、selfsufficiency=Autarky は「自給自足」が定訳であり、経済学・経済史では、自給自足体制は、商品経済の発展とともに崩壊した、とするのが通説である。全体社会を自己充足性の基準で定義するのは、グローバリゼーションの一昔前に、モダンの到来とともに——資本主義経済の成立とともに——破棄すべきであったのである。グローバリゼーションによって、アリストテレスの定義が現実に即さなくなったのではない。モダニティの出現とともに、自己充足性というアリストテレス的基準はリハビリテーションされるべきだったのである。

ルーマンの先見性

自己充足性で社会を定義する思考の習慣に対する批判として、ルーマンの議論の先見性には刮目すべきものがあった。

パーソンズは［全体］社会と他の諸社会を区別する種差を求めて、かえって自己充足という古い基準に頼ってしまったのである（Luhmann 1971：12）

ルーマンはシステム概念を大きく二分する。そのひとつは、全体と部分の範疇によってシステムを規定しようとする古典的な考え方である。そこでは環境世界とのいかなる関連もなしに、システムは部分相互並びに部分と全体との関係という、純粋に内部的な秩序として定義される。システムは外部に対して閉じられた「閉鎖系」とみなされる。もうひとつが、システムを環境世界に対して開かれた「開放系」とみなす現代的な考え方である。システムは環境世界との物質と情報の交換を通して初めて存続しうる。システムと環境との相互依存は、欠陥ではなく、ノーマルな事態とみなされる。システムは環境世界に対して開かれながらも、交換過程の選択的制御により境界性を維持する諸過程の結合として考察される。

アリストテレスの自己充足の概念を、現代の環境世界開放システム理論に結びつけることはできない（Luhmann 1971：13）

パーソンズの全体社会の定義は、マッキーバーのコミュニティの定義に比べれば、「部分と全体」よりも「環境との関連」を重視している限りにおいて、現代的である。しかし結局のところ Autarky に依拠している限りにおいて古典的といわざるをえない。こうしたパーソンズの不安定で中間的立場を破棄して、社会システム概念を現代的な「開放系」に向けてブレークスルーしようとしたのが、ルーマンの企ての真髄をなす。

システムは、環境に対して内部と外部の差異を安定的に保つことを通して、「境界（バウンダリー）」が確定されている限りにおいて存立する。システム形成にとって「境界維持の問題」は致命的な意義を持つ。ルーマンは、社会の「境界保障の問題」が「対外的な閉鎖性の問題」とは、まったく別個な事がらであることを鋭く指摘した。

システムが環境世界と境界によって区別されるからといって、それを「閉鎖系」とみなす必要はない。「全体社会」を規定する際に、閉鎖系の問題と境界維持の問題とが、これまで混同されがちであったことは、パーソンズの例をみても明らかであろう。

全体社会からマクロ社会へ

「全体」という言葉は、すべてのものを内部化して、外部に対する想像力を失わせる傾向を蔵する。「全体社会」というと、己の内部のみによって存立しうる自足的な存在という含意を排除しがたい。環境世界との交流を「欠陥ではなく常態とする」開放系である点を忘却させないために、今後は、「全体社会」の代わりに「マクロ社会」という言葉を用いることにしよう。マクロ社会は、メゾ社会あるいはミクロ社会と同じように、その存続のために、環境世界との投入産出を必要とする、開放系と想定されている。

ラムフォードが言及した「社会に対応する境界付けられた全体性という観念」の代わりに「社会に対応する境界づけられたマクロシステムという観念」という表現を用いるなら、こうした意味での「社会」概念を破棄したり、なしですますことは、少なくとも社会学においては不可能であろう。

「日本社会」をこうした意味での「マクロ社会」と定義するなら、グローバリゼーションの進行により、ヒト／モノ／シンボルの交流移動が盛んになったからといって、消滅するものではない。境界維持の問題が適切に解かれている限り、「日本社会」は十分に存続しうる。グローバリゼーションによって、社会の平面で閉鎖系があるとすれば、「地球社会」が唯一のものとなる。しかしこの「地球社会」も、自然環境という環境世界を視野に入れるなら、開放系とみなさざるをえない。環境に対して開かれた開放系こそが、現代にふさわしい社会システムの定義といえよう。

6 比較論の優位

マクロ社会研究と比較法

グローバリゼーションとともに「マクロ社会」という概念が不必要になるわけではない、ということはこれまでの議論で明らかにされたことと思われる。「環境に開かれた開放系」と定義し直されたさまざまな社会システムのなかで、「マクロ社会」はどのような固有の特性を持つのだろうか。グローバリゼーションの時代にふさわしい「マクロ社会」は、いったいどのように理論的に構成されるべきなのだろうか。

「マクロ社会」に関する社会学的研究の傑作といえば、繰り返しになるが、マックス・ヴェーバーの『儒教と道教』（Weber 1920）、『ヒンドゥー教と仏教』（Weber 1921）を逃すわけにはいかないだろう。資料や文献の時代制約性の補整が必要であるにしろ、現時点で読んでも依然として示唆されるところは多い。この作品を手掛かりに、社会学におけるマクロ社会把握の特徴を浮かび上がらせることにしよう。

ヴェーバーのマクロ社会論の特徴としてまず指摘すべきは、比較によって、当該社会の全体的な特性を浮かび上がらせるという点であろう。諸社会は、進化論のように、時間軸上に並べられるのではなく、それぞれに完成した個体として、同一平面に並べられる。アジアを遅れたヨーロッパとみなす進化論では、アジア社会はヨーロッパに比べて、価値的に劣ったものという含意から自由になることは難しい。ヴェーバーは、インドも中国もそれぞれ独自な文化的発展を遂げ、固有な価値を持った社会とみなしている。すべての文化－文明を価値的に同等なものとして取り扱う「多文化主義」は、進化論的思考に対する批判として、一九世紀末に淵源する。ヴェーバーは、中国とインドという二つの社会を、まず第一に、西欧社会との対比のもとで、第二に、中国とインドとをお互いに対比させながら、その特性を浮き彫りにする。西欧vs東洋、中国vsインドという二つの比較軸を用いながら、全体の特性把握が試みられる。

比較の技法は、まずひとつの特性への着目から始まる。例えば、まず経済システムに着目する、西欧の経済を「資本主義」と特徴付けるなら、中国では、資本主義とは異なったシステムが支配的であることが判明となる。次に、こうした相違がもたらされた「原因」が追究される。西欧の政治体制が「合理的な官僚制による行政」として、その特性が規定されるなら、その対比のもとで、中国では、「家産官僚制」という伝統主義的な行政のひとつのタイプが浮き彫りにされる。また宗教に着目するならば、西欧ではプロテスタンティズムが有力だったのに対し、中国では、支配者層では儒教が、庶民の間では道教が人々の生活態度を形作っていた等々、比較されるべき項目のリストが、次第次第に練り上げられる。

個性把握と因果帰属

こうした比較の技法を重用する側面に注目して、ヴェーバーのマクロ社会論は、「比較」社会学の古典として読み継がれている。またマクロ社会学は、しばしば比較社会学と相互互換的に用いられることも多い。ヴェーバーが比較という方法を愛好したのは、当該社会に特有な性質、すなわち「個性」を把握することに関心があったからである。一九世紀後半、ドイツを中心に、人間にかかわる科学を自然科学との対比のもとで基礎付ける学問論が興隆したが(自然科学に対される学問は、文化科学、歴史科学、人間科学、人文学等々呼称はさまざまであるが)、そこにおいては、繰り返し生起する規則性の把握よりも、歴史的個体の特性把握に強い関心が抱かれていた。ヴェーバーの仕事は、こうした大きな流れに棹さすものであった。ヴェーバー以降こうした関心は、ポーランドからアメリカに移住したズナニエッキなどの仕事を仲立ちとして、アメリカ社会学のなかでも受け継がれ、「文化様式(パターン)論」を結実した。ルース・ベネディクトの「罪の文化vs恥の文化」という対比論は、文化様式論の代表例である。(6)

他方、比較法は、議論の科学性を高めるものとして社会学において推奨された。こうした立場の代表者が、エミール・デュルケームである。彼は『社会学的方法の規準』において、比較法について次のように述べている(Durkheim 1895：239)。ある出来事Aの原因が、ある事象Bであることを「証明」するには、二つの現象(原因と想定される事象Aと結果と想定される出来事B)が同時に出現しているか、あるいは逆に同時に欠如しているかのようないくつかの事例を研究することが必須不可欠である。こうした、AとBを同時に含むかあるいはまったく含まないような事例は、自然科学の場合、人為的に実験室のなかで作り出すことができるが、社会学の場合、望み通りの事実を作り出すことはできない。その代替的方策として、自然に生じるがままの諸事実を用いて、比較の方法に基づき研究するほかない。デュルケームによれば、比較法は、社会学においては、「証明」のための唯一の規準となる。

ヴェーバーが晩年『儒教と道教』『ヒンドゥー教と仏教』へと研究の歩を進めたのは、西欧で発見されたプロテスタンティズムの倫理と資本主義の興隆との因果連関を、事実をもって証明するためであった、というのが、パーソンズによるヴェーバー解釈のひとつの強調点であった。

ヴェーバー、デュルケームを筆頭として、一九世紀から二〇世紀の世紀転換期以降、すべての社会学は、程度の差こそあれ、比較社会学的に研究する、という共通の思考の習慣を有していたといって過言ではない。さてここで問題なのは、比較法という研究方法は、研究対象を「全体」としてまとめあげてしまうという「思わざる帰結」を持つ、ということである。こうした比較法の暗黙の効果は、グローバリゼーション論を展開する上で、大きな障害となる。比較法の思わざる帰結について、議論を進めることにしよう。

7　「全体性」の想定と内発的発展論

比較と「種」概念　デュルケームがいうように、原因と結果の連鎖を確定する場合、自然科学ではラボラトリーにおいて、変数を順次コントロールする実験計画法が用いられるのが普通である。社会現象では実験をおこなうのがきわめて困難なので、これに代わる方法として比較が用いられる。比較をおこなうには、研究対象は原因／結果として特定化されうる変数（特性）の束として構成されることが必要である。原因あるいは結果としてピックアップされうる変数（特性）のさまざまな組み合わせを示すヴァリアント（変異体）が、比較対照される。インドと西欧の宗教は現世拒否的という共通性を持ち、現世適応的な宗教性の中国の対極に位置する。他方中国と西欧は官僚制による集権制という共通性を持つのに対して、インドはカースト制度という分権的な（割拠主義的な）権力体制を持つ。中国あるいはインドというマクロ社会は、宗教は○○、政治は△△、経済は××、というやり方を重ねるなかで、特性（変数）の一覧表（マトリックス）として構成されるようになる。諸特性（諸変数）は、それぞれの社会ごとに、特有のプロフィール＝フィギュレーション（布置関係）＝ゲシュタルト＝パターンを示すと想定されている。中国、インドなどの諸社会は、特有なゲシュタルト＝パターンを持った歴史的個体であり、相互に還元しない独自の存在とみなされる。

比較の視点に選ばれる一つひとつの特性をみると、それらは諸社会に共通する変数である。例えば「日韓における子育ての比較研究」というテーマの場合、比較は「子育て」というひとつの特性に即しておこなわれるが、比較を可能にする背景として日本社会／韓国社会というまとまりを持った存在が想定されている。ここで日本社会は、動物や植物の分類学でいう「種」（species）に相当するものと考えられる。つまり比較研究は、「種」という存在を前提として初めて可能になる。

種と全体性

日本社会を対象に比較研究がなされる場合、西欧、中国、インドといった形で比較事例が積み重ねられればられるほど、あるいはまた、経済、政治、宗教、親族と比較次元が増加されればされるほど、日本社会は「種」としての実体を備えてこざるをえなくなる。日本社会は「種」である以上、ひとつのまとまりとして他から区別された独自な存在である。他と相互浸透することなく、自足的な形で存在する、(観念上) 孤立した実体である。前述の「自己充足」の規準で意味されていたのは、すべてのニーズがその内部で充足されることであった。ここでいう自足性とは、種としての他の種に対する閉鎖性、独立性、共約不能性を意味する。

生物学の分類学の種は、論理学的にいえば、「集合」であり、そのなかにはさまざまな個体が含まれている (ほ乳「類」には、人間も豚も猿も含まれている)。比較法採用の効果として形成される「種」は、そこに含まれる要素の数はひとつであることが大半である。特にマクロ社会学では、原則としてひとつといってよい。要素がひとつの種とは、文化科学の用語でいえば「歴史的個体」を意味する。比較法のなかでは、日本社会は独特の個性を持った種として自らを提示する。

独特の個性を持った種は、「全体」と言い換えることも可能であろう。マクロ社会学における比較の遂行は、比較対照される諸社会を「全体社会」として構成する、という思わざる帰結を持つ。日本やインドや中国が、全体社会であると前提してかかることにより、その全体性をひとつのゲシュタルトあるいはパターンとして描出することも可能になる。研究対象を「全体」と措定して初めて、多次元的な比較法が適用可能になるのである。

内発主義　マクロ社会が「全体社会」として把握された場合、社会変動の原因として、内部要因が重視されるのは避けられないことである。

例えば、中国社会の資本主義化が可能かどうかを吟味したヴェーバーは、風土、経済、政治等々の客観的条件から、宗教、文化等々の主体的な条件まで、多種多様な要因を吟味の俎上に載せた。考慮される要因の幅の広さは刮目に値する。しかし列挙されている要因群にはひとつの共通性がある。それは、すべて中国社会の内部的事情に由来する要因という特性である。中国社会の政治的特質としてヴェーバーが彫琢した「家産官僚制」論は、今日でもその意義は失われていないが、この「家産官僚制」というカテゴリーによって、紀元前の秦の時代から二〇世紀の共産党組織まで、包括することが可能である。また中国の宗教性としてヴェーバーが特に重視したのは士大夫階層における儒教、庶民階層における道教であるが、このいずれもが、紀元前から二〇世紀まで、連綿と継受された続けたという共通性を持つ。

ヴェーバーの関心は、中国社会あるいはインド社会が、内部要因を「原因」としてどのような社会変動を「結果」として引き出すことが可能であったのかを、追思惟する点にあった。アジア社会の内発的発展をぎりぎりまで考え抜くというのが、彼の問題意識の根本にあった。社会の内発的発展論は近代初頭（一七世紀から一八世紀）の「啓蒙主義」によって創始され、近代中葉（一九世紀）のマルクス主義へと受け継がれた。ヴェーバーの比較社会学は、こうした内発的発展論の最も洗練された二〇世紀的形態であるというのが私の見解である。なおヴェーバーにおける内発的発展論によるアジア的停滞論の克服、という論点については第５章で詳述することとしよう。

8　グローバリゼーションとインタラクショニズムの展開

比較による対象の変質

比較研究の前提をなす「種」の独立性、それに由来する内発的発展論に対して、グローバリゼーションは、壊滅的打撃を与える。

例えば動物行動学や比較行動学では、人間の行動とサルの行動とが比較される場合、人間とサルは異なる「種」であり、お互いに混交することはないと想定されている。比較されることによって、人間とサルの行動が相互に変質し合うという事態は、想定外のものである。ところがグローバリゼーション論では「種」の自足性、孤立性のテーゼを安易に前提にすることはできない。例えば、日本社会とインド社会を比較するとしよう。日本とインドは違うといっている間に、両者がどんどん似てきたりすることがしばしば起こる。インド人が日本に来て商売をしたり、日本人がインドに工場を作ったりしているうちに、インド人と日本人の交流が頻繁になり、文化の混交がみられるようになる。「インド社会の特性は○○、それに対して日本社会の特性は△△」という表現の切れ味がだんだん悪くなる。比較という行為自体が、研究対象に影響を及ぼし、対象の変質を招いてしまうからである。こうした事態は「日本人論」においてすでに見受けられていたことであろう。欧米人は□□なのに、日本人は○○だ、（だから日本人はダメなのだという暗黙のメッセージを含む）という議論を読んだ日本人は、己を反省して、欧米人を見習い、行動習慣を改めようとしがちである。こうした傾向が明治維新以来連綿と続いた結果、指標を用いて測定できるフォーマルな制度的特質に関する限り、日本社会は江戸時代に比べれば、ずいぶんと欧米化されることになった。

グローバリゼーションのもとでは、比較社会学的研究を遂行することにより、対象となる社会が変化するという事態が、大規模に、体系的に起こることは避けられない。

外発主義へ　マクロ社会の「種」としての自立性が失われると、内発的な要因によって社会変動を説明することがだんだんと困難になる。

例えば韓国や台湾などのＮＩＥｓ（新興工業化地域）の場合を考えてみよう。アジアにおいてなぜこうした経済発展が起こったのか、その理由を説明しようとすると、ヴェーバーの枠組みに従えば、儒教的なエートスが西欧におけるプロテスタンティズムの倫理に匹敵するような働きをしたからだ、という結論に至りつく。一九八〇年代に興隆した「儒教文化圏」の議論がその典型をなす。(7) しかし資本主義に適合的なエートスがなくても、グローバリゼーションのもとでは、経済発展することがありえる。最近ではインド社会の経済発展は目覚ましいものがあるが、インドでは依然としてヒンドゥー教（若干の地域では仏教）の力が強いにもかかわらず、最新の情報産業地帯は立ち上げられた。こうした発展を引き起こした要因として、内部要因の進化や矛盾よりも、第一の起動力として「外からのインパクト」に着目した方が説明しやすい。ＩＴ産業に適合的な立地条件を探していた多国籍企業が、たまたま最適な地域をインド社会のなかに見出し、工場進出を企てた。インドの伝統的、政治的、経済的、社会的な内部要因については、こうした「外圧」に対して、適応する形で対応した点に注目するべきであろう。新しく進出してきた企業の周りに、従来からの慣行の解釈替えを土台として、ヒトとモノと情報の集積が起こり、「特区」のような地域が短期間にでき上がる。特区の波及効果の結果、周りの地域が牽引されるようにして経済水準の上昇がみられる、という形の循環が成立した。インドがなぜＩＴ産業の先端をいくようになったかについては、インド社会の要因のみに注意を集中するより、世界経済あるいは国際政治等々の外部要因が、いかなる形で内部要因の変容を促し、内部要因のリアクションにより外部要因もまた変容されざるをえなかったか、を調べた方が、明確な答えをえることが可能であろう。(8)

ヴェーバーが非常に精妙な内発的社会発展の分析枠組みを構築していたちょうど同じ時代に、ヨーロッパでは民族学、アメリカでは文化人類学、日本では民俗学の分野において、文化伝播論や文化変容論が興隆していた。文化の変動は、隣接地域の異なった文化が流入し、二つの文化が混じり合うことを契機に引き起こされる。外なる要素が、社会のなかに入り込み、内なる文化と外なる文化の葛藤が、マクロ社会の変動の源をなす。社会変動を説明する場合、外生変数を重視するのが文化人類学や民俗学の特徴であるが、グローバリゼーションとともに、こうした考え方の社会学への取り入れが必要となる。

他のものの影響を受け自らが変わる、自らが変わると、その影響を受けてまた他のものも変わる、こうした一連の過程は、社会学では「相互作用」(interaction)と呼ばれている。文化変容論は、社会学の用語を用いれば、文化と文化の「相互作用」に着目した議論と表現し直すことができるだろう。

相互作用論の展開

翻って考えれば社会現象の「相互作用」の過程について分析することは、むしろ社会学にとっては「お家芸」というべき事がらに属する。ゲオルク・ジンメルは言う。

> 社会は、その諸部分の実在する相互作用に対しては、たんに二次的であるに過ぎず、その結果に過ぎない(Simmel 1890：18)

社会学の研究対象は「社会」ではない。個人と個人の「相互作用」である。というのはジンメルもいうように「社会」は、こうした「相互作用」から導き出された二次的な構成物に過ぎないからである。(9)ジンメルは「相互作用」を土台に社会学を構築した。ジンメルのこうした社会学観は、シカゴ学派の「社会過程」論に受け継がれ、アメリカ社会学に深く根を下ろし、典型的には、「シンボリック相互作用論」という学派を生み出した。ミクロ社会学の分野では、ジンメルの心的相互作用論以来、現在に至るまで相互作用論的視角は、典型的なものの見方としてその地歩を確立している。

相互作用論的視角は、一九四〇年代のナチズム研究のあたりから、ミクロ社会学からメゾ社会学へと浸透した。〈集団の水準での〉相互作用が注目されるようになった。ファシズム論において、ナチズムが興隆した原因を考える場合、ナチスを政党組織と捉えるだけではその急速な発展を説明しきれない。そこで政党組織がワンダーフォーゲルのような非政治的な組織をどのように巻き込んでいったかが考慮に入れられるようになった。複数の組織によって形成される組織間関係を、ひとつのシステムとみなしながら分析する「組織連関分析」の重要性を開示したのが、ファシズム研究の功績のひとつである。

第二次世界大戦以降の社会学は、集団相互の相互作用に焦点を絞り込むことを通して、社会学に新しい研究分野を開拓した。政治社会学では宗教団体と政治団体がどのような形で相互作用して、ひとつの総体的な政治過程を作り上げるかが研究された。また宗教社会学では、教会を宗教組織として取り扱うばかりではなく、経済組織あるいは政治組織としての側面との関係も視野に収められ、他組織との間の投入‐産出関係が幅広く分析されるようになった。ナチズム研究では、経済と社会との相互作用が分析の焦点をなし、政治団体が成立する社会的、経済的コンテクストが入念に調べられるようになった。分析の焦点となるメゾレベルの相互作用がいかなる領域にあるかに従い、社会学は「連字符社会学」へと分化していった。

マクロレベルでのインタラクショニズム　相互作用論の展開をこのように整理すると、今度はマクロ社会学の出番である、という感じがしてくる。こうした展開への契機をなすのがグローバリゼーションである。グローバリゼーションのもとでは、複数の全体社会同士の相互作用に焦点を絞り込んだ研究が必須不可欠となる。例えば日本社会とアメリカ社会を取り上げる場合、従来のように、両者を比較するのではなく、お互いに影響を与え合う過程を分析することが重要となる。

「マクロ・インタラクション」といえば、国際関係論とか国際政治がまず考えられる。また現代の経済学ではいずれの分野においても、日本経済を分析する上でアメリカ経済の実態を視野の外におくなどということは考えられない。マクロ社会同士のインタラクションを想定するという点で、残念ながら社会学は少々遅れを取った。ヴェーバーの言う通り、ヒンドゥー教や儒教が育成する人間が、資本主義化を自生的に押し進めないとする結論が正しいとしても、中国人やインド人も西欧文明と出会うことにより、儒教やヒンドゥー教が想定する方向性から逸脱するという問題は残る。中国やインドの伝統のなかに資本主義化を促す契機がなかったとしても、西欧との接触によって人間も変わり、要因の布置連関も変わり、資本主義化が事実として生起するということは、十分にありえたのではないか。マクロ・インタラクションの帰結として資本主義が起こるという道筋は、現代では当然考慮に入れられるべき可能性であろう。

よく考えてみれば、日本社会のケースがまさにこれであった。黒船がきたときは「攘夷」が国論であったが、明治維新とともに尊王攘夷から文明開化へと国是が選び直され、西欧文明が我慢して学ばれ続けてきた。学習するということは変わるということにつながる。明治以来の日本の歴史は、西欧との相互作用によって、その骨格が組み立てられている。むろんインタラクションというには、西欧に強く影響される一方という傾向はあるにしろ。

理論の必要性

日本と西洋文明のインタラクションは、事実としては知られており、個別的には詳細研究が積み重ねられてきたことも確かである。しかしここで問題にしているのは、こうした諸事実を系統的に取り扱えるような分析枠組みがあるかどうかということである。ベネディクトの有名な図式、罪の文化と恥の文化は、これまで諸社会をコントラストをつけて分類するために用いられるのが普通であった。今後問題なのは、二つの文化が出会ったとき、いったい何が起こるかである。相互に排斥し合う、あるいはどちらかが模範とされる、という両極端な場合は、もはや起こりえないであろう。お互いに、他の文化を学習し合い、自己変革を遂げることになると思うが、その結果どういう文化が生まれるのかについて考えようとすると、頼りになる指針が存在しないことにあらためて気付かされる。罪の文化と恥の文化が出会ったとき、どういう事態が現出するかを理論的に予想するというのは、マクロ・インタラクショニズムにとって格好の練習問題を提供するだろう。その意味で、作田啓一の『恥の文化再考』は罪の文化と恥の文化の対比を横断するような共通の枠組みを構想する点で、先駆的な仕事であった。今やこうした業績を受けて、罪の文化と恥の文化がインタラクションして、第三の文化が生まれる理論的可能性が追求されてしかるべきであろう。

9 マクロ・インタラクション理論の構築に向けて

パーソンズ再訪

マクロ社会同士のインタラクションを分析する上で、指針となるような先行業績はないものだろうか。探しまわっていたら、灯台下暗し、結局のところ、パーソンズの晩年の作品に戻ることになった。*The System of Modern Societies*（1971）をマクロ・インタラクショニズムの観点から，注意深く読み直すことにしてみよう。

この作品は，モダニティの構造と進化を分析した書であるが，パーソンズは自著のオリジナリティーについて，「まえがき」で次の点を特筆している。

私から見て，タイトルの持つ重要性，すなわち社会という言葉が複数形で用いられている点が特に強調されるべきである。通常の社会科学の著作のなかでは強調されないが，すでに述べたように，まず第一にすべての社会システムは，それがトランスナショナルなものであろうと，「社会」とはいえないこと，第二に，複数の近代の諸社会は必ずしもランダムにばらついているわけではなく，重要な意味において，ひとつのシステムを構成していること，この二点が重要である。そのシステムの単位はお互いに機能分化していると同時に，お互いに相互依存的に統合されている。相互依存性といった場合，緊張やコンフリクトが顕著という要因も含まれているのはむろんである（Parsons 1971 : vi）

パーソンズのいう「(諸) 社会」とは，自己充足性の水準に達した社会システム，私たちの言葉でいう「マクロ社会」を指す。そうであるとすれば，第一の意味は理解可能であろう。すなわち，集団や二者関係などの社会システムは「社会」と呼ぶことはできないからである。現在の文脈で重要なのは第二の特性である。パーソンズの場合，私たちが普通「近代社会」と呼んでいるものに，二つの用語が用意されている。ひとつは近代システム（the modern system），もうひとつが「近代諸社会」（modern societies）である。

諸社会の近代システム　後者の「近代諸社会」とは、「高度に機能分化を遂げた社会」を指す。こうしたタイプの社会は、一六世紀のオランダ、一七世紀のイギリスというヨーロッパの北西部において人類史上最も早く出現した。そのあと、一九世紀中葉には大西洋を渡りアメリカ合衆国もまた近代社会の域に到達する。一九世紀後半にはヨーロッパの北東部へと舞台は移り、まずはプロイセン＝ドイツ帝国が、二〇世紀初頭にはソ連が、それぞれ特性の異なる近代社会として次々と出現した。それらの社会は、それぞれ全体としてかなり異質の様相を呈した独自な社会であるが、いずれも高度な機能分化を内部に含むという点では共通性を持ち、いずれも「近代社会」と呼ぶことが可能である。こうした近代社会は、私たちの言葉でいえば（近代における）「マクロ社会」に相当する。

パーソンズによれば、「近代諸社会」は寄り集まって「単一のシステム」を構成するという。マクロ社会を単位に構成されるシステムは「近代システム」と呼ばれ、「近代社会」が複数形であるのに対し、「近代システム」は単数形で常に表示される。この「近代システム」は「豊富な適応能力」によって特徴付けられ、人類史の進化とともに、その適応能力は増大し続けている、とみなされている。

近代の諸社会は、大西洋を挟んだヨーロッパとアメリカという二つの地域において主として出現したが、その発展とともに、相互間の抗争、対立が幾度となく繰り返された。パーソンズが重視するのは「一六〜一七世紀の宗教戦争、フランス革命とナポレオン時代の戦争、二〇世紀の二つの大戦」といった相互抗争である。「緊張やコンフリクト」は、「相互依存性」のひとつの極端な形に過ぎない。諸社会は日常的にインタラクションを繰り返しながら、結果として「お互いに相互依存的に統合されていく」。

抗争を通して統合されていく顕著な例がドイツの場合である。ドイツは権威主義的で中央集権的な近代社会として一時期覇権を掌握したが、二度の大戦で敗北を喫することにより「西欧のよりアソシエーショナルで、デモクラティックな構造のなかに統合されて以降、ヨーロッパ大陸の経済的近代化の指導的地位についたのである」。ソ連は、一九八九年の東欧革命の結果、ドイツ帝国のケースと異なり、内部的要因により崩壊した。その行き着く先が、ドイツと同じように「西欧のよりアソシエーショナルで、デモクラティックな構造のなかに統合される」地点かどうかは、現時点では不確定であるが、ユーラシア大陸全体に近代システムを普及させるという点で独自の歴史的役割を果たした。

マクロ社会のインタラクション

マクロ社会（近代的諸社会）相互のインタラクションは、パーソンズに従えば、「AGIL」図式によって扱えるはずである。というのはマクロ社会を「単位」とする「近代システム」は、それがシステムとして自己を維持するものである限り、A（適応）G（目標達成）I（統合）L（パターン維持）という四つの機能要件を満たさなければならないからである。イギリス社会は近代システムにおけるパターン維持のあり方の範例を作り上げた。[10]プロイセン＝ドイツ帝国あるいはまたソ連は、近代システムにおける適応と目標達成に関して、官僚制や計画＝指令を基盤とする典型を形作った。アメリカ合衆国は個人主義的で、地方分権的で、アソシエーショナルな方向に向かう幅広い発展傾向を最も純粋に示しているが、この傾向こそが近代システムにおける統合機能が目指すべきテロス（目的）である。というのは、アソシエーショナルな構造は、近代システムがさらなる適応能力の上昇を求める限り、取らざるをえない範例となるからである。ドイツは、二度の大戦による敗北という苦い経験を教訓として、このことを学んだ。

パーソンズによれば、二〇世紀における西欧の「アメリカ化」こそ近代諸社会の相互連関を示す典型にほかならない。それゆえアメリカ合衆国が「現代のモダニティにおける指導的社会」の席を占めることになる。

ここで問題なのは、こうしたパーソンズの結論が経験的に妥当かどうかではない。議論の焦点をなすのは、彼が依拠している理論枠組みである。マクロ社会は「全体社会」として社会システム系列の最上位に位置されているわけではない。近代の諸社会は「近代システム」を構成する単位＝下位システムとみなされている。近代諸社会の上位に立つシステムとして、直ちに「地球社会」が想定されるわけでもない。「近代システム」という理念的な存在が措定されているところがユニークな工夫というべきだろう。「近代システム」を想定することにより、マクロ社会は外部に閉ざされた「全体社会」ではあり得なくなる。おのおののマクロ社会は、近代システムに対して、いかなる貢献を果たすか、いかなる機能を果たすかという点から、その活動が考察され直す。マクロ社会の相互依存によって次第次第に形成される「近代システム」とは、マクロ社会同士のマクロ・インタラクションの平面に位置する分析装置とみなすことが可能であろう。システム理論を用いたマクロ・インタラクション分析の端緒は、パーソンズによって与えられている。彼の残した端緒を展開することは、今後の社会変動論の課題となるだろう。

注

（1） 典型的には、ブリュノ・ラトゥールの提唱する「アクターネットワークの社会学」の議論を参照（Ratour 2005）。

（2）例えば佐藤慶幸の展開する「アソシエーティブ デモクラシー」の議論によれば、生活クラブ、生協、ワーカーズコレクティブという「自発的結社」が今後の社会では致命的に重要になってくるという（佐藤 2006）。
（3）詳しくは、Comte（1839＝1970）を参照のこと。
（4）是非ヴェーバーの著作に直接あたってほしい。Weber（1920＝1971/1921＝1983）参照。
（5）詳しくは、Durkheim（1893＝1971）第二編「原因と条件」、Ⅱ「原因の『国際間分業にたいするこの命題の適用』」の項参照。
（6）詳しくは、ベネディクトの『文化の型』（Benedict 1934＝1973）を是非読んでほしい。
（7）こうした研究動向に関する優れたレビューとして園田（1993）がある。
（8）野宮大志郎は、グローバリゼーションが比較社会学に与える影響について、私とまったく異なる文献を用いて、興味深い議論を展開している（Nomiya 2007）。グローバリゼーションの比較社会学に与える壊滅的打撃に対する対応策として、再び「国民国家」に視野を限定するアプローチ（nationalists-approach）およびグローバル斉一主義（globalists-approach）のいずれもを不適当として棄却し、それに代わる代替案として「第三の道」（alternative ways of a comparative approach）を提案している。野宮は、代替的な比較社会学的手法として、グローバルなものの内実をケーススタディ以後に構成する「創発的属性」（emergent property）アプローチとケーススタディ以前に措定しておく「変数」（variable）アプローチの二つの研究戦略を区別しているが、私見によれば、この二つとも次のことを理論的に想定している点で変わりがない。すなわち①グローバルなもの（globality）とローカルなもの（lacality）の二重性を承認していること、②社会の状態と社会変動経路は、グローバルな力と内部の構造的‐制度的編成との相互作用の所産とみなされている、という前提である。野宮の重視する研究戦略の差異は、彼の考えているように理論的モデルの相違に由来するというより、関心の相違（例えば土着的な変容とグローバルな変容のいずれに関心があるか、個性把握と法則定立のいずれに関心があるか等）に第一義的に起因すると思われる。野宮論文と本章とは、同一の国民国家、同一の学会に同時期に属しつつ、ほぼ同一のテーマを取り扱いながら、ケースの独立性と比較可能性という（野宮の求める）二つの論理的要請を満たしており、比較社会学に対し格好の論材を提供するものと思われる。

（9） ジンメルは、こうした議論を「個人」に対してもおこない、「個人」概念にまつわる孤立的な自足性を批判し、心理学における社会心理学的動向の鼻祖となった。

（10） 一六世紀以降、制度化された価値志向において安定性がみられた、というのがパーソンズが堅持し続けた前提である。

第4章　整合的規則からハイブリディティへ
――社会構造再考――

ポストモダン論では、確固とした社会構造概念に疑義が呈され、構造という概念自体の有効性がしばしば問われた。その後のグローバリゼーションの実態をみると、地球上の諸地域間格差の問題など、構造概念なしに分析ができるとは到底思えない。グローバリゼーション時代にふさわしい「社会構造」概念とは何か。二〇世紀を制覇し続けたのは、整合的な規則をイメージの源泉とする構造概念であった。こうした構造イメージは、首尾一貫し均質な構造体であるモダン社会に適合的なものであった。グローバリゼーションのもとでは、一つのマクロ社会内部ではモダンの移転に伴い土着との二元性が顕著となり、こうした土着とモダンのインタラクションの帰趨を定めるのは、他のマクロ社会とのインタラクションの力である。リアリティとしてのグローバリゼーションに適合的なばかりでなく、方法的立場としての〈マクロ・インタラクショニズム〉にとってもふさわしいのが、「ハイブリディティ」という構造概念である。ハイブリディティ概念の源流としてシカゴ学派の研究が回顧的に検討される。

1　グローバリゼーションとハイブリディティの問題

社会学における社会構造論の展開をたどり直してみると、社会構造イメージの大きな変曲点は、グローバリゼーション論に先立つポストモダン論のなかで、すでに与えられていたことに思い至る。『社会学中辞典』の記述に従えば、「ポストモダニズム」の第一の特性は「パスティーシュ」に求められている（Abercrombie, et al. 2000＝2005）。すなわち「根本的に異なったコンテクストや歴史時期に存在した諸要素の張り合わせ」がポストモダン社会の「構造的」特質なのである。こうした構造特性は、明治以後の日本の『文明開化』の歴史において、例えば「鹿鳴館」や神戸の「異人館」など、日本人にはおなじみの様式（スタイル）であろうことは第1章で述べた通りである。

ハイブリディティという概念

さまざまな「構造的」要素の同一空間内での並存を現代社会の「構造的」特質として特筆大書する傾向は、グローバリゼーション論のもとでますます強まっている。こうした潮流のなかで「ハイブリディティ」（hybridity）あるいは「ハイブリッド化」（hybridization）は社会科学におけるキーワードとして流通するようになった。この言葉の定義についてはさまざまな人が試みているが、ここでは、メキシコ社会を念頭におき現代社会論を展開しつつあるガルシア＝カンクリーニの長年の営為に敬意を表して、彼の議論をもって全体の動向を鳥瞰することにしておこう（Garcia Canclini 1995）。彼によれば、メキシコ社会のハイブリッド化という傾向は、異なった専門分野ごとに、異なった道具立てを用いて、別々に研究されてきたという。すなわち、①歴史学と文学における「文化的な（教養的な）もの」に関する研究の次元。②民俗学と人類学における「ポピュラーな（庶民的な）もの」に関する研究の次元。③コミュニケーション論における「マスカルチャー」に関する研究の次元。ガルシア＝カンクリーニによれば、今必要なのはこうした上下の層を縦断し、上下層をつなぐ螺旋階段を自由に行き来することのできる「ノマド的な科学」である、もう少し精確に言い直せば、

「建物内の上下層とみなすプラン（the floor plan）そのものをデザインし直し、こうした［上下に配列された］諸水準を水平的に結合し直すような社会科学」である（Garcia Canclini 1995：2）。

求められている新しい社会科学では、さまざまな学問の専門化された研究対象は、上下のイメージに従い階層として並べられるのではなく、水平的なイメージに従い諸領域として並べ直されている。さまざまな研究フィールドを水平的に並べて相互に関連付け、「図柄」を浮き上がらせるような研究方針が根幹をなす。ガルシア＝カンクリーニの「諸レベルを水平的に結び合わせる」（horizontally connect the levels）という表現で、いったい何がイメージされるだろうか。「構造化する」という言葉によって通常喚起されるものが、最もふさわしいと思われる。つまり新しい社会科学を可能にするのは、異なった学問によって研究されてきたフィールドを、ひとつの「構造」の分肢として位置付け、メキシコ社会を「構造物」として描き出すことであろう。「建物内の上下層とみなすプランをデザインし直す」（redesign the floor plan）ためにガルシア＝カンクリーニが選び出したのが「ハイブリディティ」という新しい概念である。

ハイブリッド化

「ハイブリディティ」とはさまざまな要素を空間的なイメージに従い配列するためのメタファー、すなわち「構造」にかかわる比喩と捉えるべきであろう。「ハイブリッド化」という過程は、「異なった文化の間の混淆」（diverse intercultural mixtures）の過程であり、こうした文化混淆の過程は、従来「シンクレティズム」という用語で把握されるのが普通であった。ガルシア＝カンクリーニは、二つの点で、「シンクレティズム」より「ハイブリッド化」の方が、現代における文化混淆過程を捉える用語として優れているとする。「シンクレティズム」が指示するのは、もっぱら、①伝統社会における、②宗教にかかわる融合であり、「異なった文化の間の混淆」に関する「現代的（同時代的）形態」（the modern form）を含意しないのが普通だからである。

「ハイブリッド化」とは社会変動の「現代的（同時代的）形態」を、「ハイブリディティ」とは社会構造の「現代的（同時代的）形態」を指し示すといえるだろう。パスティーシュとハイブリディティはそれぞれポストモダン論およびグローバリゼーション論のもとで彫琢されてきた、現代社会に関する「構造」概念の標準型ということができるだろう。

2　社会構造に関する「近代的」イメージ

富永健一の社会構造論　ではポストモダン論以前の社会学においては「社会構造」は通常、どのようにイメージされていたのであろうか。ここでは富永健一の『社会変動の理論』をテキストとして議論することにしよう（富永 1965）。

富永によれば「社会科学における構造的な諸範疇は、すべて、本来視覚化されえないものを視覚化してあらわしたいという人間の思考様式の表明にほかならない」（富永 1965：239-40）。「有形物の構造の比喩からおしはかれば、社会構造というものも、部分の配置ないし組み立てを念頭に入れて考えられているものに相違ない」（241）。「構造＝部分の配置」の単位をなす「社会構造の部分に相当するものは、特定の様式の行動であるということができる」（241）。このような特定の様式の行動はいかにして成立するか。この成立の事情を解剖することこそ、『社会構造』なるものの正体を解明する道である」（241）。

メタファー論から始まり、間然とするところのない社会構造に関する原論が展開されている。

私流に少し議論を敷衍しておこう。「構造」は、時間軸上でみれば、「不変的な」部分を意味する。時間の流れのなかで対象の変化しない部分は「構造」とイメージされ、それと対比的に、可変的な部分は「変動」あるいは「動態」と規定される。他方、「構造」は空間的な枠組みのもとでみれば、対象を支える「骨格」を意味する。骨格である構造の上に、肉がつき、血が流れ、皮膚で覆われ等々、さまざまなものが付着し、その結果として対象はでき上がる。対象の構造を取り出すのが「解剖学」、その付着物の活動を捉えるのが「生理学」。こうした医学の対比が社会学に持ち込まれると、骨格を解明する「構造」論、それに対して、肉や血や体液の動きを解明するのが「過程」論という部門構成ができ上がる。

不変性と骨格性

さて「特定の様式の行動」といった場合、時間的にみれば恒常的な行動が意味され、空間的にみれば社会の骨格を形作るような行動が意味されている。つまり、特定の様式という言葉には、コンスタントとレリヴァントという二重の意味が含まれている。恒常性と骨格性を兼備した特定の様式の行動を指定するために、「規則」を基底に、その上に存立する「特定の様式」の行動が社会構造の部分とみなされことになる。構造論で問題にされるのは、「様式化された」行動一般ではなく、「規則」によって規制されたような行動である。「社会構造を推論する根拠は、その社会の全員（あるいは少なくとも大多数）によって承認され受け入れられた行動の規則が存在するということだ」、というのも特定の様式の行動は、行動の「規則」が存在し、その規則が現働化することによってもたらされる、と考えられるからである。

構造の部品として掘り当てられたのが「規則」である。とはいえ、「行動の規則」に規制された特定の様式の行動が存在すれば、直ちに、「社会構造」の存在が仮設されるわけではない。というのも、規則があれば直ちに恒常性が担保されるわけでもないし、またすべての規則が骨格を形作るような「レリヴァントな」規則であるわけではないからである。「行動の規則」のうち、それが「社会構造」と呼ばれるには、さらに三つの属性を備えている必要がある。

①規則の内容が、役割に対する人員の配分を定め、地位のヒエラルヒーを定めたものであり〈骨格規定〉、

②規則は正当性を持つものと認められた「規範」であり〈骨格／恒常性規定〉、

③逸脱したときはサンクションが発動され、成員のパーソナリティに内面化されているような「保障された」規則である〈恒常性規定〉。

富永社会構造論の優れた点は、スペンサーによって社会学に明確な形で導入された「社会構造」という概念的「器」に、デュルケーム、ヴェーバー、パーソンズらの知見を組み入れ、その「内容」を満たしているところにある。デュルケームの「制度」論、ヴェーバーの秩序の正当性および保障論、パーソンズの規範の制度化／内面化論および関係的／規制的制度論などの成果が、手際よく簡潔な形で集大成されている。富永の議論をもって、二〇世紀社会学の社会構造論の標準型とみなすことは許されることであろう。(1)

整合的規則としての構造

社会構造における問題設定のポイントを復唱しておくことにしよう。議論の核心をなすのは、社会「構造」は行為の「規則」の問題に翻案され追究される、ということである。「規則」という言葉からイメージされるのは、多様な対象を共約する「普遍的なもの」であり、変化する対象のなかで変わることのない「自己同一的なもの」である。「規則」の喚起するイメージが、〈骨格規定〉と〈恒常性規定〉の両方を満たすものであることは明らかであろう（それゆえ「構造」を「規則」に移し替えて議論することが可能になったのである）。

さてここで問題にしたいのは、「構造」を「規則」と読み替えることによって生じた、「構造」概念におけるある特有のバイアスについてである。デュルケームの場合も、ヴェーバーの場合も「規則」イメージの源泉は「法律」にあった。ここで法律とは、人為的に制定された成文法を指す。法律は、ポストモダンの議論で好んで引照されるタイプの規則、すなわち行為の遂行とともに構成される規則あるいは自生的に成立している規則の対極型をなす。それは、行為とは独立に人間によって意図的に作られ、あとから人々の行為を統制するようなタイプの規則の典型である。

こうしたタイプの規則の場合、最も重要視されるのは整合性、首尾一貫性、無矛盾性という特質でなければならない。「構造」が「規則」である以上、要素と要素の関係は、論理的な演繹性を理想とする整合的なものでなければならない。矛盾の存在は、規則の欠陥を示す。相互に矛盾しないように規則は直されるか、あるいは矛盾しないことが解釈によって示されねばならない。さまざまな規則は、相互に独立に、あるいは無関係に存在するものではなく、ある根本的な規則から導出されるべきものであり、全体としてピラミッド型をなすと暗黙に想定されている。

こうした規則概念をベースとしているので、社会構造は、本来整合的なものであり、その整合性の度合いは、歴史とともにますます高度化すると想定されている。構造の種類あるいは存在の場所にかかわりなく、あらゆる構造は「形式的」にみれば「同型」である。社会のあらゆる分野は同型の構造に貫かれている。それから逸脱したり矛盾したりする要素は、社会からどんどん排除される。同一構造の社会のもとでは、同種の行為によって隅々まで貫き通されている。こうした社会構造イメージの典型が、「鉄の檻」という現代社会像である。ヴェーバーに由来するとして人口に膾炙された「鉄の檻」というイメージは、ヴェーバー自身にとっては「未来に関する予測」であり、その限りで思考実験によって導き出された「理念型」に過ぎない。それを「現実型」へとスリップさせたところに、現代の社会構造論としての一面性が生み出された。「鉄の檻」は社会学的想像力を縛り上げるための拘束衣として機能することになった[2]。

社会構造論における モダニティ

首尾一貫した規則は、矛盾をはらんだ不整合な規則より、価値的に優れたものと認定される。「法律」は人々によって「正しい」との正当性が付与されている規則である。それから逸脱した場合、「正しいものだから遵守するように」という力が働く。逸脱した場合に発動されるこうした力は「サンクション」と通常いわれるが、その表現通り、サンクションによって回復されるべきは、規則の「正しさ」＝聖性であって、たんなる規則に合致するような特定の様式の行為ではない。規則が「正しい」ものとすれば、逸脱行為は「悪い」状態である。損だから逸脱しない、得だから規則を守るというだけでは、不十分である。規則は、それが正しいものだから守られなければならない。規則への同調／逸脱の二元性は、正統と異端の二元論に類似したものと受け取られる。モダニティのひとつの特質は、価値の多元性、相対主義といわれている。しかし実はモダニティの構造論には、中世に猖獗を極めた正統と異端を峻別する絶対主義が、依然として根を張っていたのである。

整合的な規則を正しいとみなすこうした思考習慣からは、「純粋な」構造を尊び、「雑種」的構造を貶める傾向が生まれるのは当然であろう。実際ハイブリディティは、純粋な文化を「真正」とみなし、文化の混淆した事態を「堕落」と捉える文化的保守主義を批判するために、一九八〇年代の終わり頃から持ち出されたキーワードであった。整合的で正当な社会構造イメージからすれば、ハイブリッドな社会状態には、到底「構造」性は認定されえない。そうした状態は、新しい構造が生成し、旧い構造が没落しつつある「過渡期の」現象であるか、あるいは、人々の創造性や主体性が蝕まれたことに由来する「病理的」な現象とみなされてきた。というのもハイブリディティにはある一時代を支配するような恒常性と骨格性のいずれをも認めることはできないからである。

従来の社会構造論には、ハイブリディティといった社会現象を認識の埒外におかせるようなバイアスが含まれていた。こうしたバイアスの存在を自覚し、それを適切に処理しない限り、グローバリゼーションに由来する新しい社会現象を掌握し解明することは、到底無理な相談であるといわざるをえない。

3　二重構造論の理論

二元的構造論

ではハイブリディティ現象はどのように「理論的に」捉えることができるのだろうか(3)。「ハイブリッド化」(hybridization) という言葉について、一九九〇年代以降に刊行された社会学事典を引いてみよう（それ以前の辞書に採録されているとは思えない）。『社会学中辞典』には見出し語として登録されており、次のような説明がなされている。

本来は、西欧化と地域文化との関係に対する人類学的一解釈であり、土着文化が、適応過程を通してたんに破壊されるのではなく、西欧文化と結合し融合されることを示す。グローバリゼーションの過程において、グローバルな過程と、地域や地元の慣習や伝統との接合を表す（Abercrombie, et al. 2000＝2005：198）

こうした説明を読むと、近代における社会科学史に少し通じているものなら、なーんだ！「二重構造」（dualism）あるいは「二重社会」（dual society）論の焼き直しか、と思い至るであろう。二重社会あるいは二重経済論については、日本ではすでに代表的業績の翻訳があり、優れた研究論文もあるので、それに寄りかかる形で議論を進め、そのなかから幾ばくの教訓を引き出すことにしておこう(4)。

「二重社会」論は、オランダ東インド政府の官吏であるブーケ（一八八四～一九五六年）が一九三〇年代に提唱した経済・社会論である。二重社会の理論とは、インドネシア、とりわけ一九三〇年代の植民地「東インド」を念頭におきながら練り上げられた議論で、加納啓良の要約に従えば、「輸入された西欧的、都市的資本主義と土着の前資本主義的村落経済とが併存」し「農村への商品経済の浸透や政府の諸々の政策の実施にもかかわらず、当分は解消不可能であり、それどころか、農村社会の『崩壊』を伴いつつますます深化されざるをえないだろう」とする議論である（加納 1974：57）。

ブーケ理論の批判

ブーケのこうした理論の元となる社会学的想像力の態様を探るには、翻訳されている彼の著書によるよりは、彼の弟子といわれるブルヘル（D. H. Burger）との論争をたどる方がわかり易い(5)。ブーケとブルヘルとの論争のアリーナを提供しているのはゾンバルトの『近代資本主義』（1902, 1928）である。ゾンバルトは西欧経済史を念頭におきながら、次のような概念図式を組み立てる。まずは三つの体制（System）を区別する。三つの体制とは、自給自足的、手工業的、資本主義的である。さらにまたその各々の体制ごとに三つの時期（Periode）を区別する。三つの時期とは、①初期、②高度期、③末期（晩期）、である。西欧の経済史は、大きく分ければ三つの体制、さらにこまかく分ければ、三×三＝九、九つの時期を持つことになる。

ブルヘルによれば、ブーケはゾンバルトにおける「体制」と「時期」とを混同して、結局のところ、四つの「体制」からなる概念図式に組み替えてしまったという。A 前資本主義、B 初期・資本主義、C 高度・資本主義、D 末期・資本主義、という四つの「社会・経済体制」がそれである。この四体制論を用いれば、インドネシアの土着的領域がAに属し、外国人的な資本主義的領域はC、Dに属する。二重構造は、A vs C・Dとして図式的に表現できる。Bが欠落していることが、二重構造の間に横たわる広くて深い亀裂の存在について語ることのできる理由となる。

インドネシアの『前資本主義』と輸入された西欧の『高度期』および『末期』の『資本主義』の間には大きな構造的距離が存在する（加納 1973：330）

ブーケにおいて二重構造の距離を表示する「初期・資本主義」の理解が曖昧で動揺している、というのがブルヘルのブーケ批判のポイントをなす。

「初期・資本主義」ということで、ブーケは、一方では、「手工業」を伴う都市経済のことを考え、前資本主義的、非資本主義的な「体制」に相当させ、他方では、「発生しつつある資本主義」を念頭におき、「時期」に相当するものとしている。ゾンバルトの用法では、後者が正しいにもかかわらず、前者のような用法がなされるのは、二重構造が内包する「広くて深い亀裂」は、体制と体制との間の相違に匹敵するほどのものだからであろう。

ブルヘルは「初期・資本主義」をあくまで「時期」に限定させようとする。そうすると、Bという「時期」を政策的に作り出すことができさえすれば、B→C→D、という移行は、所詮資本主義体制という同一体制内のものとなるので、多少の時間はかかるにしても、二重構造を解消することが可能となるからであろう。こうしたブルヘルの見通しと対極的な、「二重構造」間の亀裂がますます深化せざるをえないとするブーケの見通しが正しいとすれば、AとC・Dとの間を架橋するには「革命的」変革が必要とみなすか、あるいは、たとえB段階を政治の力で作り出したとしても、容易にはC・Dへと移行することは不可能であるとみなすか、これらいずれかの解釈を取らざるをえないことになる。後者の解釈は、明らかにゾンバルト理解としては逸脱的なものとなる。

こうした、ある意味でゾンバルト理解としては「正しい」ブルヘルの批判に対し、ブーケの反論もまたなかなか興味深い論点を含んでいる。彼は冒頭で「たしかに、私は自分の考えの多くをゾンバルトの示唆に富んだ説明に負っている。しかし、彼の理論を二重構造的

均質的／不均等的

な諸国に適用することが私の目的なのではない」と明言する。ブーケにとってゾンバルトの図式の難点は次のところにある。

二重構造的な諸国に対しては、ゾンバルトの理論はうまく適用できない。なぜなら、それは二重構造的な諸国とは全く異なった社会関係をもち、均質的 homigeen に構成された西欧諸国の発展に基づいて作られたものだからである（加納 1973：340）

「均質的に構成された西欧諸国」という表現で言い表されている事態は、前節で私が「整合的な社会構造」論として定式化したものに相当する。ゾンバルトの「体制」論も、「首尾一貫して正当的な規則」と社会構造とを二重写しにする二〇世紀的社会構造論のひとつのヴァリエーションということになる。二重構造論（dualism）の対極に位置付けられているのが「均質な社会」としての西欧であることは、あらためて銘記しておきたい。

インドネシアでは、社会「全体」が「均質」でないばかりではない。輸入された「資本主義」も決して西欧のそれと同じ形態であり続けることはできない。「ブルヘルは、不当にも高度期資本主義を西欧人大経営と同一視し、さらに悪いことには、この同一視をブーケのせいにしているのである」(342)。ブーケもまた、インドネシアに「高度期資本主義」という言葉の適用を認めている。しかしゾンバルトの「高度資本主義」と二重社会における「高度資本主義」とは次の二点において異なっている。まず第一に、社会の全領域をカバーしていない点で。次に、資本主義の領域の内部においてもそのあり方は異なっている。というのは「二重構造的諸国においては，大きな社会的距離が通常，大経営と小経営の結合を必然ならしめていることはおのずから理解される」からである（343）。二重構造社会における「大経営と小経営の結合」のこうした必然性は，日本において，経済の二重構造論（大企業と中小企業の間の商品・資本・労働などの諸市場における棲み分け的結合）として彫琢されてきた論点である。

二重構造のダイナミクス　「資本主義」は，異なった文脈に移転されるなかで，形態変容を余儀なくされる。たとえ「高度期」にあってもこのことは妥当するとブーケは考えていたようである。

私見によれば，ブーケの議論の一番の弱点は，次の点に求められる。

ブーケのいわゆる二重構造論は，型にはめられた二つの静態的観念のあまりに静態的な接触，という特徴をもっている（339）

西欧的と土着的という二つのセクターは，あたかも「水と油」のごとく並置される。お互いの相互作用が存在しないとされるか，あるいはたとえ接触したとしても，お互いに，自らが内包している傾向性をますます強めるだけとみなされている。相互作用の型として想定されているのは「反動形成」のパターン，すなわちますますお互いに「純粋化」するのみであるという道筋だけである。

ブーケはいう。資本主義の輸入の結果「社会的一体性と旧社会の均質性は破壊され，その結果，社会的二重構造が存在するようになったのである」と（347）。「均質性」の破壊と「旧社会」の破壊とを同一視するなら，議論は奇妙な様相を呈することになる。というのは，「旧社会」が破壊されるのなら，およそ「二重構造」など存在しえなくなるからである。「二重構造」を存立させたいのなら次のように考えざるをえない。資本主義のインパクトのもとで、「旧社会」の「均質性」が破壊される代わりに、新しい形での「旧社会」が生み出される、と。〈新しい・旧社会〉（何と形容矛盾した表現か）が成立し、それが流入した資本主義に対峙するから「二重構造」は形成されるのである。こうした考え方ができなかったのはブーケもまた、「均質性」を社会構造のメルクマールと想定しており、その限りでゾンバルトの思考様式から自由になっていないからである。二重構造のひとつのセクターとなった「旧社会」には、変動の方向性として、己を純粋化する途しか残っていない。復古主義的な変動をすればするほど、二重構造間の亀裂は深く広くなり、二重構造社会は化石のように自己同一性を保つ以外の選択肢はありえない（他の可能性としては自壊の途か）。

ブルヘルはいう。

もちろん、ブーケは、自給自足性社会の大部分が流通の浸透に対して道をあけたという事実を認めているが、しかし、この事実のうちに新しい経済生活の様式への移行という積極的な利益をみないのである（338）

ブーケ的思考法のもとでは、「崩壊」あるいは「反動形成」以外の変動の方向性は、一切問題にされえない。事実として生起している「新しいもの」の大半は、無視されることになる。その結果「行き過ぎた型式化と静態的性格」が生ずるのである。

ブルヘルの方は、逆のバイアスを示す。新しく生起した事実のうち、ゾンバルト流の発展図式に合致するもののみが拾い出され、クローズアップされる。変動あるいは発展といえば資本主義における「初期→高度期→末期」という路線しか問題とされえない。二重構造社会も、発展の初期の経路は異なるとしても、どこかの時点で、ゾンバルトの図式へと組み込まれ、そのあとの経路は、西欧における資本主義の発展を一定のタイムラグを伴いつつ踏襲するだけである。「二重構造」をブーケが「体制の相違」に仕立て上げるとすれば、ブルヘルはたんなる「過渡期」の問題として処理してしまうのである。

二重構造と発展

ブーケは、本人の主観的意図からすれば、二重構造社会には一切の発展が不可能とみなす「宿命論」的含意から身を剝がしたいのである。というのもアジア的停滞論は、ブーケよりひとつ前の世代の一九世紀において、隆盛した考え方であり、ブーケが一九二九年にライデン大学に新設された「熱帯植民地経済学」講座の教授に招聘されたのも、アジア停滞論を否定するような議論を期待されたからであろう。ブーケは二重構造社会における発展の芽をどこに見出すのか。土着セクターが資本主義化するには「村落民が新しい資本主義的精神を身につけ、全生活観を革命的に変えつつあることが必要である」(342)。二重構造の解消に向かうような「変化は、人々自身の新しいメンタリティーから生じなければならない」(353) と述べている。

ブーケによれば、二つの構造の〈経済次元における〉相互作用からだけでは、二重構造社会を解消するような傾向性は生まれない。ブルヘルのような「経済学者」は、この経済的次元の相互作用にのみ注目するので、ブーケの議論をあまりに「静態的」と感じるのである。実際発展のための政策についていえば、ブーケは「経済学的に」基礎づけることができなかった（一切の経済政策に対してペシミステックでネガティブな調子が若い経済学者には「苛立たしく」「絶望的で」「危険」と映った)。しかし、「社会的な」次元にまで視野を広げるのなら、ブーケの二重構造論のなかに発展の要素を組み入れることは十分可能だったのである。

ブーケの二重社会論はもともと「経済理論」として構想され、「二重経済論」(dualistic economics) として注目されてきた。経済学が通常捨象しているような要因が発展の原動力であるとするような理論を、経済学者に十分に理解せよというのが、もともと無理な話なのである。またブーケ自身も「経済理論」として定式化しようとするあまり、「社会学的要因」の取り扱いについていえば、アドホックといわざるをえず、理論的に十分練り上げられた図式を提示しえているとは到底言い難い(例えば「示唆に富んだ説明」として、ヴェーバーではなくゾンバルトがまず第一に挙げられていることからも、彼の議論の不十分さを推し量ることは可能であろう)。

4　社会構造としてのハイブリディティ

差異化としてのハイブリディティ　「ハイブリディティ」を社会構造論のキーワードに練り上げるためには、まだまだ必要な作業は多い。作業を押し進める際の注意点を、二重構造論のレビューからいくつか引き出すことにしよう。

まず第一に検討すべき論点は、「均質な」西欧社会に対するに「二重社会」としてのインドネシアという対比である。西欧社会の近代化は、「均質」な前-資本主義体制から「均質な」資本主義体制に移行する「革命的な」過程であった、というイメージは、事実に即した正しいものなのだろうか。近代化とは「共同体」に象徴される伝統的なものが消滅し、その代わりに「モダン」という新しい「社会」が成立する過程として通常理解されてきた。私もまたかつてそう考えていた。しかし一九八〇年代頃から盛んになった「伝統の発明」論などに触発され、西欧諸国の地域史などの業績を勉強しているうちに、こうしたイメージは単純に過ぎるように思うに至った。現時点の私の考えは次のようにまとめることができる。

近代化とは伝統が消滅し近代のみが勝ち誇る過程ではなく、同時代を地平に「新〔モダン〕」と「旧」との新たな差異化が行われる過程である。伝統は消滅するのではなく、理念的に再編されるだけである。近代化とは伝統を〈地〉に近代が〈図〉として描き出される「複層的」過程である（厚東 1998：368）

「二重構造」論が、「ハイブリディティ」論として困るのは、私見によれば、次の点にある。まず第一段階として、「均質」な西欧＝資本主義と「均質」な土着＝前資本主義という二項対立が「現実に」存在するという前提の上に立ち、第二段階として、両者が遭遇することによって西欧vs土着という「二重構造」が成立する、と想定されている点である。西欧社会も均質ではなく、新と旧との不断の差異化のもとに近代化が進行してきたとすれば、非西欧社会の二重構造もまた、同時代の社会を地平に遂行された差異化の産物と考えるべきなのではないだろうか。西欧vs土着という同じ「二重構造」を持つとされても、インドネシアと日本では、その内実は異なるし、またインドネシアにおいても一九三〇年代と一九六〇年代を比べれば、その内実に重大な変化があるとしても、それは理の当然のこととして受け取るべきであろう。

シンクレティズム批判

二重構造は、二段階を経て形成されるのではない。この点でシンクレティズム論とハイブリディティ論では、問題の関心が根本的に異なる。シンクレティズムにおいては、現在の複層性を解明するために、歴史的遡行がおこなわれ、異なった歴史的起源にその理由が求められる。由来、出自の解明をもって現在がわかる、とされるのである。

それに対してハイブリディティ論では、複層性のあり方や原因は、同時代の社会のなかに求められる。その時々の社会のあり方によって、二重構造を含む複層性はそのつどそのつどに形成されると考えられている。かつて「西欧」に分類されていたものが現時点において「土着」とみなされるとしても、それは矛盾でも何でもない。差異化のあり方が変われば、こうしたことは起こって当然である。同時代社会を地平として、どのような差異化がおこなわれているのか、その種類と次元を精確に弁別することが、ハイブリディティ論のまず第一に果たすべき課題となる。「西欧」も「資本主義」も、「土着」においてどう認識されているかが重要であって、「正しい」資本主義理論に基づきローカルな理解を「誤り」として一蹴するのは、厳に慎むべき態度であろう。

雑種強勢論

複層性が丹念に掘り起こされたら、それで話が終わりになるわけではない。「ハイブリッド」の原義は、周知のように、「雑種」であり、ハイブリディティは生物学から借用された比喩である。「雑種」という言葉を用いると「純血種」の存在が前提とされ、社会的に危険なインプリケーションを持つという議論がある。生物学においては「雑種」がキーワードの地位を占めるようになったのは「雑種強勢」(heterosis) という創発的属性の持つ魅力のおかげである。「雑種強勢」とは、異なった種を親として掛け合わせることによって、「雑種」である子の世代に、親の世代にはみられないような「優れた」(=人間にとって有益な) 性質が創発する傾向性のことである。「雑種強勢」がとりわけ威力を発揮したのは、植物学の分野である。異なった品種の掛け合わせによって、新しい品種が次々に作り出された。そのおかげで、北海道においても稲作が可能になったのである。寒冷地に生育可能な「雑種」を得るために、稲の「純粋種」など仮定する必要はない。先の批判は、「雑種」と「混血」とでは、日本語でも英語でも異なった表現が用いられていることに無頓着である。親と子の世代が分離さえされていれば、親の世代が「雑種」でも一向に構わない。

「雑種」の持つ属性は親の世代の持つ属性とは異なるものであり、二親の性質を単純に合算したり引き算したりすることによって得られるものではない。「雑種」概念の面目は、親の世代にみられない新しい属性を子の世代に追求するところにあるといって過言ではない。

構造はひとつ

二重構造論をみると、しばしば構造が二つ存在するような論法がみられる。だが、二つの異質の要素からなる〈ひとつの〉構造が存在する、というのが二重構造の正しい意味であろう。二重構造をひとつの構造とみなすためには、資本主義=西欧と前資本主義=土着、という二つのセクターの間に相互作用がおこなわれることが前提とされ、両者の相互関係が解明される必要がある。ブーケの場合、二つの構造の「水と油」のような関係が強調されるあまり、二重構造といえどもひとつの構造に過ぎない、ということが看過されがちであった。その結果、一切の発展を受け付けないあまりにスタティクな社会イメージが生み出されることになったのである。

ハイブリディティ論では、差異化によって析出された異なった構造的要素が、同時代の社会のなかに同時に存在することを契機に、新しい創発的属性が生み出される過程を追究する必要がある。創発的属性は、その定義通り、差異化によって析出された要素には還元できないものであり、異なった要素のブレンドのありさまを追究するなかで、初めて確定されるものである。私たちが直接目にし、耳にしているのは「雑種強勢」に比定される事態である。それを差異化の運動の産物として理論的に再構成することによって、個々の要素に還元しえない「新しい」事実であることが確定される。ここに、ハイブリディティ論の真骨頂はある、とされるべきである。二つの構造に分けるだけで分析を終えるのは、社会構造論としては、画龍点睛を欠くものといわざるを得ない。

分析編と総合編

社会構造論としてのハイブリディティ論は、二つの局面を持つことになろう。まずは、同時代社会の差異化のさまざまな次元や形態を丹念に追究して、社会の異質性・多元性を明らかにする分析編。それに続くのが、分析的に弁別された異質性・多元性が、どのように相互連関しながら、ひとつの構造へとまとめあげられていくかを検討する総合編である。これまでの蓄積をみる限り、分析編に関しては、概念装置はかなり整備されてきている。歴史的分析と構造的分析との峻別（シンクレティズム論とハイブリディティ論の峻別）等々、今後リファインしていくべき課題が多いことも確かである。しかしこうした課題の克服は、私見によれば、既存業績のマイナーチェンジで凌ぐことができると思われる。

真の課題は、第二の総合編にあると思われる。二重構造論において、構造同士の相互作用を分析する枠組みはほとんど開発されはしなかった。分析の積み重ねではなく、直観的推論によって、マクロ社会の動向が引き出される傾向があった。問題は、異質的・多元的な社会が、どのようにして一体になるように組み合わされ、全体として一つの統一体として作動・ワーキングするようになるのか、一体となったワーキングのおかげでハイブリッドな対象はどのような属性あるいはパーフォーマンスを産出しうるようになるのか、こうした過程を解明することにある。こうした問いかけに着実に応答できるようにするには、適切な概念装置・分析図式を新たに開発する必要がある。こうした作業を地道に積み重ねることは、多分、二一世紀における社会構造論の最重要な課題になると思われる。

5　インタラクショニズムとハイブリディティ

ジンメルの相互作用論

グローバリゼーションの時代にふさわしい社会構造は、「ハイブリディティ」として形象化することができる。これまでの議論では、ハイブリディティが社会構造の「現実」を反映していることから、その必然性は導き出されている。本節では、さらに議論を展開することにしよう。社会構造に関するハイブリディティ論は、マクロ・インタラクショニズムという方法論的立場から、理論的に要請されるものでもある。

インタラクショニズムの立場を社会学において最も早く、最も首尾一貫した形で提唱したゲオルク・ジンメルの議論に、ここで立ち戻ることにしよう。

社会はそれ自体完結した存在、絶対的な統一体ではない。それはあたかも人間の個体がそうでないのと同じである。社会はその諸部分の実在する相互作用に対して、たんに二次的であるにすぎず、結果であるにすぎない（Simmel 1890＝1970：18）

ジンメルがインタラクショニズムの立場に行き着くのは、社会名目論vs社会実在論のジレンマを解決するためであった。社会名目論vs社会実在論という対立は、見かけ上のものに過ぎない。社会実在論の誤りは、「社会」を（素朴に）実在するとみなすところにある。逆に、社会名目論の誤りは、「個人」を（素朴に）実在するとみなすところにある。社会名目論と社会実在論とは、「社会」の実在性に関しては真っ向から対立しているが、「個人」の実在性に関しては共通の憶断に依拠している。ジンメルは社会名目論の立場をさらに徹底化することを求める。「個人」もまた名目とみなすべきである、というのがジンメルの立場である。

「個人」という言葉でイメージされるものは、医学、化学、物理学、心理学、哲学、倫理学等々、学問の種類に従い、大きく異なる。「個人」は、それぞれの専門科学が独自に研究を押し進めるために、それぞれにふさわしい範域および内実を持つものとして定義されている。「個人」は自己完結した統一体を反映した実在概念ではない。専門に応じて、ふさわしい形で認識者によって構成された概念上の統一体とみなされるべきである。

社会－実在論が棄却されるべきなら、個人－実在論もまた棄却されるのが当然である。もしも個人－実在論が否定されるなら、社会名目論は存立しえないことになる。

しかし、他方、経験科学の対象は「観念」ではなく「現実」に求められねばならない。ジンメルもこのことは認めている。社会学の認識対象は「現実」として認定されるべきものでなくてはならない。ジンメルが認めた現実の唯一のものが「相互作用」である。「社会」あるいは「個人」は、唯一の現実である「相互作用」から構成された「二次的な構成体」とみなされることになる。「社会」あるいは「個人」を「相互作用」に分解して認識しようとする方法論的立場は、自然科学においてはごく普通の考え方であり、現代の自然科学の大きな成果は、こうした方法論に由来する。

固定的なもの、自己同一であるもの、あるいは実体的であるものを、機能や力や運動に分解することは、現代の精神生活一般の方向性と軌を一にしたものである（Simmel 1890 = 1970 : 18）

「社会」あるいは「個人」が「たんに二次的にすぎない」のは、「事実的に（ザッハリッヒに）そうであるとともに考察にとってもそうなのである」。事実がそうであるゆえであると同時に、方法論的にも要請されるべきものの見方でもある。

相互作用の交点

さて、ところで、「個人」や「社会」が「相互作用」から二次的に構成されるとすると、それらはどのような「構造」を持つとみなされるようになるのか。

「個人」観に関して、ジンメルは「無数の社会的な糸の交点に立っている」人間というイメージを提起する（Simmel 1890 = 1970 : 53）。

自己完結した統一体という個人主義的な旧い人間は、「個人にただ社会的な糸の交点しか認めない歴史的・社会的な世界観」によって、取って代わられつつあるというのが時代の趨勢である（Simmel 1890 = 1970：44）。

個人とは社会的な糸が結び合わされる場所にすぎず、人格とはこの結合の生じる特殊な仕方にほかならない。一切の人間的な行為が社会のなかで経過し、なにものもその影響を免れることが出来ない（Simmel 1908 = 1994：177）

相互作用は「糸」と表現され、「個人」は「無数の糸の束」とイメージされる。もし「個人」についてこういうことがいえるなら、相互作用を挟んで対称的な位置にある「社会」もまた「無数の糸の束」とイメージされるはずである。「無数の糸の交点に存立する」社会というイメージは、ガルシア＝カンクリーニが「ハイブリディティ」という言葉を用いて喚起した像にきわめて近似している。

ハイブリディティと相互作用

彼によれば「ハイブリディティ」としてのメキシコ社会とは「［これまで上下に配列されていた］諸水準を水平的に結合し直す」ような「構造」を支柱とするマクロ社会である。「諸水準」を具体的にいえば、

① 歴史学および文学研究の対象となってきた「文化的」な次元

② 民俗学および人類学が明らかにしてきた「フォークロア的」（ポピュラー）な次元

③　コミュニケーション研究が浮き彫りにしてきた「マスカルチャー的」な次元のことである。したがって現代のメキシコ社会は、こうした三水準の混成のなかから創発してくるようなマクロ社会と規定することができるだろう。

ガルシア＝カンクリーニのいう「水準」とは、ジンメルの表現で定式化し直せば、異なったパターンの相互作用から構成される「社会圏」、あるいは相互作用の波及し合う連関――「糸」ということになる。

「文化的」、「フォークロア的」、「マスカルチャー的」という三つの水準は、相互作用の異なった三つの連関・回路と言い直すことができるだろう。

人間による媒介　三つの作用連関を媒介するのは、無数の系列の交点に立つ「個人」である。文化的に「ハイカルチャー」に分類される人は、フォークロアの水準では、必ず「土着文化」を軽蔑するわけではない。かえって「土着文化」に対して帰依を誇示する存在であることも多い。ハイカルチャーの住人が、マスカルチャーの水準では、有力な存在であるとは限らない。マスメディアの網の目から落ちこぼれた「無名な」存在であることも多い。むろん「ハイカルチャー」に属する者が同時にマスメディアの発信権を掌握し、マスカルチャーを「操作」する者である場合もあるだろう。

文化的次元における「力」は「学歴」に由来するのが通例である。フォークロアの次元では「威信」や「名誉」という要因が影響力を大きく左右する。マスカルチャーの次元では、メディアへの接近可能性が決定的である……。このように三つの次元ごとに、相互作用の連関のあり方は、大きく異なっている。現代メキシコ社会というマクロ社会は、三つの次元に「分化」しているとみなすことが可能である。しかし他方、社会の構成員は、三つの次元に同時に属しており、三つの作用連関は、行為者（行為のエイジェンシー）によって相互に媒介されている。三つの次元はそれぞれ固有性を保ちつつも、相互作用をおこないつつ、全体としてひとつの複合体をなしている。ガルシア＝カンクリーニの分析は、このあたりまでは、きわめて精密である。

相互作用はマクロ社会を越える　「ハイブリディティ」が、〈相互作用連関の交点としての社会〉という像にふさわしい構造概念であるとしよう。その際、分析を、メキシコ社会というひとつのマクロ社会の内部に視野を限って遂行するだけでは、十分であるとはいえない。メキシコ社会を構成する三つの水準は、他のマクロ社会とのインタラクションによって作り上げられたとみなす必要がある。文化的、フォークロア的、マスカルチャー的、という三つの水準は、「グローバリゼーション」というコンテクストにしっかり埋め込まれ、分析は続行されねばならない。

例えば、グローバリゼーションの影響に対して、最もヴァルネラビリティが高いのがマスカルチャーの次元と想定することができるかもしれない。それに対して、「文化的」次元でのグローバリゼーションは、「文字」に依存する部分が大きいので、外国語の習得が影響を受けるための前提条件をなす。外国語修得には時間と金が必要である。どのような教育を、何年間にわたり受けたかという「学歴」によってグローバリゼーションの影響力は決定的に異なる。「学歴」の程度は、本人の能力の問題であると同時に「文化資本」の関数であることもよく知られている。

マスカルチャーの次元では、マクロ社会同士のインタラクションの「障壁」はきわめて低い。社会の間の「境界」は容易に越境されうる。これに対して、「文化」の次元では、インタラクションはマクロ社会的関門を通しておこなわれる。マクロ社会を隔てる障壁は高く、それを飛び越えられるのは少数の人々のみである。しかしひとたび飛び越えるための「文化資本」を我がものにすれば、社会の「境界」は自由に往来可能となる。グローバリゼーションとともにマクロ社会間の社会移動は高まったといわれているが、文化の水準で社会移動を測ってみれば、社会の上層に限られていると思われる。

マクロ社会の内と外　フォークロア的水準におけるマクロインタラクションについては何がいえるだろうか。ここでナショナリズムの問題、境界としての国境という問題が浮かび上がってくる。ナショナルな意識、ナショナリズムの影響力が最もあらわなのがこの次元であろう。というのも、この次元こそが、外来vs土着、西欧化vs国粋化、西洋vs東洋という、二項対立図式の本来の故郷であるということができるからである。

マックス・ヴェーバーはいう。

知識人層は、「国民」の理念をプロパガンダするように、特別な程度において、あらかじめ定められている（Weber 1972：530）

文化的次元で最もグローバリゼーションの影響を受け易い「知識人層」が、フォークロア的水準では、頑強にグローバリゼーションの流入を拒むゲイトキーパーとなる。非知識人層が、マスカルチャーの強い影響のもとに、グローバリゼーションをいち早く受容し、土着文化に最も冷淡になる場合が多いとも考えられる。

以上例示した事がらは、経験的事実としてはすべてよく知られてきたことであろう。問題は、こうした事がらが、「インタラクション」といった場合に、視野の外におかれる傾向があったことである。インタラクションは当該社会を構成する社会層間のそれに限られる傾向があった。こうしたバイアスの源として、ガルシア＝カンクリーニは「建物内の上下層とみなすプラン」(the floor plan) のヘゲモニックな地位を重要視する。「フロアープラン」の典型として思い浮かべられているのは、マルクスの「上部構造―下部構造」の議論だろう。上部／下部を廃し、その代わりに水平のイメージが推奨されている。カンクリーニの議論は、マクロ・インタラクショニズムに容易に接続することができるだろう。

6　シカゴ学派とマクロ・インタラクショニズムの原像

トランスアクションの問題

ロバート・E・フェアリスの『シカゴ・ソシオロジー――一九二〇－一九三二』(1967) を読んでいたら、「インタラクション」という言葉についてきわめて興味深いコメントに出会った。

最近では、interaction という用語の代わりに、transaction という用語を使用することが多くなっている。interaction よりも transaction という用語の方が、相互に影響し合うという意味を強くもっている、というのが、その理由である (Faris 1967＝1990：220)

こうした所見が書きしるされたのが一九六七年であるが、手元の社会学事典でトランスアクション（transaction）を社会学の専門用語として登録しているものはひとつもない。transaction を英和辞典で引けば「事務の処理」、「事務上の取引」が定訳であり、interaction との関連性を想起させる意味は載せられていない。その限りでフェアリスの意見は、空振りに終わった社会学的所見といえるだろう。(6)

しかし、シカゴ学派（の一部？）において、こうした傾向があったことも事実であろう。「兆候」を過大視したのがフェアリスの錯誤だったにしろ、誤診を促した「兆候」が、いったいどうして起こったのかは、考えるに値する問題のように思われる。

接頭語 trans は「……を越えて／を横切って」を意味する。したがって trans-action とは「あるものを越えて／を横切って」行為（action）がおこなわれる、という事態を指し示す。inter はもともと「間」を意味する。あるものとあるものの「間」に action が生起することを指すだけで、あるもののなかに入り込んで、あるものを変化させる事態（action）を、inter-action の語で意味させるのは通常は無理であろう。

フェアリスが trans-action という言葉の採用によって指し示したかったのは、action が他者の「境界」を越えてそのなかまで入り込む事態であろう。inter-action の側に視点を移していえば、inter-action で意味されるのは、「境界」と「境界」の狭間で起こる事態（action）であり、そうした action が「境界」を越えて内部化されるとは想定されていない。ビリヤードにおける球の動きを念頭に浮かべてみよう。inter-action では、action の「単位」の自己同一性は前提とされている。inter-action は単位の「外」に生起する出来事（action）である。

それに対して trans-action では、action は「単位」の自己同一性を脅かす。フェアリスの「相互に影響し合うという意味を強くもっている」という言明は正確さを欠く。action の「単位」が、自己同一性を仮設されることなく、きわめてヴァルネラブルな存在とみなされるようになった、というべきであろう。もしも trans-action vs inter-action という対比が成立するのなら、私がグローバリゼーションの時代に必要と思っている社会学的立場は、〈マクロ・インタラクショニズム〉というより、〈マクロ・トランサクショニズム〉と表現した方が正確ということになるだろう。

エスニシティを背負った個人

フェアリスは、どのようなリアリティを思い浮かべて、inter-action では不十分であり、trans-action の方がより適切な表現と考えるに至ったのだろうか。こうした問題関心からシカゴ学派における研究対象の特有性について、吟味しておくことにしよう。

「シカゴ学派」のフィールドは、周知のように、シカゴを典型とするような「大都会」（metro-polis）であった。「大都会」を「場」（トポス）にして生起する社会事象を分析するという方向性をシンボライズしたのが「社会的実験室としての都市」という人口に膾炙された言葉であろう。パークたちが都市的な現象を分析する上で、とりわけ重視したのが「人種」というファクターである（パークは、人種会議の席上でシカゴ大学に在籍していたW・I・トマスにめぐり合い、意気投合した結果、五〇歳にしてハーヴァード大学からシカゴ大学へと移籍することになった）。

現在の社会学では（一九世紀に起源する）「人種」（race）に代わって、「エスニック集団」あるいは「エスニシティ」という概念が用いられるのが普通である。エスニシティ（ethnicity）は、アメリカ社会学において、社会諸関係を分析する上で中核をなす概念である。その分析装置内の位置は、ヨーロッパ社会学において「階級」(class) が占める地位に匹敵する。(7)

二〇世紀初頭のシカゴをはじめとするアメリカのメトロポリスは、イタリア、旧ロシア帝国、ハプスブルグ家支配下の中欧諸地域、あるいはまた日本や中国など、世界各地から移動してきた移民たちが、まず最初に居住する場所であった。移民たちは、言語や文化や外貌の問題から、エスニックグループごとに居住するのが普通であった。エスニックグループは、血縁・地縁・信仰を絆とするゲマインシャフトであるばかりでなく、経済的利害や政治的利害に由来する協働に基づくゲゼルシャフトでもあった。「民族自決」の原則からいえば、その一つひとつが「マクロ社会」と呼ばれるべき「権利」を持つ集団であった。そこには、さまざまな相互作用が内包され、ひとつのまとまりを持った相互作用連関＝「社会圏」を形作っていた。

他方、各々のエスニックグループは自給自足の水準に達した自己充足的な社会ではない。移民たちは、エスニックグループ内だけで生活することは不可能であった。新天地での生活を構築していくためには、否応なく、先に暮らしていたアメリカ市民や他のエスニックグループと交わる以外には術はなかった。

シカゴをはじめ大都会で活動しているのは、「個人」というより「エスニシティを背負った個人」というべきであろう。人々を層化したり分類分けしたりする社会的力の最も強力なカテゴリーがエスニシティであった。

原像としてのシカゴ

メトロポリスは、さまざまなエスニックグループという「社会圏」を構成単位に持つ、一種独特な「社会」といえるだろう。全盛期のシカゴ学派の眼前にあった都市とは、(権利上)マクロ社会と呼ばれるべきエスニックグループ同士のインタラクションが交差する交点に立ち現れてくるメトロポリスであった。アメリカがヨーロッパの先進諸国に匹敵する「国民国家」としての体裁を整えることができたのは、ようやく一九三〇年後半のニューディール以降である。それ以前のアメリカでは、シカゴのようなメトロポリスを、国民国家の規制に服する「地方」と同等のものとみなすのは適当ではない。それは、構成要素のインタラクションを主要な原動力として生じてくる、自生的な秩序とみなされるべきであろう。自生的な秩序には、その全体像をあらかじめ示すブループリントは存在しない。当事者の意図通りに、秩序が形成されるわけでもない。「意図せざる結果」として自生的秩序は常にでき上がる。こうした秩序の持つ全体としての見通し難さが、かえって人々に秩序を認識したいという強烈な欲求を呼び起こすのだろう。

シカゴ学派が研究対象とした「都市」は、私の定式化してきたマクロ・インタラクショニズムが最も鋭い切れ味を示しうる場面といえるだろう。というのもマクロ社会間で繰り広げられるインタラクション、そのなかから生まれた新しいマクロ社会こそ、大都会シカゴにほかならないからである。

インタラクションを繰り返すなかで、行為の単位をなすエスニックグループは、大きく変容した。「同化」のケースには、エスニックグループの消滅という事態さえあった。マクロ・インタラクションは、単位の内部にまで入り込み、単位の変質を促迫するインタラクションである。インタラクションのこうした局面に焦点を合わせようとすると、inter-action より trans-action の方が適切だ、ということになるだろう。こうしたリアリティを背景にするとフェアリスの所見はきわめて理解可能になる。

再びメルティング・ポットへ　二〇世紀初頭のアメリカ大都市は「メルティング・ポット」としばしば形容される。「メルティング・ポット」は、エスニックグループの同化を前提にするとして、比喩として忌避されるのが近頃の傾向である。その代わりに、エスニックグループがそれぞれ独自な地位を占めることを示すために「サラダボール」という比喩が提唱されたりした(8)。

シカゴはマクロ社会同士のインタラクションの交差点に立ち上げられたひとつの独自な「マクロ社会」である。そこには、グローバリゼーションの圧力のもとに「国民国家」の枠組みが壊され、リージョナルな規模の新しいマクロ社会が生成してくる過程によく似た、社会学的場面が含み込まれている。「国民国家」というリヴァイアサンを変形させるのに匹敵する強力な磁場がそこには作働している。〈メルティング・ポットとしての社会〉という比喩は、グローバリゼーションの行く末を考える上で、社会学的想像力を強く刺激するものといわざるをえない。というのは、マクロ社会同士のインタラクションには、旧いマクロ社会を根本的に変容させ、新しいマクロ社会を創出する力が蔵されているからである。

注

(1)　今田高俊は次のように述べている。「構造はパターンとしての構造とルールとしての構造の二つに分かれる。前者は記述概念としての構造であり、後者は説明概念としての構造である」(今田 1986：277)。構造を規則とのかかわりで規定する仕方は、依然として踏襲されている。今田の場合、ポストモダン論の影響もあり、「規則」の原型は「法律」に求められてはいない点には注意を要するが。

（２）私のヴェーバー研究もまた、この点に関しては、残念ながら、注意深さが欠けた議論が展開されている（厚東 1977）。

（３）二〇世紀の社会学において、ハイブリディティ現象が、経験的に知られていなかったとか、取り上げられて議論されたことがないと主張したいわけではない。経験的事実としては知られていたことは、私も十分承知している。私が問題にしているのは、そうした現象を理論的に取り扱えるような概念枠組みが整備されているかどうか、という一点である。たんに経験的に知られているだけなのか、理論的にも認識されているかどうかが吟味の対象になっている。ハイブリディティを扱える「概念」が、社会学の専門用語として登録されているかどうかは、こうした事実が社会学の理論体系に内部化されるための必要条件を提供する。シンクレティズムが、従来の社会学事典の多くで取り上げられていることは事実だが、ハイブリディティとは本質的な点ですれ違いがあることについては、本章第５節参照。

（４）著作については、Boeke, J. H.（1953 = 1979）を参照。ブーケとブルヘルとの論争については、加納（1973）大塚久雄編『後進国資本主義の展開過程』第９章、一九七三年、アジア経済研究所所収参照。研究論文については、加納（1974）参照。

（５）論争の方が、私にとって社会学的想像力を刺激するものであるのは、多分、同時代に展開された講座派と労農派との間の論争と二重写しに読解してしまうからだろう。ブーケが講座派とすれば、ブルヘルは労農派を想起させる。講座派の代表、山田盛太郎は『日本資本主義分析』（1934）において日本資本主義を「軍事的半農奴制的型制」として捉えた。日本社会は、一方における資本主義と、他方における「天皇制国家の絶対主義的性質、その階級的基礎としての半封建的地主的土地所有」との結合体として提示された。山田は、ブーケと異なり、資本主義と絶対主義という「二重構造」を相関させるために、理論枠組みとして「再生産図式」を自覚的に用い、日本社会全体を「型制」として統一的に捉えることに成功した。「経済理論」としてはブーケの二重構造論より完成度は高いといえるかもしれないが、社会学者としての私からみると、理論的に閉じられており、社会学的インプリケーションを引き出すのがきわめて困難であった。日本資本主義論争を社会構造論の視点から解読する作業は、興味あるテーマであるとは思ったが、私には手に余る仕事であった。

(6) trans-action の「事務上の取引」という意味は、negotiated-order approach が発想されるための源になった、とみなすこともできるかもしれない。しかしフェアリスの文章を、A. L. Strauss 等の仕事を念頭に浮かべられつつ書かれた、と読むには証拠が不足している。マクロ社会分析とシカゴ学派との関連については、例えば、船津（1999）、第13章における「シンボリック相互作用論のマクロ的展開」の議論参照。

(7) ページの研究が示すように、「階級と階級変化、ならびに階級闘争は、これらの「アメリカにおける」先駆的社会学者達に共通な題材と問題とを提供しており」(Page ch. H. 1940 = 1970 : 11) ということを否定するわけではないが、Class の概念が、ヨーロッパとアメリカでは異なることも事実である。例えばクーリーの考えでは、「おおざっぱにいって、より大きな集団のなかにある持続的な集団は、家族以外のものをすべて階級と呼ぶことができる」(Cooley, C. H. 1909 = 1967 : 209)。こうしたクーリーの定義に従えば、メトロポリスを構成しているエスニックグループは「階級」である。

(8) 次の本のタイトルは象徴的であろう。(Glazer, N. & Moynihan, D. P., eds. 1963 = 1986)。

第Ⅱ部　グローバリゼーションとヴェーバー理論の変容

第5章　アジア社会論
——その射程と限界——

グローバリゼーション時代に直面し、ヴェーバー解釈はいかに旋回させるべきなのか。グローバリゼーションの到来とともにアジアの諸社会は再び脚光を浴びることになった。一九七〇〜八〇年代におけるNIEs、一九九〇年代におけるBRICsの台頭は、ヴェーバーの『儒教と道教』、『ヒンドゥー教と仏教』の再読を迫る。というのも、中国もインドも急激な資本主義化に成功したからである。ヴェーバーのアジア社会論の特徴は、資本主義化の「内発的な」道の可能性に徹頭徹尾こだわり、近代化が自生的に起こりうる可能性に「否」と答えたところにある。ヴェーバーが「内発的近代化」にこだわったのは、一九世紀を支配したアジア社会停滞論にプロテストするためである。ヴェーバーの同時代に興隆した民族学（文化人類学）が変動の起点を外部に求める文化伝播論を構想したのに対して、ヴェーバーは変動の起点を内部、究極には主体的条件に絞り込む。グローバリゼーションの時代、必要なのは、内発主義と外発主義を統合するような社会学であり、こうした社会学の新しい動きが、二例、レヴューされる。

1　ヴェーバー・戦後啓蒙・戦後五〇年

戦後啓蒙の同時代人

あるドイツのヴェーバー研究者から、「ヴェーバーの仕事は、日本社会の近代化の分析に役に立つのですか」と聞かれたことがある。日本社会を認識する上で、いかにヴェーバー的視座が重要であったかについてを説明するために、大河内一男、川島武宜、大塚久雄、丸山真男といったいわゆる「戦後啓蒙」と呼ばれている人々の例から説き起こしているうちに、ある単純な事実にあらためて気付かされた。それは「戦後啓蒙」の人々がみている世界は、現時点の私たちより、ヴェーバーの方にずっと近いという事実である。

彼らが『宗教社会学論集』や『経済と社会』を熱心に勉強したのは戦時中のことで、こうしたヴェーバーの主著が刊行されたのが一九二〇年代の初頭だから、ヴェーバーの仕事と「戦後啓蒙」との時間的隔たりはだいたい二〇年ほどである。この時間的隔たりを現時点に置き直せば、今（執筆時の一九九五年）から約二〇年前に刊行された業績といえば、例えばフーコーの『監獄の誕生』（1975）が挙げられよう。いわばフーコーを精読し、それを換骨奪胎して日本社会を見事に分析してみせたのだから、彼らの研究者としての力量はやはりすごいと感心せざるをえない。現時点の私たちにとってヴェーバーは「古典」かもしれないが、フーコーならば「同時代の」思想家といった感じであろう。「戦後啓蒙」からみれば、ヴェーバーは同じ時代を生きる文字通り「コンテンポラリー」な思想家であったといえよう。

ヴェーバーが眼前に見据えていた中国やインド、あるいはまた日本の「現状」は、同時に、「戦後啓蒙」の格闘すべき「現在」でもあった。彼らが立っている時点は、ヴェーバーの知っていた時とは異なる面があるのも事実である。インドは植民地から独立国になり、中国は社会主義国家になっている。しかしそのあとには、ほぼ半世紀以上にもわたる時間の流れがあって私たちにつながっている。

アジア社会の地殻変動

現時点の私たちと「戦後啓蒙」の間に横たわる五〇年以上の間に、彼らの認識課題であった「日本社会」も大きく変わった。日本は高度経済成長を経て、今や世界有数の「経済大国」に成り上がった。生活水準も生活様式も、敗戦直後と比べればずいぶん変わった。また、中国の社会主義化も行きづまり、資本主義化への施策が採られるようになった。NIEsにみられるように、東アジアでは急速な資本主義化がすすみ、非西欧圏で資本主義化に成功したのは、日本だけではなくなった。日本を特殊な例外とみなすことはもはやできない。戦後に起きた変化の現実とその意味に徹底的にこだわった時、ヴェーバーのアジア社会認識はどう評価されるのだろうか。「戦後啓蒙」の場合、ヴェーバーに通じるようなアジア社会の現状認識から出発して、ヴェーバーの業績を咀嚼し、日本社会の分析のために役立てることが可能であった。しかし半世紀にも及ぶ戦後の変貌にこだわってもなお、日本も含めたアジア社会の現状認識に関して、ヴェーバーと見解を同じくすることができるであろうか。

「戦後啓蒙」は明治維新から敗戦に至る八〇年程の日本近代の経験を背景に、ヴェーバーの仕事を理解しようとした。日本の「近代」にはさらにその後六〇余年に及ぶ独自な経験がつけ加えられている。この新たに加算された期間に日本社会が達成した成果を視野に含み込んだ場合、全体としての日本の

「近代」はどのような比較論的な意義を持つのだろうか。新たに再編された日本の近代という視点に立って、ヴェーバーのアジア社会認識の意味と射程を吟味し直してみたい、これが本章で解こうとしている問題である。

2　資本主義発展の内発性と外発性

ヴェーバーの日本論

ヴェーバーには日本に関して、それほど多くはないが、直接言及した箇所がいくつかある[1]。その中には、同時代の日本の今後の動向を予測した、きわめて印象的な一節がある。

> 武士タイプの階層が決定的な役割を演じているような人間集団は、自力で、合理的な経済倫理に到達することはできなかった。とはいえ、解約可能で、確固とした契約的法関係を作り出すレーエン関係は、西欧的意味における「個人主義」のために、例えば中国の神政政治よりははるかに有利な基盤を提供した。日本は、資本主義の精神を自らのうちから生み出すことはできなかったにせよ、外から、資本主義を人工物として比較的容易に導入することができた（Weber 1921：300＝1983：377-8）（傍点、厚東）

ヴェーバーの議論の基本的な枠組みをなしているのは「内発的」（自力で、自らのうちから）／「外発的」（外から）、という対比である。まず資本主義の「精神」を生み出し、その精神に即して「資本主義」を築いていくような道を、資本主義の「内発的発展」の道と名付ければ、日本がこうした道をたどりうる客観的可能性は低いと見積もられている。しかし資本主義化にはもうひとつの道が用意されている。それは、諸外国で発明され完成された資本主義を、機械と同じような一個のできあいの製品として輸入し、それを展開していく道である。「資本主義」は「精神」から切り離され、純然たるメカニズムとして捉えられる。モノとしての「資本主義」を異なった風土に移植し育成・成長させていくようなやり方を、資本主義の「外発的発展」の道と名付ければ、日本がこうした道をたどりうる可能性に関しては、高い評価が残されている。

日本とＮＩＥｓ

ヴェーバーにとっての日本とは、現在の私たちにとってのＮＩＥｓ諸国のようなものかもしれない。今後も急速な産業化が進行しうることが、中期的展望としてかなりの確信を持って予測可能である。問題は「外発的」産業化の行き着く先である。日本は西欧諸国にキャッチアップすることが果たしてできるのか。それとも袋小路に陥ってしまうのか。あるいは追いつき・追い越す地点にまで行き着くことができるのか。高度経済成長を経験した世代にとっては、発展の限界点をどうヴェーバーが考えていたかを知りたいところである。

この問題をもう少し理論的な形で言い直してみよう。資本主義における内発的発展と外発的発展とでは、その初期状態および発展の経路は確かに大きく異なるだろう。しかし、内発的発展と外発的発展とでは、終局的には同じメカニズムを持った資本主義を作り出すのか、それとも、構造的にかなり異なった資本主義が生み出されるのか。問題の焦点を「資本主義の精神」ではなしに「資本主義」に絞った場合、内発的／外発的という区別はいったいどういう意味を持つのだろうか？
「戦後啓蒙」にとっては先に引用したヴェーバーの発言の前段が、すなわち「日本は、資本主義の精神を自らのうちから生み出すことはできなかった」という言明が重要だったとすれば、現時点の私たちにとっては「日本は、外から、資本主義を人工物として比較的容易に導入することができた」という後段にこだわらざるをえない。何故に導入することが比較的容易なのか、比較的容易に導入された後、どのような事態に至りつくのか。ヴェーバーがみているのが資本主義導入の端緒だとすれば、私たちが立ち会っているのは導入の帰結、後日談の世界である。

内発型へのこだわり

ヴェーバーの議論は、ほとんど内発的発展の問題をめぐって展開されている。日本の外発的発展については、それが可能であることをただ一言述べた後、議論は再び日本に支配的な宗教類型の話に戻っている。どうして内発的発展がこれほど重要視されたのか、逆にいえば、何故に外発的発展の問題が執拗に展開されることなく終わったのか。直ちに思い浮かぶのは次のような解答であろう。内発的発展は資本主義発展の標準的道筋を示すもので、その構造が的確につかみ出されるなら、外発的発展はそれからの「偏差」あるいは「逸脱」として容易に位置付けることができる。だから研究の順序として、内発的発展の研究が先行されるべきである、という答えである。果たしてこんなことが留保なくいえるのであろうか？

発展のテンポ

①まず、内発型／外発型とで発展のテンポを比べてみよう。輸入された資本主義は当該社会にとって異質の要素であり、さまざまな障害物に出会う。異文化との絶えざる摩擦のなかで発展の経路はねじ曲げられ、ジグザグにならざるをえない。それに対して内発型では、資

本主義は周りの文化との親和性が高く、それほどシビアーな障害に出会うことなく、スムーズにすくすくと成長する。したがって、内発型の方が発達のテンポは速くなる。

しかし「後発者の利得」説はこうした推測が成り立たないことを説得的に明らかにする。企業でも科学でもことを始めるというのは大変なことで、数多くの失敗を積み重ね、長期にわたる試行錯誤の末に、ようやく成功にたどり着ける。ゴールに到着できるのはむしろまれで、業半ばにして倒れることの方が多い。それに対して、後発者あるいはイミテイターは失敗者の轍を踏まないように、効験が証し立てられた手段を集約的に借用し、そこに小さな工夫をつけ加える。所期の目標は、比較的に短い期間内に能率的に達成される。発達の経路がジグザグというのは、むしろトップランナーの勲章と考えるべきであろう。このことは産業化のテンポをみてみれば明らかで、イギリス、ドイツ、日本、たぶんＮＩＥｓの順で、産業化の期間は短縮される一方である。

資本主義の外発的発展の道の方が無駄がなく効率的といえよう。

発展の限界　②促成栽培の植物はひ弱い。多量の肥料と手厚い保護のもとに育った温室育ちは、ちょっと冷たい風に当たればすぐに風邪をひいてしまう。土のなかに深く根を下ろしていない木は大木にはなれない。外発型発展は、それと同じように、速いかもしれないが、固有の限界を持つ。成長の壁につき当たった場合、それを突破する力に欠け、成長は早晩停滞へと暗転する。外発的資本主義化は、当該社会の許容する範囲内でのみ可能であり、したがって一定の水準を超えることは難しい。外発的発展の道は「矮小な」とか「低位な」といった形容詞から自由になりえず、「リリパット的な」資本主義が生み出される。

こうした外発型の限界性を強調する見解への最も強力な反証例が日本であろう。日本は、先進国にキャッチアップしたばかりでなく、それを追い越し、世界一の「経済大国」にのし上がることができた。内発型が攻めあぐねていた成長の限界を、外発型が突破してみせたのである。外発型は、矮小な発達水準に低迷するというのが宿命ではなさそうである。日本がＮＩＥｓに追いつかれ、追い越される日も来るはずである。

発展の均等性

③しかし、たしかに日本は「経済大国」になったかもしれないが、それはＧＮＰのような経済指標で測れる範囲のことで、社会のあらゆる面においてアメリカ合衆国やヨーロッパ諸国を抜くことができたわけではない。政治をみれば、そこでおこなわれているのは旧態依然たる「むら」の政治であり、十分に「近代化」されているとは言い難い。日本は依然として「政治小国」である。また国民生活の面をみても、住宅は狭く、食料品は高く、通勤時間は長く、余暇の過ごし方は貧しい。日本は、明治維新から一〇〇年を過ぎても「生活小国」を脱することはできない。内発的発展の場合、社会のさまざまな生活領域は相互に密接な関連を持ちつつ、バランスよく近代化される。それに対して外発型の場合、外国文化を移植する先兵となった部門では先端的な発展が可能かもしれないが、その変化が他の生活領域に波及する力は乏しく、社会全体をみれば、発達段階にでこぼこが生じてしまう。経済や科学あるいは芸術などの分野は、外発的発展のパターンになじみやすいが、それ以外の分野はそうやすやすとは近代化されない。経済の先進性、文化や道徳の後進性といった不均等発展こそが外発的発展の道の最大のネックである。

内発性とバランスのとれた発展、外発性と不均等発展とのこうした同視もまた再考することが必要となった。内発的発展の本場ヨーロッパ諸国でも、制度の近代化にはでこぼこが依然として存在し続けているからである。例えばイギリスの法制度は、完全に合理化されることなく資本主義の時代に突入した。また官僚制化の度合いもさまざまで、アメリカ合衆国やイギリスのような産業化の先進国の方が、ドイツ・フランスよりも官僚制化の速度は遅かった。

アナール学派の研究をはじめとする、新しい歴史学の知見を参照すると、ヨーロッパ社会は伝統的なものを引きずりつつ近代化してきたことがわかる。ヨーロッパの近代は、従来、古代的あるいは中世的（封建的）なものとの差異が強調されるあまり、隅々まで近代化された一枚岩的なものとして描き出される傾向があった。しかしヨーロッパ近代は、古代や中世を通して歴史的に沈殿されてきた前近代的ものを、一方では支えとしつつ、他方ではそれとの緊張関係のなかで、徐々に展開されてきたもので、近代と前近代の絡まりは地域や制度領域ごとに独特の複合体をなしている。近代は、決して一色に染め上げられたフラットなものではなく、重層的な構造体をなすものである(2)。

新しい伝統の発明

ヨーロッパ近代の複層構造性を最も印象的な仕方で明らかにしたのが「伝統の発明」の議論である。従来、近代化は伝統が掘り崩される過程とみなされてきた。近代は伝統の崩壊した廃墟の上に構築される。しかし近代化とともに一向に「伝統」はなくならない。ヨーロッパ社会には依然として伝統的なものが厳然と機能し続けている。それはなぜか？　近代化は、「旧い」伝統を解体するかもしれないが、その代わりに「新しい」伝統を作り上げるからである。「伝統の発明」論は、近代化とは絶えず伝統が再編成される過程でもあるという観点のもとに、ヨーロッパの近代史に新しい照明を与えた。

近代化とは、伝統一般が消滅し近代が全面勝利を収める過程ではないようである。それは〈同時代を地平に伝統と近代に関する新たな差異化がおこなわれる過程〉と規定した方が適当だろう。外発型発展では、欧化と土着との間の緊張が重要で、各制度領域の内でまたその間で、両者は激しくせめぎ合い、その結果不均等発展がもたらされる。それに対して内発型発展では、緊張の源泉は伝統と近代という二項対立にあり、この新と旧との差異化がどのような形でおこなわれるかは各制度領域ごとに必ずしも同じでない。もしそうだとすれば、そこにもまた不均等発展が生み出されるはずである。

内発型でも外発型でも、近代は一枚岩的なものではなく、複合的な形態をなす。近代と伝統、欧化と土着、それぞれ緊張の源泉はたしかに異なるにしても、発展の不均等性はいずれにおいても避けることはできない。

資本主義における
メカニズムと精神

④以上の議論を総合すると、外発性に由来する資本主義と内発性に由来する資本主義とは、それほど明確かつ類型的に峻別することはできない、という結論に到達するだろう。こうした結論の導出に、ヴェーバー自身「否」と唱えるだろうか。私見によれば、ヴェーバーの理論枠組みに依拠する限り、ひとたび資本主義が成立さえしてしまえば、それが自生的に作り上げられたものであろうと、完成品として輸入されたものであろうと、そうした出自ないし系譜の違いは重要でなくなる、と言わざるをえないと思われる。

ここで『プロテスタンティズムの倫理と資本主義の精神』の末尾の有名な箇所を思い起こすことにしよう。

ともかく勝利を遂げた資本主義は、機械の基礎の上にたって以来、［禁欲の精神という］この支柱をもはや必要としない（Weber 1920：204＝1989：365）

先に掲げた日本について述べた箇所を参照しつつこの箇所を読めば、「資本主義の精神」と「資本主義」との関係に関するヴェーバーの見解は次のように整理されるだろう。

「資本主義の精神」が存在しない場合、「資本主義」を自生的に生み出すことはできないが、しかし完成品として外から輸入する可能性も排除することはできない。資本主義を外から移植しうる可能性は、文化や宗教といった条件によって左右される。資本主義を自生的に生み出すのに適合的な精神的・文化的風土があったように、資本主義を外から取り入れ、根付かせ、成長させるのに適合的な文化的条件が存在する。日本はそうした移植に適合的な土壌である。しかし「資本主義」はひとたびできてしまえば、自生的発展を可能にした「資本主義の精神」を必要としなくなる。完成された資本主義は、「資本主義の精神」なしに円滑に作動することができるからである。「資本主義の精神」は、発展の初期条件および発展の経路を規定する上で重要な要因かもしれないが、完成品としての資本主義のあり方を規定する力はない。たぶん完成された資本主義も、円滑に作動するために、独自の人間的基礎を必要とするかもしれない。それはかつての「資本主義の精神」とは根本的に異なるものである。その「精神」は、もしかしたら、「資本主義」を完成品として外から成功裡に輸入することを可能にする条件と密接な関係を持つものかもしれない。

発展した資本主義の斉一性

「資本主義の精神」の有無に由来する内発型／外発型の区別は、発達の初期条件および経路を特徴付けるものかもしれないが、到達地点や到達水準を類別する基準にはなりえない。外発的発展は、内発的発展の水準を超せないわけではなく、また内発型と比べて原理的に「不純な」あるいは「歪曲された」構造を持った資本主義を生み出すわけでもない。「外発性」という特性は、資本主義にとって、一生はずすことのできない烙印ではない、ヴェーバーの理論を援用する限り、こう結論せざるをえないと思われる。

3　〈文化内発主義〉による進化論批判

事実と認識の齟齬

自生的発展のみが資本主義化の唯一絶対の道ではない。資本主義を建設するには、ほかのやり方も開かれている。二〇世紀の歴史をふり返る時、こうした見方は事実に適合した穏当なものであるし、ヴェーバーの理論的枠組みと大きく矛盾するものでもない。しかしヴェーバーの関心は、終始一貫して資本主義の自生的発展の可能性の問題に注がれていた。これまた冷厳たる事実である。アジア社会を研究する際に、自生的な資本主義化の可能性がどの程度あるかが、議論の焦点をなしていた。そうした視座の限定が、外発的発展に比べて内発的発展の方が何か優れたやり方であるという印象を与え、ヴェーバーは内発的発展を「模範」として特権化しているのではないかと思わせた。しかしこれは「誤解」であろう。外発的発展を可能にする条件を探り出し、その展開過程を跡付け、その帰結を推論するという研究方向もまた、理論的には開かれていたし、先の引用文からも明らかなように、それに関する具体的事実もまた視野の内にしっかりと収められていた。

では、どうして自生的発展にこだわり続けたのだろうか。外発的発展は始まったばかりで、データの蓄積に乏しい、という実際的な理由もあるだろう。しかし決定的なのは彼の価値関心である。ヴェーバーは自らの価値関心に基づいて、資本主義へのさまざまな道のなかから、内発型を可能にするさまざまな条件を特定化するという問題を選び取ったと思われる。自覚的に視野を限り、問題を明確に設定したのである。価値関心に従い内発型を認識課題として選び取ったということと、内発型を価値的に優れたものと信じているということとは、まったく次元の違う話である。両者はしばしば混同されるが、その違いをはっきりさせるために、ヴェーバーがこのような価値関心を持つに至った経緯をしっかりと把握しておく必要がある。そのためには、ヴェーバーのアジア社会論を、彼の生きた時代の歴史的コンテクストのなかに位置付けておくのが、最も早道だろう。

進化論批判

ヴェーバーの最大の論敵は、一九世紀にその頂点を極めた進化論的思考様式である。進化論の立場から歴史をみると、人類史は未開から文明へと向かう単一の図式に整理される。人類のあらゆる社会は、進化という単線の軌道を走る鉄道の乗客で、未開という駅は文明社会がすでに通過した地点であり、文明という駅は未開社会が今後到着すべき目的地を意味する。ひとつの駅でとどまっていてもよいが、途中で下車したり目的地を変更したりする自由はない。

こうした図式に従えば、アジアとヨーロッパの差異は文明化の度合いの相違に帰着され、アジアは遅れたヨーロッパとみなされる。アジアは旧い姿のヨーロッパで、その限りでヨーロッパ人の関心の対象となる。進化論は本来、人間性の普遍的構造を前提としているので、さまざまな社会を同一の方法で研究することを可能にし、人間・社会・文化に対する「科学的」研究の水準を飛躍的に高めたが、諸社会の間でどうして進化のばらつきが生ずるのかをうまく説明できない。この進化のタイムラグを説明する最新の理論として登場したのがダーウィニズムである。

アジア停滞論

ダーウィニズムによれば、進化の原動力は適者生存、自然淘汰の原則である。環境適応力が旺盛な社会は高度に文明化され、環境適応力に乏しい社会は未開にとどまっている。進化の差異は環境への適応能力の相違に由来する。ではこの適応力は何によって規定されるのだろうか。ここに「人種」という一九世紀に生まれた新しい観念が導入される。中国が「遅れている」のは中国「人」がヨーロッパ「人」に比べて「適者」ではないからである。中国はその構成メンバーが中国人であるが故に遅れた社会となる。中国は中国人以外の人々によってどうして作り上げられることができようか。中国が中国人によって作り上げられている限り、未開を脱することは難しい。こうして、あらゆる社会を進化という同じ車に乗せた進化論は、反転して、アジア的停滞性の議論を生み落とした。「人類」という普遍的理念は「人種」によって分断され、いつの日にか進化を遂げるだろうという楽観論は、永遠に停滞し続けるに違いないという悲観論に取って代わられる。

反実仮想

ヴェーバーが粉砕したかったのは、こうしたダーウィニズムによって色付けされた進化論である。『儒教と道教』の結論部の最後のパラグラフは、次のような文章で始まる。

中国人は、近代の文化地域の中で、日本人と同じ程度で、いやもっとそれ以上に、技術の面および経済の面で完全に発展を遂げた資本主義をわがものにする能力があったであろうことはほぼ確実である。中国人が、こうした要求に対して本性上「天分がない」といったことなど、明らかにまったく考えられない（Weber 1920：535＝1971：411）（傍点、ヴェーバー）

ヴェーバーの生きていた当時、中国やインドが資本主義化に失敗していたのは一個の事実である。アジアを代表する文化地域における資本主義の未成熟という事実に抗して、ヴェーバーはアジアにおいて自生的な資本主義化が可能でありうることを論証しようとする。資本主義が存在していない現実を所与として、抗‐事実的に資本主義の形成はいかにして可能かという問題を設定した場合、これまで見落とされてきた資本主義の「萌芽」をあちこちから収集して、こうした萌芽が外的な障害の故に（例えば帝国主義的搾取の故に）十分に開花することができなかった、という議論のスタイルがとられることが多い。こうした論証スタイルが可能になるのは、資本主義化を歴史の必然とみなす「進化論的枠組み」が前提とされるからである。

主体的条件へ

ヴェーバーの進化論的図式への反発はもっと根強い。彼はまず、資本主義化に関連する要因を、経済・政治・法・技術・風土等々といった客観的なものと、人々の考え方・生活態度といった主体的なものとに二分する。『儒教と道教』、『ヒンドゥー教と仏教』の前半は、客観的な要因に関する西欧との比較分析に捧げられている。その結論は中国についてもインドに関してもほぼ同じである。資本主義を促進する要因は西欧に比べればずっと恵まれた状態にあった。たしかに、阻害要因は存在したが、しかしそうした阻害要因は西欧にもあったし、「西欧において近代資本主義が終局的に形成されるまさにその時代に存在していた」。それゆえアジアにおける資本主義化の失敗の原因を客観的条件に求めることはできない。最大の阻害要因は主体的な要因に求められる。主体的条件といっても、人種の差のような生得的なものではない。文化によって、とりわけ宗教によって形作られた生活態度こそが資本主義化を阻んだ元凶である。

資本主義に占める精神の位置

中国における（あるいはインドにおける）資本主義化が挫折したのは、資本主義を支えるエートスと中国人（あるいはインド人）のものの考え方とが根本的に異なるからである。こうしたヴェーバーの結論は、アジアの地域文化において、資本主義が内発的な形で生み出される可能性の徹底的な否認である。資本主義はアジアの人々の生活態度からみれば「外的」な機構であり、それへの発展を内発的に選び取るはずはない。資本主義の欠如というアジアの現状は、アジアの人の生活態度に適合した、いわば「内発性」の帰結であるといってよい。

合理化の推進力としての宗教

資本主義化に不適な生活態度は、とりわけ宗教の長年にわたる涵養の結果でき上がったものである。人種のような生物学的資質の相違を重要視しないヴェーバーにとって、アジア人もヨーロッパ人も人間性の構造は本質的にはそう変わらない。彼は著名なシナ学の古典から次のような観察を引き出す。

中国の歴史をさかのぼればさかのぼるほど、中国人とその文化とは、われわれ西欧人に見いだされるものと類似しているように見える（Weber 1920：517＝1971：384）

こうした点ではインド人とその文化に関しても同じようなことがいえる。人間・社会・文化に関するヴェーバー独特の発展図式が議論の前提をなしている。歴史のあけぼのでは、地球上にみられる人間・社会・文化の間には、それほど大きな違いは存在しなかった。例えば西洋と東洋といった具合に、人間と社会のあり方に著しい差異があるとすれば、それは歴史発展の結果もたらされたものである。同質性は歴史の端緒に、異質性は歴史の端末に位置付けられる。人類史の初発にみられる画一的状態は「呪術の園」と呼ばれ、人類史の現時点でみられる大きな差異性は「合理化」の帰結である。画一的な「呪術の園」を打ち破り、人類の間に根本的な差異をもたらすものこそ「宗教」のはらむ「合理化する力」にほかならない。

進化と合理化

歴史の両端に呪術と合理性を配する点で進化論に類似しているが、呪術に同質性を、合理性に異質性を結びつける点は、進化論とはまったく逆である。合理性にはさまざまな類型がある。合理化は、人類史を貫く一大運動傾向であるが、あらゆる文化圏にわたって、生の領域がさまざまに異なるのに応じて、きわめて多種多様の合理化が存在したということになろう（Weber 1920：12＝1973：22)。合理化に多種多様な類型が考えられるのも、合理化を推進する最大の力を「宗教」に求めたからである。合理的なのはキリスト教ばかりではない。儒教もヒンドゥー教もキリスト教と異なった意味であるが「合理的」と呼ばれてしかるべきである。

アジアにおいて、資本主義化に阻害的な生活態度が支配的であるのは、人々が「呪術の園」のなかでまどろんでいるからではなく、宗教による合理化の結果である。それはちょうど西欧において、キリスト教による合理化の結果、資本主義化に適合的な生活態度が形成されたことと同じである。違いがあるとすれば、宗教の違いに応じて、合理化される方向に相違があっただけである。西欧における近代資本主義の成立が、生活態度に則した世界の作り変えという意味でひとつの内発的発展であるとすれば、アジアにおける資本主義の欠如も、生活態度に則した世界の創出という意味で、ひとつの内発的発展の成果であるといえよう。資本主義化の阻止は「外」から強いられたものではない。アジアにおける資本主義の欠如は、西欧における資本主義の成立と同じように、合理化の産物にほかならない。

合理化の別様の道

アジアの現状は、進化の停滞した状態の表れではなく、合理化と呼ばれる進化のひとつの表現形態である。それは生物学的素因によってもたらされたものではない。文化を媒介に、人間が選び取ったという意味で、内発性に由来する。ヴェーバーの想定する合理化とは、単一性に収斂する進化とは異なり、多方向への発散を含んだ多元的・多系統的な発展図式である。ヨーロッパが「高度な」文明を生み出したとすれば、アジアもまたそう呼ばれるに値する。中国ないしインドがたどった道筋は、「高度な」文化発展に至る別様の可能性を指し示すのである。進化論が内包する西欧中心主義は、別様の可能性の認識をテコとした、西欧文明の相対化ないし自己反省へと転撤されている。

関心の焦点を人間の主体的条件に絞り切ることによって、社会や文化の変動方向の多元性あるいは多様性が極限まで強調されている。これほど徹底した進化論批判はたぶん考えられまい。

4　伝播主義・文化変容論と進化論批判

ヴェーバーの進化論批判は、それがラディカルで首尾一貫したものだけに、一歩誤ると理論体系の硬直化を招き寄せてしまう。問題の焦点をなすのは、生活態度の変容可能性がどの程度見込まれているかということである。もし、中国人（ないしインド人）の生活態度が、西洋文明と遭遇しても何ら変化する余地はないと想定されているなら、ヴェーバー的枠組みから帰結するのは再びアジア社会の停滞性である。この停滞性は「人種」のような生得的要因ではなく、生活態度といった社会化の産物に由来するが、アジア人からみれば何に起因するかは大した違いではない。重要なのはその帰結である。現状のままであり続けること、これがアジア社会の「宿命」となる。

文化変容の可能性

アジア社会にとって「資本主義」を輸入することが可能なら、どうして「資本主義の精神」もそうすることができないのか。「資本主義の精神」に関しては、自前で調達するほかない、と想定しなければならない根拠はどこにあるのか？　新しい生活態度を形作る上で決定的なのは「宗教」であった。生活態度がどの程度変更可能かどうかは、ヴェーバーの枠組みを前提とする限り、アジアの宗教の変容可能性の問題に帰着する。一方の極には、アジアの宗教は西欧の文化との出会いから一切何も学ばないという見解があり、他方の極には、深刻な影響を受け根本的な変容を蒙るという見解がある。現実は、たぶんこの両極の中間のいずれかの地点に落ち着くと思われる。

この点に関してヴェーバーはどう考えていたのか。こう問いかけてみると、西欧とアジアの文明上の遭遇と衝突といった種類の問題にほとんど議論が残されていないことに、あらためて気付かされる。このことは偶然ではない。それは問題の限定に伴う「欠如」と思われる。というのは、異文化との接触と変容という問題関心こそ、ヴェーバーと同時代に展開され、しかもヴェーバーが与することのなかった進化論批判の第二のヴァージョンのライトモティーフを形作るものだからである。

伝播主義的思想　諸民族の間で類似の文化現象がみられることはよく知られた事実であるが、この事実を進化論のように進化の「同じ段階」によって説明するのではなく、民族の間で文化要素が移転したことの結果として理解しようとする立場が、二〇世紀の初頭、ヨーロッパ諸国やアメリカ合衆国で軌を一にして提唱された(3)。

レオ・フロベニウスは一八九七年、アフリカにおける文化要素の地理的分布を手掛かりに「文化圏」の概念を提示したが、この考え方は、ドイツやオーストリアの民族学者に大きな影響を与え、いわゆる「伝播主義」を成立させる機縁となった。「伝播主義」は、ある空間内に分散している類似の文化現象を、複数の体系間での文化の「伝播」あるいは「借用」という見地から考察し・解釈する立場である。F・グレープナーは『民族学の方法』(1911)を著し、類似の文化現象から「系譜関係」を推定するための厳密な方法論を展開した。伝播主義が広く受け入れられた背景には、それが資料に則したより実証的な方法であり、進化論の空想性・先験性を批判することができるという動機が存在する。

文化人類学思考　民族学を「科学化」したいという動機はアメリカ合衆国に行くといっそう強化される。一八九九年、コロンビア大学の人類学教授に就任し、その後四〇年余りアメリカ人類学界を主導してきたF・ボアズはこの「伝播主義」を、文化間の伝播を少数の始原的古代文化から跡付けようとする廉で、思弁的であると批判し、実地調査の必要性を強調した。北米大陸にはヨーロッパ人の集落と隣り合わせになる形でさまざまなインディアン部族が住んでおり、彼らに対する精密な現地調査も比較的容易に実行できる。C・ウィッスラーは『アメリカン・インディアン』（1917）において、文化は中心から周囲に向かって放射状に伝播するという見地のもとに、アメリカン・インディアンの地理的分布と歴史的系譜の相関性を概観してみせた。

インディアンの生活を調べてみると、他の部族からの影響も受けるが、むしろ決定的なのは白人からの文化伝播である。白人からの銃の入手はインディアンの狩猟の仕方をはじめ、生活全般を一変させた。文化伝播といった場合、古代エジプト文化とオセアニア文化との系譜関係といった問題より、研究者自身が属する西欧文化が未開社会に与えるインパクトの方がずっと大きく、決定的である。

また文化伝播はすでに終わった歴史的事象ではなく、現在進行中の出来事である。現在進行中の西欧と非西欧との文化接触の問題に関心が移るにつれ、「伝播」は「文化変容」という言葉に取って代わられるようになる。その画期となるのがR・レッドフィールド、R・リントン、M・J・ハースコヴィッツらが一九三六年に著した『文化変容研究指針』である。そこで「文化変容とは、異なる文化を持った個人の集団が持続的かつ直接的に接触して、一方または双方の文化の型に変化を引き起こした時にみられる現象」と定義されている。

文化変容論で前提にされているのは、異文化間の大規模な交流と衝突という事態である。こうした事態が起こった場合、異なった文化が完全に同化し合いひとつの文化になる蓋然性が低いように、お互いに完全にインディファレントなままで対峙し合い、昔からの自己同一性を保存し合うというケースもまれだとみなされている。最も蓋然性が高いと想定されているのは、その要素をお互いに借用し合いながら、全体として大きく変動し再編成される、というケースである。文化変容論では、文化は最大限にまで変更可能性なものとみなされている。

進化論批判のもうひとつの形態

伝播主義と文化変容論は、細かくいえばそれなりの相違はあるが、(4)文化変容を表すacculturationのもともとの意味は「文化の借用」にあったということからも窺えるように、別個の主義主張とみなすことはできない。両者には「文化はいかにして変化するか」という視点からする進化論批判、という共通のモティーフが認められる。

一九世紀の進化論は生物の進化を説明するための理論であった。説明変数を、遺伝と環境という二つの部類に分けた場合、進化論は進化を説明するのにその両方を用いる。「適者」が生まれるかどうかは突然変異という「遺伝」にかかわる変数によって説明され、また「適者」が勝ち残るかどうかを説明するのが自然淘汰という「環境」にかかわる変数である。適者生存といった場合、適不適を判断する基準はたしかに環境にあるが、適者がこの世に誕生するのは遺伝のなせる業である。選抜に先立ち、選抜される個体が存在していなくてはならない。

ヴェーバーと文化変容論

伝播主義でも文化変容論でも、文化変容の動因は「環境」――異文化との接触に求められる。それに対してヴェーバーは文化変容の動因を「遺伝」――自文化によって涵養された生活態度に求める。ヴェーバーも伝播主義（あるいは文化変容論）も進化論のはらむ曖昧な二元性を批判的に克服し、首尾一貫した理論体系を作り上げる。しかし一元化する際に用いられる変数はまったく対極的なものであった。しかしある種の共通性も認められる。それは、物事の変化を説明するために進化論が用いた生物学的アナロジーからの離脱である。社会も文化も生物一般に還元しえない人間固有の営みの産物である。それゆえその変動・変化を説明するには、人間に固有な事象が用いられてしかるべきである。その限りで遺伝や環境といった比喩は不適切である。

その代わりとして、ヴェーバーと伝播主義が持ち出したのが「文化」であった。ヴェーバーが社会変動にとって決定的とみなしたのが、「自」文化の（固有法則性に則した）発展に基づく生活態度の作り替えであるとすれば、伝播主義の重視したのが「異」文化からの借用に基づく「自」文化の作り替えであった。文化を作り替えるのは遺伝や環境ではない。それは人間の主体的選択による。文化の借用は反射や模倣の産物ではない。借用という行為には、常にそれを必要と判断し、自覚的に選択する「主体」が前提とされている。ヴェーバーを〈文化－内発主義〉と呼ぶなら、伝播主義は〈文化－相互作用主義〉と規定できるだろう。

ヴェーバーにも伝播主義にもある種の「文化主義」、あるいは「主意主義」が認められるとすれば、それはたぶん、世紀末から二〇世紀初頭にかけてという活動期間の同一性に由来するだろう。文化や意志はこの時代のキーワードをなすものであったからである。(5)

5　内発主義と伝播主義の収斂

内発主義vs相互作用主義　世紀の転換期にみられた進化論批判の二つのヴァージョンは、社会学と民族学（文化人類学）のなかでそれぞれ受け継がれ、洗練を重ねていった。進化論というのは、西欧近代に適合的な思考様式らしく、批判をいくら受けても不死鳥のごとくよみがえりをみせる。社会変動研究において進化論的思考が余りに強くなり過ぎ、一面的になった場合、社会学者がその行き過ぎをチェックするために持ち出すのが〈文化－内発主義〉であるとすれば、文化変化の研究における進化論的思考の行き過ぎをチェックするために文化人類学者が依拠するのが〈文化－相互作用主義〉である。

文化と主体主義

社会変動の理論は、進化論と〈文化－内発主義〉の間を行ったり来たりしながら展開されてきた。このことは近代化論の歴史をふり返ってみれば明らかであろう(6)。

近代化論は西欧近代の経験を普遍化するなかで構築されたものだけに、例えばロストウの経済成長の「離陸」説にみられるように、発展途上諸国の過去と現在を先進諸国がかつて経過したひとつの段階とみなす内在的傾向がある。こうした単線的な進化論的偏向に対し、社会学者たちは〈文化－内発主義〉の視点に立ち、それぞれの社会の価値体系の固有性に注目し、近代化の初期条件・発展経路・帰結の多様性を強調してきた(例えばベンディクス、ベラー、アイゼンシュタット等)。また一人の学者の理論発展をみても、例えばパーソンズのように二つの極を往反して、理論的営為をおこなう傾向があった。彼は、一方ではパターン変数図式を用いて近代化の多元性を明らかにしつつ、他方では「適応能力上昇」に止目して近代化の単一性を強調した(他にレヴィなどにも同じ傾向がみられる)。

〈文化－内発主義〉は、ヴェーバーに典型的にみられるように、社会発展を一人ひとりの人間の自発性に根拠付け、それぞれの社会の発展に対する自決性の契機を強調し、西欧中心主義的な価値観・研究スタイルに対する抵抗のよりどころを提供する。それゆえ、有能な社会学者たちを惹きつけるに足る魅力的な立場であった。

社会学と伝播主義

それに対して、外部社会からの影響力を重視する伝播主義のような考え方は、社会学者の間では不人気であった。この点は民族学・文化人類学の場合と大きく異なる。文化の「借用」とは外国を手本に「模倣」することである。模倣は、猿のような動物にでもできる、批判性の乏しい没主体的な行為である。模倣はいくら積み重ねてもオリジナルの域に達することはない。借用によってできあがった文化は、自力で創造された文化に比べ、鹿鳴館の欧化主義にみられるように、表面的で浅薄で俗悪であるのが普通である。とはいえ異文化との接触により新しい文化が創発する可能性をまったく否定し去ることもできない。借用によって作り上げられた新しい文化は、系統の異なった要素をモザイク的につなぎ合わせたもので、「折衷主義」（シンクレティズム）の枠を出ることはない。折衷主義の文化は、自文化の批判的克服のなかから作り出されたピュアーな文化に比べると品格が劣ることは免れえない。

内発に由来する純粋性を愛し、外発に由来する折衷性をおとしめる価値観は長い歴史を持つが、近年の現実の動きを見る時、こうした価値の優先順序を無批判に継承し続けることはできないように思われる。というのも地球規模での文化の相互交流が盛んになり、異文化の影響を受けない「純粋」文化の存在など考えられなくなってきたからである。外国での出来事はリアルタイムで流入してくる。かつてなら外部からの情報は、社会の持つ文化障壁に阻まれ撃退されるか、選択的に受容されるかのいずれかであり、外部からの情報がダイレクトに社会の中枢に作用することは考えられなかった。外圧は、当該社会に固有の矛盾を激化させるという中間段階を介して、初めて内部化された。外部からの情報が、社会の中枢に直接働きかけ、既成の体制を崩壊させるという事態は、「謀略」でもない限り考えられないことであった。しかし近年に至ると、社会間の内部と外部の方が、社会内の中心と周辺よりも、情報上の距離が近くなる、という逆転現象もみられるようになった。社会変動の引き金も、内部矛盾の爆発よりも、外国の出来事の認知によって与えられることが多くなった。社会変動のメカニズムそのものが変わりつつある、という感じを否めない。新しい文化の創造も、自文化の固有法則性に由来するタイプよりは、異文化との遭遇に伴う飛躍によってもたらされるものの方が多くなった。折衷主義を介さない文化変化はもはや考えられない時代が来たのである。

収斂の二つの典型例

こうした現実の変化に応じて〈文化‐内発主義〉の限界もあらわになる。社会や文化の直接接触・相互作用・相互変容に由来する新しいタイプの社会変動を扱うために、伝播主義を典型とするような〈文化‐相互作用主義〉（インタラクショニズム）の考え方を取り入れる必要があるだろう。内発主義と伝播主義の結合が、社会変動理論の新しい課題として浮かび上がってくる。進化論をはさんで、対極に位置して相互に無関係なものとして展開されてきた内発主義と伝播主義は、現実の変化に促されるように、近年、収斂する傾向をみせ始めた。収斂を示すパイオニア的な仕事として、社会学では富永健一『日本の近代化と社会変動』（1990）、文化人類学ではベネディクト・アンダーソン『想像の共同体』（1983）を挙げることができるだろう。

富永の比較近代化論

富永健一によれば、従来の近代化論の最大の欠陥は「西洋諸社会と非西洋諸社会とでは、近代化の途上において直面する問題の性質が異なるという点への、適切な配慮を欠いていた」ところに求められる（富永 1990：104）。日本の近代化が「非西洋」の社会を舞台に、しかも西洋より遅れておこなわれた「後発的」な近代化である点がはっきりと認められ、議論の正面に据えられる。日本の体験は、西洋からみれば逸脱したところもあるが、非西洋・後発諸国の近代化という視点に立てば典型的事例を提供する。日本の体験の理論的整序は、今後続々とみられるであろう非西欧・後発タイプの近代化に対して範例を与えるものと期待される。それはちょうど、西欧の近代化理論に対する「ヨーロッパの北西コーナー」の関係と同じである。こう問題を設定し直した上で、日本の近代化は「西洋近代からの文化伝播に始まる自国の伝統文化のつくりかえの過程」として定義される。日本の近代化は、非西洋諸国の近代化の一事例に明確に位置付けられる。この定義には、その簡明な定式化のなかで、日本の「特殊性」を近代化という「普遍性」へと開いていこうとする理論的思考が凝集されている。

文化と文明

近代化論という進化主義と内発主義の牙城に、伝播主義の枠組みが明確に組み込まれている。内発主義と伝播主義とはどのような形で収斂させられているのだろうか？　全体社会は、経済／政治／社会－文化、の三つの領域にまず分割され、その領域ごとに西洋近代からの文化伝播によって創始される伝統文化の作り替えの過程が詳細に追究されている。その結果得られたのは、非西洋・後発社会の近代化は、経済領域では「最も起こりやすく、したがって最も早く起こり」、政治領域では「それより起こりにくく、したがってより遅く起こり」、社会－文化領域では「最も起こりにくく、したがって最も起こるのが遅い」という命題である（富永 1990：65）。議論の焦点とされているのは、近代化における不均等発展の問題であり、不均等性を解明する基軸をなしているのは文明／文化の対照性である。

A・ヴェーバーによれば(7)、「文明過程」は二つの社会の間で移植し合うことが可能であるが、「文化運動」はそれが不可能である。そして社会にとって本質的なのは文化運動の方である、というのも文化運動のみが真に創造的なものだからである。富永健一は、文明より文化を優れたものとみなすA・ヴェーバー流の価値観に対し批判的で、文化の転移は困難にしろ十分可能である点を認め、「文化社会学」的思考に否定的なのは確かだが、しかし伝播の扱い方の基本はきわめて類似している。文明と文化との対比は伝播主義の真髄をよく伝えるものだろうか。(8)

伝播される対象が文化なら、伝播の行き着く先もまた文化である。文化と文化の関係性のひとつの表れが伝播である。伝播主義では議論は徹頭徹尾「文化」をめぐって展開される（それゆえ「文化」伝播主義とも呼ばれる）。文化の転移が文明に比してきわめて困難である、と仮定することは、伝播の問題を「文化変容」の問題へと展開する道を閉ざすことに等しい。学説史的にいえば、伝播をドイツ－オーストリアでみられた「文化史的」民族学の圏域でのみ捉え、アメリカ合衆国における文化変容論への展開を無視することに等しい。グローバリゼーションが進行しつつある現代において問題なのは、異なった文化の出会いによって新しい文化が創造される局面であろう。二〇世紀の最後の四半期には「文明過程」ばかりでなく「文化運動」ですら移植可能になったのであり、文化のグローバリゼーションこそ究明されるべき新しい問題群といえよう。(9)本章では、文化人類学における伝播主義の展開過程は、文化変容論をも射程に収めるために、〈文化－相互作用主義〉と新しく名付けられている。

キー概念としての「学　習」

進化論および〈文化－内発主義〉の下で育った社会学者にとって「伝播」という概念は、先行業績が少ないこともあって、きわめて扱いにくい。もっと内発主義的思考になじみやすい概念に言い換えておくのが得策である。富永の文化伝播の説明は次のような一文から始まっている。それは西洋文化の「優れている点を選択的に学びとり、その学びとったものを自分たちの伝統文化と掛け合わせてこれをつくりかえるとともに、両者のあいだに生じたコンフリクトを処理していくという、創造的な行為である」（富永 1990：38）（傍点、厚東）。「伝播」は「学習」の成果である。「学習」といった場合、自国の文化遺産の学習も指すが、時間やエネルギーの面からいえば、外国の文化の学習の方がずっと大変である。外国の文化を十分に理解し完全に体得した場合、学習した成果はもはや「他者」の文化でも、かっての「自分」の文化に属するものでもない。それは、学習者を地平にして構築された第三の新しい文化である。「学び」の喜びと苦しさは異なった文化の相互作用に由来する。

学習と文化インタラクション

文化が伝播するかどうかを〈内発主義〉の立場から言い換えれば、それは社会システムの学習能力に依存する(10)。「学習」とは認知心理学の見方に立てば、生活体内部の認知構造の経験による変容と定義されるので、〈社会の学習能力〉とは〈社会の文化体系の経験による変容可能性〉と定義できるだろう。異質で新しい状況に直面した場合、文化が新しい経験を排除し自己の一体性を守る方向に動くか、あるいは、新しい経験を包摂する方向に自己変容していくかが社会の学習水準を規定する分かれ道である。伝播が盛んにおこなわれる社会とは、経験に対する感受性が鋭敏な文化を持った社会といえるだろう。

〈文化－内発主義〉の立場に立てば、首尾一貫しよく整合した文化を持つ社会ほど文化水準は高いといえるが、〈文化－相互作用主義〉の立場に立てば、文化水準の高い社会とは高度な学習能力を持った社会のことで、社会の学習水準は文化変更が当該文化システムによってどの程度正当化されているかによって規定されるだろう。ルーマン的な言い回しをすれば、それは「文化システムのオートポイエーシス（自己組織性）」の程度ということになる。文化のオートポイエーシス性は、一方では、知の専門家のあり方を含めて文化そのものの特性に依存するとともに、それと同時に、他方では文化の再生産の仕方を示すもので、文化がどのような形で経済や政治と関係付けられているかという、社会全体の特性にも依存する。

社会の学習能力は個人の学習能力を単純に足し合わせたものではない。いくら学習能力の高い個人がいても、その個体に社会のキーパーソンとして活躍できる地位が与えられていなければ、社会の学習能力は高まらない。また一方にきわめて高い学習能力、他方にきわめて低い学習能力が対峙し合っている社会よりも、ある程度の学習能力を持った個体がたくさんいる社会の方が、社会のシステムとしての学習能力は高まると期待される。社会の学習能力は、個人の学習能力の社会的配置と社会的分布によって決まるだろう。

B・アンダーソン

アンダーソンの『想像の共同体』は「ナショナリズムの起源と流行」という副題を持つが、この副題に〈文化‐内発主義〉と〈文化‐相互作用主義〉とを統合しようとする野心が過不足なく表現されている。アンダーソンは「ネーション（国民）」を「印刷メディアの生み出す言語によって想像された共同体」という視点から、その起源と伝播（spread）の過程を追究する。国民のこうした定義の鍵をなすのは「想像力」と「メディア」という二つの概念である。

メディアと想像力

集団はある程度の規模になると、直接に面識のない人々をメンバーとして含み込む。見も知らない人々との間に一体性が想像されて初めて、人々の集まりは「集団」として存立する。その意味で集団は「想像されたもの」といった側面を持つ。「親族」も「教会

（宗教共同体）」も「王国」も「想像された共同体」である。さまざまな「想像された共同体」の間に区別をもたらすものはいったい何か。それが「メディア」である。想像力は徒手空拳で活性化されることはない。常にコミュニケーション・メディアを媒体にして発動される。キリスト教世界のような宗教共同体が「主として聖なる言語と書かれた文字を媒体とすることによって想像可能になった」（Anderson 1983：20＝1987：28）とすれば、「国民」は「印刷メディア」を媒体に想像可能になった共同体である。

人々の「想像力」が「文化運動」の内奥を形作るものとすれば、想像力の形態を規定するコミュニケーション・メディアは「文明過程」の中核に位置するテクノロジーの一種である。「国民」という「想像された共同体」は、「想像されたもの」である限りにおいて「文化」である、と同時にコミュニケーション・メディアに依拠する限りにおいて「文明」でもある。つまりネーション、ナショナリズムは最初から、文明／文化という分類軸をまたぐ存在として措定されている。

内発と外発

『想像の共同体』の冒頭で、一六世紀から一八世紀にかけてのヨーロッパを舞台に「ネーション」の発生史がたどられる。「資本主義という生産システム、印刷・出版というコミュニケーション・テクノロジー、そして人間の言語的多様性という宿命のあいだの、半ば偶然の、しかし爆発的な相互作用」の産物として、その起源が内発主義の視点から確定される（46＝79）。ナショナリティ、ナショナリズムはヨーロッパでは「個々別々の歴史的諸力が複雑に交差するなかで、一八世紀末に至っておのずと蒸留され作り出された」もので、その限りで、ヨーロッパ固有の自生的産物である（14＝14）。ナショナリズムを内発的に導出させたあと、アンダーソンは視点を一転させる。それ以後の歴史は内在的発展としてではなく、一種の借用と模倣の過程として描き出される。というのはナショナリズムは「ひとたび出現すると、それは模倣されるべき公式のモデルとなり、さらには便宜的にマキアヴェリ的精神で意識的に利用された」からである（48＝82）。

キー概念としてのモジュール　ナショナリズムは、「しかしひとたび作り出されると『モジュール』となって、多かれ少なかれ自覚的に、きわめて多様な社会的土壌に移植できるようになり、こうして、これまたきわめて多様な政治的・イデオロギー的パターンと合体されていった」（14＝14）。ナショナリズムと他のイデオロギー体系との大きな違いは、それがきわめて高い伝播可能性を持ったという点に求められる。

ナショナリズムがどのようにして伝播され、そのなかでどのような変質を蒙ったかの確定を通して、その歴史的過程全体が鳥瞰される。一八世紀後半から一九世紀初頭にかけての新興アメリカ諸国、一九世紀ヨーロッパとその隣接周辺地域、一九世紀後半から二〇世紀前半にかけての帝国主義下のロシア・インド・日本・タイなど、最後に第二次世界大戦後のアジア・アフリカの旧植民地諸国が、時間的順序に従いつつ、類型学的な事例として究明され、クレオール・ナショナリズム、俗語ナショナリズム（民衆ナショナリズム）、公定ナショナリズム、植民地ナショナリズムといった形で、ナショナリズムの流れと形態がすっきりと整理される。問題はこうしたさまざまなナショナリズム間の関係である。「民衆ナショナリズムがアメリカとフランスの歴史をモデルとしたとすれば、公定ナショナリズムにとっては民衆ナショナリズムがモジュールとなった」（82＝151）。植民地ナショナリズムは、「無数の始まったばかりの夢に形を与える」ために、クレオール・ナショナリズム、俗語ナショナリズム、公定ナショナリズムを、さまざまな組み合わせでコピーし、翻案し、改良を加えた結果の産物である（128＝228）。

ヨーロッパの自生モデルが、社会的・文化的に大きく異なる文脈のなかへ伝播され、それぞれの伝統文化との相互作用の結果生ずるオリジナル・モデルの変遷として、ナショナリズムの本質は描き出されている。

ナショナリズムの伝播可能性を説明するためにアンダーソンが持ち出すのが「モジュール」という独特の概念である。民衆ナショナリズムは、「南北アメリカ人とヨーロッパ人が生きた複雑な歴史的経験がいまではどこでも『モジュール』として想像できるようになった」(104＝195)。ゆえに、全世界で流行することが可能になった。あるものが「モジュール」と呼ばれるために必要な要件が十分厳密に定義されているとはいえないが、ナショナリズムが「モジュール」として伝播可能な理由ははっきりしている。それは「ナショナリズムを発明したのが出版語だからである」(122＝219)。印刷技術が輸入され、新聞や小説といった印刷物が出版されると、ネーションは想像可能となる。新聞や小説を出版するにはまず言葉を作り出さなければならない（出版語の形成）。文字による表現技術に通じた知識人が存在しなくてはならない（政治や社会制度の民主化）。大衆の識字率を高める必要がある（学校制度の形成）等々。印刷物を出版するというだけでも、それを可能にするには、技術以外の社会的・経済的・政治的・文化的条件の整備が必要である。それらをすべて借用によって作り出すことはできないかもしれない。しかしメディアによって人々の想像力のあり方を変えることができ、ナショナリズムが何よりもまずメディアによって作り出された想像の産物であるとすれば、それを伝播によって我が物とすることは容易である。というのもコミュニケーション・メディアそのものは「文明」に属すものだから。

収斂を支えた理論的装置　『日本の近代化と社会変動』からは「学習」を、『想像の共同体』からは「モジュール」を、〈文化‐内発主義〉と〈文化‐相互作用主義〉とを収斂させるためのキーワードとして抽出してきた。「学習」が伝播の「主体的」条件を規定する要因とすれば、「モジュール」は伝播の「客体的」条件を特定化する特性だろう。両者はワンセットとなって、「文化運動」と「文明過程」とが相互作用し合うありさまを、分析的に明らかにしてくれるであろう。

6　グローバリゼーションとヴェーバーのアジア社会論

インドの資本主義化の可能性　ヴェーバーは『ヒンドゥー教と仏教』の冒頭で次のような問題設定をしている。〈文化‐内発主義〉と〈文化‐相互作用主義〉とを収斂させることが必要である、という問題意識に立って、再びヴェーバーのアジア社会認識に立ち戻ることにしよう。

近代資本主義は、インド人の内部では英領以前にも、英領支配の一世紀にも成立せず、初めから輸入物であった。それは土着との接触点を見いだすことなく、人工物として受け継がれている。そこで、今や次のことが研究されねばならない。すなわち、インドの宗教は――確かに多数のその他の要因と並ぶ一つの要因として――（西欧的意味での）資本主義的発展のこの欠如に対してどのような仕方で関連づけられるのか、と（Weber 1921：4＝1983：2）

インドにおける資本主義の欠如が述べられているが、今後もこのような状態が続くかどうかは、インド人の生活態度が変わるかどうかに依存している。もしも西欧文明と遭遇して何の影響も受けることがなければ、あるいは生活態度の変容がこれまで踏み固められてきた固有法則性の軌道をはずれるものでない限り、インドにおいて近代資本主義が起こることはありえない。今後のインドの動向に関する言明は、生活態度が変わらない（変わったとしても従来の延長上に過ぎない）、という制約条件の下での予測に過ぎない点は忘れられるべきではない。

しかしこの制約条件はきわめてきつい仮定である。一〇〇年単位で考えれば、何らかの影響を蒙り、それなりの変容を遂げると想定した方がリアリスティックであろう。それゆえ、インドの将来についての立言は、ヴェーバーが注意深く選び出した変数によって整合的に組み立てられた社会モデルを内生的に変化させてみて、導出された予測といえよう。その予測に用いられているのはあくまでも内生変数だけで、外部からの影響はないと仮定されている。いわばそれは、真空のなかでニュートン力学の法則を証し立てるようなもので、現実の落下運動は摩擦の影響を受け計算通りの結果にならない。アジア社会には資本主義は欠如している、という命題は、将来に関する限り、それは現実の先取りを目指すというよりは、思考実験の帰結を示すもの、と受け取られてしかるべきである。

資本主義の精神から資本主義へ

非西洋の後発的に近代化された諸国にとって重要なのは、もはや資本主義が自生的に発展するかどうかではない。グローバリゼーションの進展とともに、こうした可能性はもはやゼロであろう。したがって問題になるのは「インドでは土着との接触点を見出すことがなかった」という一節だろう。ある社会では、輸入された資本主義は土着との接触点を見出し、それなりの発展を遂げた。それに対してほかの社会では、「人工物」としての資本主義は新しい場所に根を張り、生命を吹き込まれることなく立ち腐れてしまう。一方では有機体のように成長し、他方では人工物として瓦解する、この分岐点を規定する要因はいったい何なのか。これこそが現代におけるヴェーバー流の問題設定といえるだろう。

こうした問題を解くのに「資本主義の精神」に類似したエートスを「非西洋後発諸国」の文化的伝統のなかに探るというアプローチは、それほど有効性を発揮しないだろう。というのは輸入された資本主義を運転するのにふさわしい精神は、資本主義を作り出した精神と同じとは限らず、また違ったとしても何の不思議もないからである。伝播された資本主義に命を吹き込む主体的態度が「学習」であり、オリジナルな資本主義を輸入し易いように分節化して組み立て直す作業が「モジュール化」である。資本主義をどうモジュール化するかはひとつの発明、創意工夫の問題である。モジュール化に成功した国がよき輸出元あるいは輸入先となる。資本主義の輸出入に成功した国は、世界システムのなかで有利な地歩を占めることができるようになる。

「学習」と「モジュール」をキーワードにすれば、資本主義の輸入可能の問題——広く異文化のなかで生まれた制度やシステムの移植可能性の問題について、従来よりももっとうまく分析できるのではないかというのが、富永健一とアンダーソンの仕事を検討することのなかから、私が学び取ったことである。

注

（1）ヴェーバーの日本に関する言明を丹念に集め検討したものとして，野崎（1993，1994）が参考になる。

（2）村上淳一は「法」という特定の分野についてだが，西欧と日本の関係について次のように述べている。「しかし，日本において伝統的な法観念がヨーロッパ近代法の継受により一挙に清算されたわけではなく，今日に至るまでわが国の法文化に際立った特徴を与えているのと同様に，ヨーロッパ近代法も長い歴史的発展の上に形成されたものであって，ヨーロッパ諸国はそれぞれの法的伝統に基礎を有する独自の法文化を有しているのである」（村上 1979）。伝統と近代の相克，それに伴う不均等発展の問題はヨーロッパ諸国にも存在したことが指摘されている。日本が近代化の過程で直面した問題が，ヨーロッパ社会において類似した形で見出されている。

（3）伝播主義，文化変容論については以下のものを参照。ペテロ（1984），大林（1960），吉田（1960）。Frobenius, L.（1897），Graebner, F.（1911），Wissler, C.（1917），Redfield, R. Linton, R. & Herskovits, M. J.（1936），Malinowski, B.（1945）。

（4）例えば，間接接触／直接接触，小規模／大規模，エレメント／システム，文化変容の最初の局面／全局面，等々を手掛かりに，伝播主義と文化変容論を分ける考え方もある。ハースコヴィッツは文化変化の動因を内的／外的に二分し，伝播主義と文化変容論を外的要因による説明として一括している。内的要因として重要視されるのが発明や発見である。内的ということで念頭に浮かべられているのは明らかに進化論である。文化変化研究が進化論と伝播主義の間を往反するなかで展開されていたことが窺えよう。

（5）この時代の社会思想の全体的動向を検討したものとして，Hughes, H. S.（1958＝1970）。Parsons, T.

(1966＝1971) が依然として重要である。

(6) 近代化論の新しい展開については次の論文が参考になる。園田 (1993)。富永 (1990)。

(7) Weber, A. (1921＝1957) を参照のこと。

(8) 文明と文化の二分法に囚われ過ぎているという批判は私自身にも当てはまる。厚東・今田 (1992) 参照。伝播主義の思考法を社会学にどうもうまく取り入れることができない、という自己の体験を反芻しているうちに、社会学的思考のバイアスに気付かされた。本章での議論は自己批判の産物である。

(9) 文化の伝播と折衷主義の同一視を打ち破るものとして、宗教の布教の分野で打ち出されている「In-culturation」(「文化への受肉」) の議論は実に興味深い。このテーマに関する一連の業績を翻訳紹介した岩本潤一は、こうした議論の背景について次のように述べている。それはキリスト教を媒介にして、先進ヨーロッパと後進ヨーロッパ世界との間にひとつの思想的・文化的ヒエラルヒーをしくことを副産物として生み出してしまう、これまでの布教のあり方を「根底から見直そうとする思想的改心を表現しようとしたものである」。そのためには「文化間の対話は、たんなる概念、思考上の問題ではなく、むしろ人間の想像力の問題」として捉えられねばならない (五六頁)。「『文化への受肉』の概念をめぐって」『現代の典礼』一九九一年。文化伝播を「折衷主義」を超える深い層で捉えるには、「想像力」という視角が必須不可欠となる。

(10) 学習概念の社会分析への転用に関しては、ハーバーマスやルーマンの議論が参考になる。本章でも一部彼らの仕事の成果が利用されているが、参照文献の提示等、立ち入った議論については稿をあらためることにしたい。

第6章　官僚制の類型学

——東欧革命とヨーロッパ統合の狭間——

一九八九年に起こった東欧革命、それに続くソ連の崩壊、それとは対照的なEC、EUにみられるヨーロッパ統合の急速な展開という出来事がヴェーバーに与えた理論的インパクトが追究される。ヴェーバーの官僚制論に議論の焦点を絞り込み、その理論的再構成が企てられる。家産官僚制と対比される近代的な／合理的な官僚制には、実は四つの類型を弁別しうることが示されている。ここで提示されている近代官僚制の類型学に従えば、ソ連は「官職‐官僚制」の典型であり、それに対してユーロクラットは「プロフェッション‐官僚制」に属し、両者は対極的な位置にある。「官職‐官僚制」は、グローバリゼーションの動きに柔軟に対処することができず、自己崩壊の道をたどった。それに対し「プロフェッション‐官僚制」は、グローバリゼーションの動きに国民国家から地域統合への推進によって対応し、グローバリゼーションの時代を生き抜くことに成功しつつある。「プロフェッション‐官僚制」は、ヴェーバーが展開した合理主義の類型学に従えば、西欧で生まれた合理性をよりよく体現する。合理性の程度とグローバリゼーションへの対応力とは相関し、グローバリゼーションは合理化の新しい局面と理解される。

全体の見通し

本章の目的は、ヴェーバーの業績を用いて近代官僚制の類型学を展開することにあるが、その際、官僚制の一枚岩的イメージを打破するために、近代官僚制のはらむ多様性と変異可能性が強調されている。議論は以下の九つの主張よりなる。①官僚制は妥当根拠と組織の二つの視角から規定できる。合法支配と単一支配という二つの特性の重なりとして近代官僚制は定義される。②合法支配は、法重視↕規律重視という二極よりなる。③単一支配は、集権的↕ディスクレッショ ン的という二極よりなる。④合法支配と単一支配の二軸を組み合わせると近代官僚制に関する四類型が構成される。⑤法重視＋集権的よりなるタイプ→官職－官僚制（例：大陸型）。⑥規律重視＋ディスクレート的よりなるタイプ→プロフェッション－官僚制（例：アングロサクソン型）。⑦規律重視＋集権的よりなるタイプ→天職－官僚制（例：人民投票指導者民主制）。⑧法重視＋ディスクレート的よりなるタイプ→権限－官僚制（例：日本型）。⑨近代官僚制の典型は〈官職－官僚制〉ではなく〈プロフェッション－官僚制〉に求めるべき。〈プロフェッション－官僚制〉が「技術的・形式的に最も合理的な支配装置」だからである。そう考えた方が、ヴェーバーの社会主義批判および近代イメージにより整合的になるし、また社会主義諸国での官僚制批判の理由付けにもよく合致するようになる。

1　社会主義の崩壊とヴェーバー官僚制論

東欧革命のインパクト

一九八九年を頂点に劇的に展開された東欧諸国やソ連における社会主義の崩壊は、社会科学の通念の見直しを必要にした。ヴェーバーの官僚制論も例外ではない。(1)「社会主義は専門官僚制の意義を途方もなく高めるだけである」（Weber 1972：128＝1970：27）。東欧革命は、一面ではヴェーバーの「社会主義＝過剰に官僚制化された社会」テーゼを疑問の余地なく確証した。しかし他面、「官僚制＝形式的・技術的に最も合理的な支配形態」テーゼに疑問を抱かせるものでもあった。ヴェーバーによれば、「官僚制的組織が進出する決定的な理由は、昔から、他のあらゆる形に比べて、それが純技術的にみて優秀であるという点にあった」。「かくて、行政の官僚制化がひとたび完全に貫徹されると、支配関係の事実上不壊に近い形態が作り出されることになる」(Weber 1972：570＝1960：15)。東欧革命は、官僚制は決して「不壊」のものではなく、驚くほど短期間に機能不全に陥り、破壊されることを明らかにした。官僚制はなぜそうやすやすと瓦解したのだろうか？

まず思いつくのは、社会主義諸国の官僚制は純技術的に最高度に完成しなかった、という理由であろう。ではソ連や東欧の統治機構は近代官僚制でないとすれば、一体それは何だったのか。「近代的」でないとすれば「家産的」官僚制か？　社会主義はいったい誰の「家産」なのか。社会主義の官僚制の位置付けを探っているうちに、ヴェーバーの官僚制論は有名な割りには簡略であることにあらためて気付かされる。官僚制は、支配の三類型のひとつである合法支配の典型として議論されているが、『支配の社会学』の中では伝統支配（あるいはまたカリスマ支配）のわずか四割弱の分量しかない。合法支配（官僚制）の記述だけ甚しく少ないのである。このことは、考えてみれば当然だろう。官僚制化は二〇世紀全体を通して満面開花に至るので、ヴェーバーの生きた時代は、近代官僚制の構造や機能や帰結を十分に見通すには時期尚早であったといわざるをえないからである。官僚制という「リヴァイアサン」は、目の当たりにされているのではなく、モデルの作動・展開により、「予見」されているのである。

近代官僚制の類型学へ

伝統支配でもカリスマ支配でも、ヴェーバーはさまざまな下位分類を用意して、その変質過程を跡付けている。下位分類の間を動き回るなかで、支配の三類型は相互に移行し合う。支配のひとつの類型に関する記述は、必ず他の類型へ転換する可能性の論証を含み、読み手はきわめてダイナミックな感じに打たれる。合法支配の場合、官僚制の比重が大き過ぎ、他の支配類型への移行はほとんど不可能で、ただひたすら官僚制化の道を突き進む以外に術はない。合法支配論にダイナミックな記述を装塡するには、ヴェーバーの手法を踏襲して、合法支配に関する下位分類を用意しておく必要があるだろう。近代（合理的）官僚制の一枚岩的イメージを壊し、官僚制の類型学を展開するのである。その類型学は、何よりもまず、先進資本主義諸国の官僚制の相違を適切に位置付けることができなくてはいけない。近代官僚制は決して等質のものではなく、イギリスやアメリカ（アングロサクソン諸国）、ドイツやフランス（大陸諸国）、日本等の間にはかなりの違いがある。そうした違いを感度よくキャッチできないと、議論は本質論に終始することになる。官僚制のヴェリエーションが明らかにされれば、それとの対比の下で、社会主義の官僚制の特質も浮き彫りにできると思われる。

「技術的に最も合理的」の意味

「官僚制＝技術的に最も合理的な支配形態」というテーゼは、社会主義の崩壊ばかりでなく、資本主義諸国におけるデ・レグレーションの動きなどをみていると、ひとつの「神話」に過ぎなかったのではないか、という気がしてくる。たしかにヴェーバーは官僚制の「神話」を形作る上で重要な役割を演じた。しかし、その限界について決して無自覚だったとも思えない。それは彼の社会主義「批判」から十分に窺えよう。

国家官僚制と私的官僚制

官僚制化は近代の逃れがたい運命としても、資本主義と社会主義とではその実現の度合いは異なる。資本主義の場合、企業の官僚制化は進むが、企業と企業の間には「市場」が存在している。この市場を官僚制に取って替えると社会主義経済が成立する。資本主義経済では、私的官僚制は国家官僚制に対峙しつつ併存し、それに対し社会主義では国家官僚制によって一元化されている。「技術的・形式的合理性」の観点から二つの経済体制を比較した場合、合理化の程度が高いのは社会主義の方である。というのも、資本主義には「生産の無政府性」が残されているからである。ヴェーバーは「にもかかわらず」経済体制としては資本主義を選んだ。その理由としては、官僚制化に抗して人間の自由を守るという彼の価値意識に由来するものが有名であるが、じつはもうひとつ、「技術的」理由が挙げられている。資本主義（流通経済）は、社会主義（計画経済）より「形式合理性」の点で優れている（『経済と社会』第一部第二章参照）。社会主義では貨幣も価格もなくなるので「実物」計算しかおこなえず、「合理的な」経済計算という点で資本主義に遅れをとる、等々、経済システムは技術的な観点から比較され、資本主義に軍配は上げられる。「経済」という領域では、すべてを官僚制によって一元化するよりは、「市場」を残し、私的／国家という二つの官僚制を対峙させておく方が、「技術的・形式的」合理性を高い水準で保つことができる。つまり経済運営のすべての局面に関して、官僚制は技術的に最も優れているとはいえない、というのがヴェーバーの結論ということになる。

技術とは本来限られた目的に役立つ手段である。技術的優秀性とは目的を限定して初めて語ることのできる特性で、あらゆる目的の達成に有効な技術など存在しない。官僚制＝技術的・形式的に最も合理的な装置という規定は、官僚制がオールマイティーであることを決して意味しない。国家官僚制といっても、私的官僚制と併存して活動している場合と、それを併呑している場合とでは、現実の作動様式には相違がある、ということがヴェーバーの議論の前提になっている。いったいどこがどう異なるのか。こうした微妙な問題に答えるには、近代（合理的）官僚制の内部での類型的な相違が重要となるだろう。合法支配と官僚制のはらむ多様性と変容可能性を強調する観点に立ち、ヴェーバーの官僚制論を再構成する、これが本章の課題である。

2　合法支配と単一支配の間

近代的・家産制的・教権制的の視角

ヴェーバーは支配現象に対して、二つの視角から接近する。ひとつは「正当性」の視角（被支配者の服従がいかなる究極原理に従って要求されるのかを問題にする）、もうひとつが「組織」の視角（支配者とスタッフの間で命令・強制権力がどのような仕方で配分されているかを問題にする）である。官僚制の支配構造もまた、二つの視角から規定できる。

近代官僚制

官僚制とは正当性の平面では「合法支配」、組織の平面では「単一支配制」と規定することができ、〈合法支配＋単一支配〉が近代官僚制ということになる（図6-1参照）。合法支配とは、制定規則に基づいて支配者の権限が確定され、支配権が制定規則に従って行使されているような支配形態のことで、その固有性は伝統支配およびカリスマ支配と対比される形で浮き彫りにされている。

それに対して「単一支配制」とは、一人の統一的な長（ヘル）の下にすべての職員を階層制的（ヒエラルヒッシュ）に従属させる支配形態を指す。スタッフはヘルからの授権によってその命令・強制権を持っているに過ぎず、ヘルと呼ばれうるのはただ一人である。単一支配の対極は、スタッフが支配権を自らに固有のものとして保有している状態で、この場合スタッフは小なりといえども一個のヘルである。この対極的な支配形態は、スタッフがアイゲン・ヘルであるので「身分制」、集合的意思決定がヘル間の交渉によっておこなわれるので「合議制」と呼ばれている。

家産制的と教権制的

合法支配と単一支配とは、別の概念で、常に表裏一体をなしてはいない。合法支配でも単一支配制をとらないものがあるし（議会や委員会の行政、輪番・抽選・選挙による官吏制度）、逆に単一支配でも支配の妥当根拠が制定法以外に求められることもある（カトリック教会は早くからローマ法的形式主義に則った教会法を持ち、確固たる形式に従った・教皇による一元支配がみられ、外見的には「近代」官僚制に酷似している。しかし信徒は教皇に由来するカリスマゆえに、神父の命令に服従している）。官僚制概念の外延的広がりを理解するために、単一支配と正当性の類型論を組み合わせてみよう。その結果、近代官僚制以外に次の二つの類型があることがわかる。

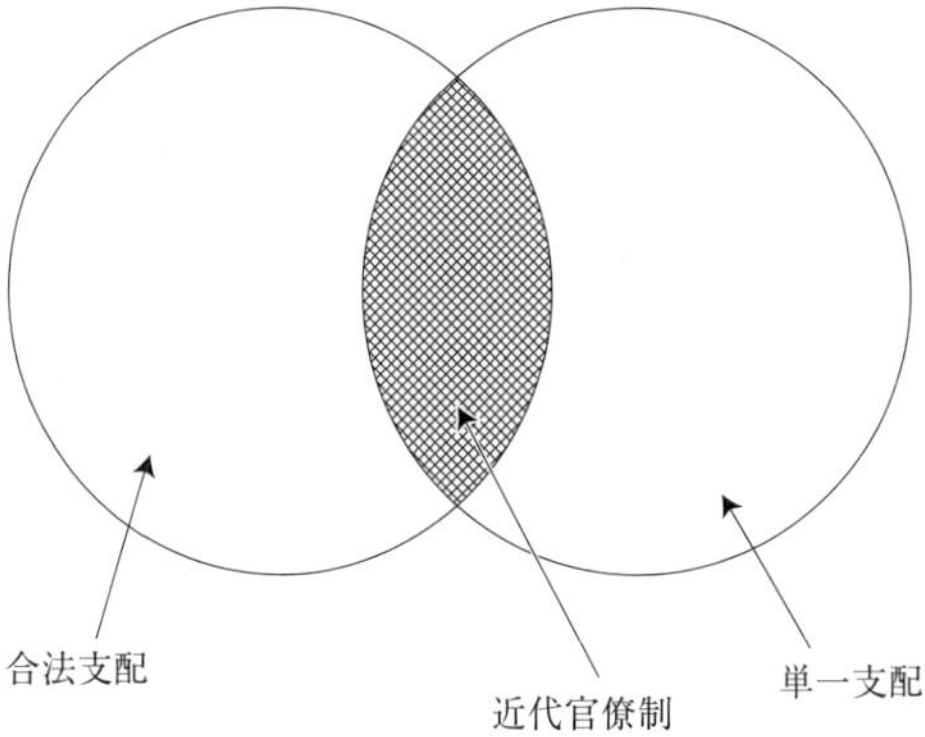

図６-１　近代官僚制の外延

〈伝統支配＋単一支配〉＝家産制的官僚制（中国が典型）。
〈カリスマ支配＋単一支配〉＝教権制的官僚制（カトリック教会が典型）。

家産制的官僚制も教権制的官僚制もいずれも近代的な意味での官僚制ではない。両者が「官僚制」と呼ばれるのは比喩的な意味においてだろう。

前節では近代官僚制の範域を「外側から」画定した。次に内部構造に着目して、近代官僚制がどのような多様性を持ちうるのか、その変異の範囲を見定めることにしよう。そのためには「合法支配」と「単一支配」という二つの概念の意味するところをもう少し詳細に吟味し直す必要がある。

合法支配の意味

制定法と法の変更可能性

まず「合法支配」だが、支配権を規定する根拠が「法」ならば、すべて合法支配と呼ばれるわけではない。合法支配の「法」は狭く「制定規則」(Satzung) のみが意味されている。なぜ自然法、慣習法あるいは神聖法ではまずいのか。それは「制定法」でなくては、法が変更可能にならないからであろう。合法支配の根本観念は、「形式的に正しい手続きで定められた制定規則によって、任意の法を創造し・変更しうる、というところにある」(世良訳②：33)。世俗的手続きによって定められた制定法は必ずしもリジッドに運用されるとは限らない。むしろ神聖法の方が、違反に対する恐れが深く、正確に順守されうるにしても、神聖法は人間の都合によって任意に変えることは難しい。さまざまな法のうち、制定法の変更可能性は極大となる。

なぜ法の変更可能性がそれほど重大なのか。それは、行政行為が法に則しつつ、しかも新しい事態に適応できるようにするためだろう。行政はレギュラー・ワークをこなしていれば能事足れりというのではない。環境の変化に敏速に対応し、新しい事態についていくことが必要である。こうした環境変化への即応力の大小が行政行為の技術的優秀性を規定する。合法支配では、新しい事態は、それにふさわしい法の制定によって対処される。制定された法が事態に適応しなくなれば、また法を作り直せばよい。

現実の変化に終わりがないように、法変更も止まることを知らない。官僚制の技術的優秀性は、「法は自由に創造し、変更することが可能である」という観念によって支えられている。

しかし法の改変によって新しい事態に対応する方途には限界がある。あまり頻繁に法を変え過ぎると混乱が生ずる。法が周知され、法運用が習熟されるには時間がかかる。拙速は法の一貫性・整合性を損なう。法が法としての権威を保つには安定性がなくてはならない。また法の規定は一般的なので、イレギュラーな事態に細かく配慮するわけにはいかない。環境内に生起するイレギュラーな事態を埒外において初めて法は存立しうる。しかし行政が対象とするのは、当事者の視点からみればイレギュラーな事態の集積である。法の安定性と一般性という要件のために、制定法の環境適応能力にはどうしても限界が生じる。伝統支配のようにヘルの「自由な恩恵と恣意」に依拠することなく、合法支配の枠内にとどまりながら、この限界点を突破することはできないのか。限界突破のテコとなるのが「規律」と思われる。

規律の問題

「規律」とは「自分たちの習熟した活動の範囲内での厳格な服従を重視する態度」と定義されている（Weber 1972 : 570 = 1960 : 116）が、ヴェーバーの定義は規律のすべての位相を過不足なく把握しているとは言い難い[2]。例えば「工場規律」を考えてみよう。それは制定法に対する服従だろうか。制定法を広くとって「文書化されたマニュアル」と解したら、たしかにそういえるかもしれない。しかしマニュアル通りの作業は規律を習熟したことの証だろうか。むしろそれは機械的で画一的な同調志向として、職務規律を体現したベテランからみれば、未熟の象徴である。規則が厳格に順守されている状態が即規律ある状態ではない。規律が問題にするのは、外面的行動というより、内面的な態度のあり方である。規律の作用は身体を介して内面にまで及んで初めて完成する。

規律が作り出す独特な「態度」とは何か。それは「ザッハリッヒな目的が存在することを認め、この目的に対する合理的な考量と献身を、常に行動の規範とするような」態度である（Weber 1972 : 565 = 1960 : 98）。工場規律の合理性を支えているのは、制定手続きの正当性ではない。正当化の根拠は、「機械」の操作を安全かつ迅速にできるといったザッハリッヒな目的から来ている。マニュアルの底にある「機械への拘束」を正確に見定め、機械が能率よく作動するように気を配り、自己の行動を注意深く組み立てる、これが工場規律の真髄である。重要なのはマニュアルの字義通りの順守ではない。マニュアルが全体として目指している目的こそが大切にされなければならない。そのためにはマニュアルが作り出された所以をよく理解する必要がある。行政でいえば、制定法の個々の条文を間違いなく記憶し実行するよりは、制定法が全体として求める「法の精神」をまず理解して、それに照らして条文を運用するような態度こそが、規律ある官吏の理念型であろう。環境の変化は、制定法そのものというよりは、制定法に体現されている「法の精神」に従って、すなわち解釈を通してわが物にされた内面的「規則」によって迅速に対処されている。

規律重視vs制定法重視

規律重視と制定法重視という二つのケースは次のように対比できるだろう。規律重視の場合、制定法は行為の最低限を規定する。制定法の定めているのはミニマムな基準であり、法に直接定められていない事がらも「法の精神」に則して処理するように要求されている。それに対して制定法重視のケースでは、制定法は、為すべきことのマキシマムな基準を設定している。制定法に定められていないことはすべきではない。求められているのは制定法の字義通りの運用である。新しい事態への対応は法が変更されるまで待つべきである。こうして合法支配は、制定法を行政行為のマキシマムの基準とみなす〈法重視〉とミニマムな基準と解する〈規律重視〉の両極に分岐する。

権限のヒエラルヒーの意味

次に「単一支配」の問題に移ろう。官僚制では上級者による下級者の監督を伴う上下関係が明確に定められている。ヴェーバーはこれを「官職階層制」と呼ぶが、この官職階層制が完全なピラミッド型に整序された場合が「単一支配制」である。階層制が単一支配制的に体系化されるための条件としてヴェーバーは三つの要因をあげる。①ヘルによる任命制、②スタッフと行政手段の分離、行政手段のヘルへの集中、③フルタイム労働を保証する俸給制。このなかでヴェーバーはマルクスの分析方法を意図的に踏襲して、とりわけ②の要因を重視する。

デスポティズムとの相違

単一支配制とデスポティズムはどこが違うのだろうか。近代官僚制を念頭におけば、デスポティズムは合法支配ではない、と答えることができよう。合法性への妥当根拠付けは単一支配にどのような影響を及ぼすのか。階層の上下関係が、上司に対する人格的服属から、制定法に対する服従のひとつの効果へと解釈替えされる点に、その作用は端的に示される。上級者への「服従」は、法順守のひとつの表れという点では、下級者への「命令」と変わるところはない。上下関係は職務の差であり、命令・強制権の差異は、果たすべき職務の相違に由来する。法によって定められた「権限」がまず最初にあり、人々は「権限」に充当される故に支配関係に組み込まれる。単一支配の頂点には、すべての行政手段を掌握した「主権者」が存在する。デスポティズムでは独裁者はすべての権限を超越するが故に、全権を掌握する。合法的な単一支配では、「主権」という「へルの権限」（Herrenrechte）が法によって定められ，主権は権限行使の一環として掌握される。しかし権力の限定を一切受けない「主権」という観念は「権限」という概念になじまない。権力が限定されていない「権限」とは形容矛盾である。

独裁と単一支配との相違を求めて，ヴェーバーの記述を探り直すと，次のような一節に出会う。法による上下関係の明確な整序は，見方を変えれば，下級者から上級者に訴え出るための明確に規定された可能性を，被支配者に提供することでもある（審級制の原則）。したがって官職階層制において「権限」の原理が完全に貫徹されると，上級者は下級者の仕事を単純に自己に移管することができなくなる。下級者の権限もまた法によって守られているからである（Weber 1972：551＝1960：61）。

自由裁量の配分

行政は，法があらかじめ想定していない「新しい」事態や，法の一般的規定にそぐわないイレギュラーな事態を避けるわけにはいかない。法に定められた権限を複雑で変化し続ける環境に適応させるために「自由裁量」（Belieben）の余地が必要となる。自由裁量の必要性と単一支配の要請とを両立させるために，二つの対照的なやり方が考えられる。ひとつは自由裁量のすべてをヘルにゆだね，スタッフはひたすらヘルの決定を待って事態に対処するやり方，もうひとつが，自由裁量を階層制の原則に従ってスタッフ全体に配分するやり方である。前者では，自由裁量権は階層制のトップとそれ以下との間でゼロ‐サム的に分割されている。それに対し後者では，自由裁量は命令・強制権に組み込まれる形でトップからボトムまで連続的に分配され，自由裁量権をまったく持たない人は存在しない。

あらゆる人に自由裁量権を認めることは，ただちに単一支配という原則に抵触するわけではない。

ヴェーバーの先の引用からも窺えるように、審級制および権限の原則を通して、自由裁量権を階層制になじむ形でコントロールすることは可能だからである。むしろ審級制は自由裁量権の階層的配分を原則化したものと捉え返すこともできるだろう。自由裁量はまったくの恣意性に退行することは許されない。具体的ケースへの裁量による対処は、法規範への包摂あるいは目的‐手段の考量のいずれかの基準によって認可され、正当化されねばならない（Weber 1972：565 = 1960：99）。審級制は、こうした基準を階層的に配置し、下級レベルでの自由裁量は上級レベルによる認証を介して、組織の一元的意思決定へと組み込まれる。こうして単一支配の原則は貫徹されるのである。

主権的vsディスクレート的

単一支配制のうち、自由裁量権の一切がヘルにゆだねられているケースを〈主権的〉、階層に従い連続的に配分されている場合を〈ディスクレート（discrete）的〉と名付けることにしよう。単一支配は、自由裁量権がヘルによって専有される〈主権的〉と、スタッフ全員に権限へ組み込まれる形で分有される〈ディスクレート的〉の二極に分岐する。

3　近代官僚制の四類型

官職‐官僚制

法重視／規律重視からなる合法支配、主権的／ディスクレート的からなる単一支配の二つの軸を組み合わせれば、近代官僚制に関する四つの類型が得られる（図6‐2参照）。四つの類型を順次説明していくことにしよう。

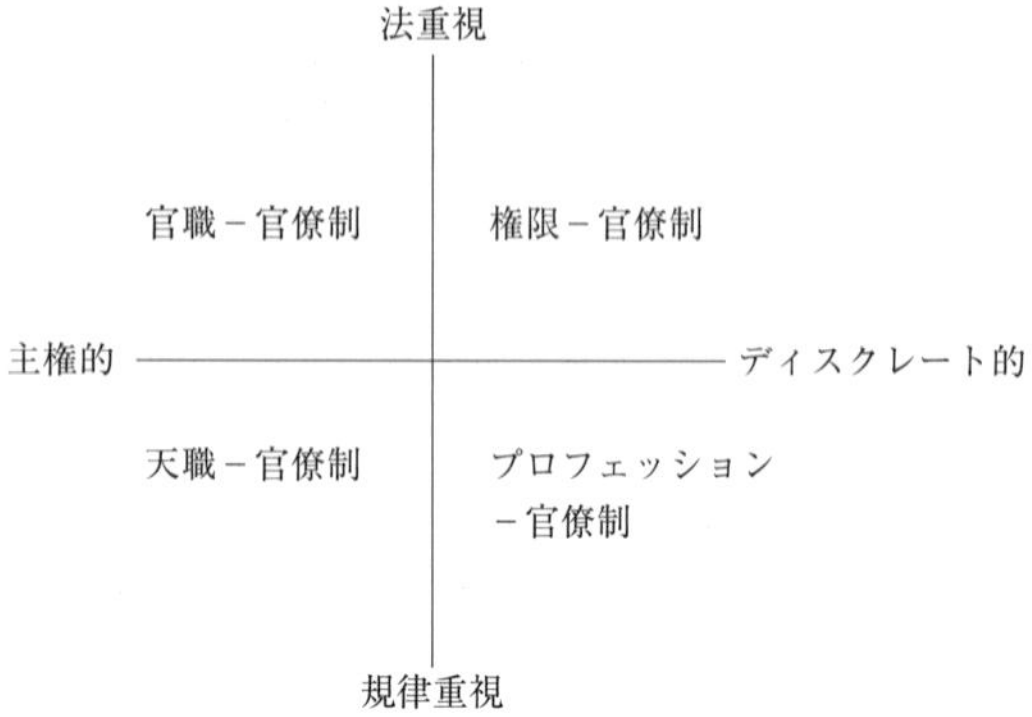

図6－2　近代官僚制の４類型

通説的イメージ

まず〈法重視＋主権的〉タイプについて。この類型は、ヴェーバーの議論から通常引き出される官僚制イメージである。この、休みなく動き続ける機構にギアを入れたり、ブレーキをかけられるのは最高首脳のみ。専門化された官僚の方からは動かすことも止めることもできない。彼らはひとつの歯車として、決められた回路を動き回る。ヴェーバーはフランスの絶対主義やプロイセンの事例を引照しつつ、このイメージの肉付けをする。「官職」観念の重要性に鑑み、このタイプを〈官職－官僚制〉と名付けることにしよう。

ヘルの重要性

〈官職－官僚制〉がはらむダイナミクスはヘルの微妙な位置から生ずる。合法支配の最も純粋な類型は官僚制スタッフによる支配である。団体の指導者だけが、専有、選挙、後継者指名といった［任命以外の］やり方で、ヘルとしての地位を保有している。とはいえ、そのヘルとしての権能は合法的な権限なのである（Weber 1972 : 126 = 1970 : 20）。

単一支配は、官僚制のヘルに合法性を超出することを求め、にもかかわらず合法支配はヘルに合法性の枠内に収まることを求める。ヘルに作用する相矛盾する二つの力がどう調停されるかに従って、〈官職－官僚制〉の全体的形は大きく変容する。ヴェーバーは、支配装置を同じ形で保とうとする力を「官職の精神」と呼び、ヘルがどのような形態をとろうとも、またヘルが何回変わろうとも、すべての官僚は与えられた職務を粛粛と果たし、微動だにしない官僚制の姿をまず想定している。しかし帝政が崩壊し共和制に取って代わられるケースと、ビスマルクが更迭されるケースとでは、官僚制が蒙る作用はやはり大きく異なる。ヘルの正当性の根拠が変更された影響は、官僚制自体にも徐々に浸透して、最後には官僚制の変質を招き寄せる。ヘルがカリスマ的になると、官僚制は後述する〈天職－官僚制〉へと変貌し、他方、伝統的になると「家産的」性質が前面に立ち現れ、「近代」官僚制から大きく逸脱することになる。

官僚主義への傾斜

ヘルが合法性の枠内で活動するようになったらどうなるのか。官僚制のヘルが、スタッフと同じように「任命」されるケースがその適例だろう。任命できるのは上位の審級に位置する機関だけなので、ヘルの任命は当該官僚制を他の機関の下部組織に組み込むことを意味する。官僚制は次々と系列化され、巨大な官僚制的機構が作り出されることになる。国家官僚制は、共産党の下部組織とみなされ、こうして社会主義的官僚制が成立する。異なった組織がこのように容易に「縦」に連結されるのは、〈官職－官僚制〉に内在する、正当化の根拠を、常に上へ上へと求める権威主義的体質、自らの力で独立せず、より大きな権威に寄りかかろうとする依存体質に由来する。ヘルの位置に官僚制がすべりこんだ結果生まれる巨大機構は、いわば〈自乗化された官僚制〉とでも呼ぶべきもので、そこでは官僚制以外のいかなる原理も知られていない。その結果、「官僚主義」の格好の温床となる。規則の制定された意図や目的は忘却され、規則のための規則という過剰同調が常態となる。レッド・テープの名で批判される現象がこうして生まれる。

〈官職 - 官僚制〉の対極に位置するのが〈規律重視＋ディスクレート的〉タイプである。社会学の通念に従えば、官僚制とプロフェッションは対立項として扱われるが、石丸博は、「プロフェッションとしての官僚制」において、こうした常識を打ち破る。(3) 彼は、イギリスの官僚制を念頭におきながら、プロフェッショナリズムの理論と実践は、西欧において、官僚制を構築する上で本質的な構成要素であったことを見事に明らかにした。プロフェッショナリズムが一九世紀中葉から一九三〇年代までの西欧における広範な改革運動だとすれば、官僚制度の確立・興隆期とちょうど重なる。官僚自身も自らを「プロフェッショナル・マン」と好んで規定し、また彼らの行動を規制したのも「プロフェッション」という準拠枠であった。イギリスにおける官僚制のスタンダードな定義は「ピラミッド型に構成されたプロフェッショナル・アソシエーション」というものであったという（石丸 1992：23）。プロフェッショナリズムが、官僚制の対立項であるどころか、中核的部分を形作るものであった点を説得的に明らかにした石丸の仕事を踏まえて、私もまたこのタイプを〈プロフェッション - 官僚制〉と名付けることにしよう。

プロフェッション - 官僚制

自由裁量と地位保全

ヴェーバーは「プロフェッション」という表現を直接用いたことはないが、しかし内容的にはそれに相当する記述をかなり多量に残している。「官職保持権」(Recht am Amt）の本質をヴェーバーは次のように説明している（Weber 1972：126 = 1970：16）。単一支配の官僚制の下では、官職の専有はありえないはずである。にもかかわらず官職保持権が裁判官から官吏層を経て、労働者層に至るまで近年ますます多くみられるようになった。それはどういうわけか。官職保持権は官吏による官職の専有を目指すものではなく、「純粋にザッハリッヒで、独立な、規範にのみ拘束された仕事を保障するという目的に奉仕するものでなくてはならない」。「純粋にザッハリッヒな規範」とは、通常「職業倫理」あるいは「職業規律」といわれているものに相当する（「独立な」とはディスクレッションに当たる）。プロフェッションと呼ばれるのは、職業倫理によって厳格に規律されているという信頼ゆえに、自由裁量と地位保障とが大幅に認められているような職業のことで、官職保持権は官職をこうした「プロフェッション」に見立てて初めて出てくる観念である。それは官職をプロフェッションとして構成するための制度的装置のひとつといえよう。

ヴェーバーは「ドイツ将来の国家形態」に寄せて、次のような意見を述べている。

官吏層が官職名誉を持つことなしに、かつてのドイツの官吏層が持っていた高度な誠実性と専門能力を保持し続けることができるなどと、民主主義はどうして信じることができるのだろうか（Weber 1958：466＝1982：527）

名誉の源泉は、自らを「プロフェッショナル」と任じることに由来する。医者が病気を治すプロなら官僚は行政のプロなのである。これからの民主主義は行政のプロを排除するのではなく、むしろ育てなくてはいけない。官僚のプロ意識を支えている根拠は何か。それは自分が「科学的知識」に従って厳格に行為しているという自負心であろう。私的な利害とは明確に区別され組織によって定められた目的のために、科学的知識の命ずる通りに[4]「怒りも興奮もなく」（＝純粋にザッハリッヒに）職業義務を果たす。こうした信頼感こそが、権威と名誉を生み出す共通の源泉である。

大臣や政治家たちは、プロフェッションとしての官僚からみればクライエントである。クライエントという点では行政対象である一般大衆と変わるところはない。ヘルと官僚の関係はそれぞれ異なった職責を担っているだけで本来対等である。医者が患者に譲歩しないように、官僚は自分の職責の範囲内ではヘルを服従させるに足る権威を持っている。行政には政治に還元することのできない、行政としての自立性と完結性、一言でいえば「合理性」がある。官僚は自己の権威をヘルからではなく、行政という活動領域を律している「固有法則性」から引き出す。〈プロフェッション－官僚制〉の場合、他の異種の組織との関係は対等で緊張をはらんだものとなる。

身分化への傾斜

職業のプロフェッション化が国家の先導によっておこなわれた場合、プロフェッションの官僚制化にはそれほどの抵抗はないが、民間の職業集団をベースにプロフェッション化がおこなわれたイギリスやアメリカでは、職務上のコントロールは上司よりも同じ職業集団に属する「同輩」になる傾向がある。「同輩」によるコントロールが強まると、単一支配からの逸脱が始まるが、規律による規制という条件が満たされている限り、依然として単一支配の圏域内に収まっている。〈プロフェッション－官僚制〉は、もっぱら同輩モデルに依拠するようになると、「合法的な合議制」（あるいは「官僚制的合議制」）へと変容する。また同輩のコントロールが、科学知に由来する規律から、不文律の身分的習俗に依拠するようになると、妥当根拠は合法性からカリスマ性へと移り変わり、かつての官僚は今や「小さなヘル」となり、単一支配の原則は完全に破綻する。こうして官僚制は身分制というまったく異なった類型へと転態を遂げる。

天職－官僚制

〈規律重視＋主権的〉のタイプの官僚制は、「マシーンを伴う指導者民主制」のケースに相当するだろう。このタイプは、「指導者なき民主制」と対比されつつ、ヴェーバーによって現代政治のオルタナティブのひとつとして提示された。〈官職－官僚制〉におけるヘルの資質としてカリスマ性が強調されると、それと呼応してスタッフ＝官僚層の質も次第に変わり始める。行政行為が、法に定められた規定の字義通りの遂行よりは、カリスマの掲げる「大義」をこの世に実現させるひとこまと理解され、行政幹部は大義実現の「道具」とみなされる。職務はヘルの啓示を現実化するための「天職（召命）」となる。それゆえこのタイプは〈天職－官僚制〉と名付けることができるだろう。

猟官制度

〈天職－官僚制〉では、職員は最高度の資格を持った人物が、伝統その他を考慮することなく、ヘルによって自由に任命され、むき出しの能力主義あるいは業績主義が前面に押し出される。「猟官制度」を駆使して、有能な人材を積極的に登用し、「敏速かつ迅速に機能する」官僚制を作り上げることがヘルの死活問題となる。というのは軍事的名声か大衆的福祉の増進かで、ヘルは自己のカリスマを証し立てない限り、その地位から放逐されるからである。能力ゆえに採用されたからといって、官僚の自由の領域が広がるわけではない。むしろ事態は逆である。個人の能力は、大義に対する「合理的」考量と献身のために用いられ、私利私欲を含めて個人的願望や思慮は極限まで排除される。指導者のための「道具」であることが職員の存在理由となる。官僚層がいわば「魂の喪失」に陥ることの代償として、官僚制全体は高性能の「マシーン」として整備されることになる（Weber 1958：532＝1982：594）。法の条文は「大義」に則して解釈され、行為が準拠する規則は「制定法」から「規律」へと移り変わる。

ヴェーバーは〈官職－官僚制〉が官僚主義（レッド・テープ）に陥りやすいことを見通し、こうした弊害の克服策として「指導者民主制」を構想した。カリスマを持った指導者が選挙で選び出され、官僚制を使いこなすような民主主義の形態が現代政治の理想とみなされた。こうした「人民投票－指導者民主制」の適例が、フランスのボナパルティズム、アメリカ合衆国の大統領制である。指導者民主制の社会主義的対応物が「前衛党による一党独裁」である。「前衛党」では、個人の主体性は「鉄の規律」によって組織目的の達成に向かって凝集されている。「階級の撤廃、人類の解放」という大義への「合理的考量と献身」とが「鉄の規律」を生み出す源である。官僚制を〈天職－官僚制〉へと整形し直すために払うべき代償が、官僚自身の「魂の喪失」である。むき出しの能力主義と人々の品位の喪失、組織の高いパフォーマンスと「魂の喪失」とはワンセットになっている。

カリスマ支配への傾斜　〈天職－官僚制〉は、規律が重んじられている間は合法支配に属する。しかし「規律」よりも「信仰」が、行為の外面性よりは心情が優先され始めると、カリスマ支配への転態が始まり、その結果「教権制的官僚制」に行き着くことになる。職員のポストは「官職カリスマ」と了解される。ヘルのカリスマ性があまりに強烈だったり、あるいは官僚層があまりにヘルの言動に感応しすぎると、〈天職－官僚制〉は内部崩壊し、近代官僚制の埒外に飛び出してしまうことになる。

権限－官僚制

最後に、〈法重視＋ディスクレート的〉官僚制について。ヴェーバーは、合法支配の最も完全な発展形態のひとつとして、官庁が、官職階層制の原理にもかかわらず、自らの固有権を持つようになり、官僚制的支配が制限される可能性について述べている（Weber 1972：158＝1970：151）。省庁間の縄張争い、行政の縦割り化を思い浮かべれば、この指摘に納得がいく。この場合、固有権を主張するのは「官庁」に限るまい。審級制の各水準、省庁、部や課といった官僚制を構成するあらゆるセクションが自己の「権限」を盾に、分立的に行政を進めるようになる。この場合、各セクションの権益は、制定法に定められた権限の拡大解釈（あるいは縮小解釈）に由来するものであり、単一支配（および合法支配）の原理が完全に失われているわけではない。こうしたタイプを〈権限－官僚制〉と呼ぶことにしよう。

伊藤大一によれば、日本の官僚制では集団は権限を媒介に、「権限集団」として形成される（伊藤1980：第1、2章）。職員の集団化は権限に先行するのではなく、権限に遅れて発生する。権限に付着する関連事務の配分を通して、すべての職員を決定過程に包み込むように配慮する。こうした配慮の表現が「稟議制」という独特の意思決定である。稟議制は「合議制」ではない。「下意上達」という形をとった「上意下達」の方式とでもいえるだろう。こうした官僚制の「日本型」こそ〈権限－官僚制〉の適例といえるだろう。

行政指導　〈権限－官僚制〉のダイナミズムを知る上で「行政指導」は格好の教材をなす。「行政指導」とは、所轄官庁が利害関係を持つ民間人に対して、「微に入り細をうがって」規制ないし指導を与える行政行為のことであるが、こうした仕方の行政は、当事者である官僚には法の「運用」の一環として意識されている。こうした運用の妙を発揮できるのも、官僚制が細かく「権限集団」に分割され、セクションごとに民間人と常日頃濃密な付き合いをしているからである。行政指導が恣意に流されないよう訓令や通達が作成される。それらはたしかに「内規」に過ぎず厳密な意味での「法」ではないが、法の意図をくんだものであり、法を無視した、いわんや法に反したものではない、と信じられている。

パトロン＝クライエント関係　民間人はさまざまな理由から「指導」に従う。補助金や融資、官需の発注等の「利益の供与」が重要である。こうした「利益の供与」も許認可業務と同じように、所轄官庁の「権限」に由来する行為として捉えられていることが多い。しかし所轄官庁と民間人は「法」に最終的基盤を持つ権限関係から逸脱して、しばしば「パトロン＝クライエント関係」を形成する。パトロンである行政権力は「特別の計らい」として保護と援助を与え、クライエントである民間人は選挙時での支持や天下り先の設定等、見返りを提供する。この関係は公になれば「贈収賄事件」を引き起こすこともあり、合法支配の限界点に属する。

官＝パトロン、民＝クライエントという図式は逆転しやすい。というのも「行政指導には、民間側が、行政手段を利用して、みずからある望ましい状態を作り出す作用であるという一面が具わっている」（伊藤 1980：23）からである。利益集団が対外的閉鎖性を強め、特権集団化し、任用や行政行為を左右し始めると、民がパトロンに、官がクライエントに反転する。縁故を持たない人物はポストにつくことができず、官僚制の各セクションは特権集団の専有物となる。特権集団の「パトロネッジ」が確立すると、官僚制は正当的支配の対極である「利害状況による支配」の型に近づき、合法支配から完全に逸脱する。

ノーメンクラツーラ 官僚制の特権集団によるパトロネッジの社会主義版が「ノーメンクラツーラ」である。ソ連や東欧諸国を支配してきた「ノーメンクラツーラ」とは公式の組織図には対応しない特権階級のことで、党と自らを区別し、権力と物欲をほしいままにし、メンバー自身による選挙によってしか加入することのできない閉鎖的グループである。(5) 共産党による官僚制支配は前述のように〈官職‐官僚制〉のサブ・タイプに属するが、「ノーメンクラツーラ」は「利害状況による支配」として正当的支配の彼岸にある。官僚制はパトロネッジにより分断され、個々ばらばらなセクションの寄木細工となり、一体となった能率的行政の執行は不可能となる。ここには官僚制の内包するセクショナリズムが極限まで濃縮されている。

4 典型としてのプロフェッション‐官僚制

資本主義と社会主義 近代官僚制の典型は、これまで〈官職‐官僚制〉に由来するイメージで組み立てられてきたが、官僚制に関する近年の研究や歴史的現実を踏まえると、むしろ〈プロフェッション‐官僚制〉に求める必要がある、というのが本章での結論である。そう考える理由は、二つの部類に分けられよう。まず、ヴェーバーの業績全体を鳥瞰すると〈プロフェッション‐官僚制〉を近代の典型とした方が、より整合的になるという判断。もうひとつはヴェーバー解釈とは別の現実的理由である。

市場原理と官僚制　ヴェーバーは、社会主義より資本主義の方が技術的にも優れた経済システムと判断して、「完全な社会化」には徹底して反対し続けた。資本主義の方が計算可能性の度合いが高く、高水準の経済的パフォーマンスが確保されると考えたからである。

資本主義でも社会主義でも企業組織の官僚制化は進行する。二つの体制の相違は企業を取り巻く環境の違いにある。資本主義で決定的な「市場」が社会主義では欠如している（合理的な国家官僚制はともに存在している）。資本主義的企業は「市場」という環境の下で活動することによって、強い影響を蒙る。ヴェーバーのまとめに従えば、市場での激しい企業同士の競争は、企業家の場合には賃金を最高水準に縛りつけ、労働者の場合には規律への屈服を強いるという帰結を及ぼすという（Weber 1924：517＝1980：46）。市場競争によって賃金が低下せず、むしろ上昇するのは、そこに規律という変数が介在するからである。競争で重要なのは労働が高いパフォーマンスを示すという「結果」であって、決められた手順通り落度なく遂行されるという「過程」ではない。上司に柔順で、マニュアル通り事を進める「良き」労働者でも、成果の点で劣るなら、競争によって仮借なく淘汰される。規律を守れない人はいうまでもなく、マニュアルを墨守するだけの人も、規律の由来を理解し、環境の変化に弾力的に対応できる労働者の敵ではない。労働者の規律化は高水準の成果を確保するために必要なのである。市場による淘汰作用は、労働者に〈法重視〉から〈規範重視〉へと態度変更を迫る。

資本主義の場合、経済活動の基本動機は自己利益の追求である。自己の利益を極大化するために、各人は自主的な判断をとぎ澄まし、自発的に創意工夫をする精神を涵養せねばならない。官僚制化が進むと、トップの企業家のみがこうした自主性・自発性を必要とするようになる、という見解もあるが、トップ以下がたんなる歯車である組織と、創意工夫の精神がメンバー全員に何らかの程度で共有されている組織と、どちらが高いパフォーマンスを示すかは、市場で競争してみれば一目瞭然であろう。市場の淘汰作用は企業家個人の都合や思惑を粉砕する。競争に勝ち残ってきたのは、いろいろなインセンティブを駆使して、メンバー全員の自助努力を引き出すのに成功した企業である。こうした工夫のひとつが、権限の委譲・経営参加の促進である。市場の存在は、経営組織の意思決定を〈ディスクレート的〉な方向にむかって変形することを余儀なくさせた。

企業官僚制化の二つの方向性

一口に企業の官僚制が進むといっても、市場圧力のある資本主義的企業と、競争のない社会主義的企業では、その方向性はまったく異なる。その相違は〈プロフェッション－官僚制〉／〈官職－官僚制〉という対比を用いれば、簡明に定式化することができる。高水準のパフォーマンスを確保できるのは〈プロフェッション－官僚制〉に向かう合理化である。資本主義経済の技術的優秀性が勝っているのは、〈官職－官僚制〉よりも〈プロフェッション－官僚制〉の方が「技術的、形式的に」高度に合理的だからである。〈プロフェッション－官僚制〉こそ「技術的、形式的に最も合理的な装置」ということになろう。

官僚制化と社会

さらに視点を近代社会全体に広げることにしよう。ヴェーバーによれば、合理化が進めば進むほど、生活諸領域はその固有法則性に従い自立化して、相互に激しく緊張しあう。高度に合理化された社会とは、明確に分離・独立しあった生活領域から組み立てられた社会にほかならない。〈官職－官僚制〉と〈プロフェッション－官僚制〉とでは、どちらが機能的に分化した近代というイメージにより整合的だろうか。(6) 〈官職－官僚制〉の場合、ヘルは「主権」を与えられることにより、「法」との関係が二重になる。ヘル以下のスタッフにとっては「法が権威を作る」という命題が常に妥当するが、ヘルにとっては逆の「権威が法を作る」という命題も妥当する。というのはヘルは法を改変するために、法を超える権威を享有しているからである。正当性は、最終的には法以外の要素、例えばカリスマ性に根拠付けられている。官僚制が合法支配の圏域内にある限り、それを支える最終的基盤は組織内には存在しない。〈官職‐官僚制〉は外側から権威を調達して初めて存立しうる。国家官僚制を例にとれば、行政は政治から正当性を調達する必要があり、行政と政治は上下に秩序付けられている。ヘルを介して行政は政治に依存し、政治による行政の系列化を拒むことはできない。

行政の固有法則化

それに対して〈プロフェッション‐官僚制〉の場合、ヘルはクライエントとして組織の外に置かれ、官僚制は固有の論理で自己完結している。組織の判断はすべて〈プロフェッションとしての官僚〉の論理によって基礎付けられ、正当性は組織の内部に源泉を持つ。プロフェッションとしての官僚の判断が無視されたり拒絶されたりするとすれば、それは行政とは別の力のなせる業である。敵は常に組織の外にいる。組織を秩序付けているのは法であるが、この法はプロフェッションの自己規律から妥当性を獲得している。規律の根拠は固有法則性にあるので、法はその妥当性を、固有法則性を体現していることから、したがって法の内部から引き出している。法を超える権威は存在しない。行政と政治は対等であり、それぞれ異なった神に仕えている。行政は行政自身によって、いわば行政の自己再生産を根拠として妥当性を獲得する。(7)〈プロフェッション‐官僚制〉という形態が取られる限り、行政は自己の内なる合理性に従って自立化する。生活諸領域の分立化、神々の闘争という近代イメージに合致するのは〈プロフェッション‐官僚制〉である。

5　東欧革命とヨーロッパ統合の分岐点

東欧革命と官僚制のイメージ

ヴェーバーの資本主義論、近代論と整合させるには、〈プロフェッション－官僚制〉に近代的形態の典型を見出した方がよい。こうしたヴェーバー研究に基づく結論とは別に、〈官職－官僚制〉を官僚制イメージの典型から追放しなければならない別の理由がある。東欧諸国では、自分たちの官僚制をいったいどう捉えていたのであろうか。一九八〇年、ポーランドのグダニスクで取り交わされた「合意書」では、社会主義の官僚制は西欧の官僚制との対比の下で、次のように特徴付けられている。(8)

責任幹部の昇進及び抜擢の唯一の基準として、彼らの見解や党への所属の有無ではなく、彼らの職業資格を取り入れること（第一二項）（傍点、厚東）

合意書を通して求められているのは、共産党による国家官僚制に対する指導の撤廃である。行政を政治から解き放ち、機能的に自律させることへの要求といってもよい。行政に固有のロジックを展開させるための条件として提示されているのが「職業資格」である。つまり専門職の論理に従って整形し直すこと、これが社会主義的官僚制を矯正するために必要な手術と考えられている。東欧諸国の人々にとって、近代官僚制の理念型をなすのは〈プロフェッション－官僚制〉であることは明らかであろう。こうした〈プロフェッション－官僚制〉の生まれ故郷は「西欧」に求められていた。

ユーロクラットの制度設計

東欧革命からソ連の崩壊と時期を同じくして、ヨーロッパ統合の動きは加速化される。一九九二年二月にマーストリヒト条約が調印され、この条約の批准を土台に、ＥＣを中核とする政治同盟ヨーロッパ・ユニオン（ＥＵ）が創設された。ＥＵはその後順調に成長を遂げた。二一世紀の初頭には「ＥＵが抱える官僚は二万二千人。刑事裁判から法人税、ピーナッツバターのラベル、芝刈り機の安全性にいたるまで、あらゆる法規を網羅した八万ページに及ぶ法体系も整えられている」といわれるほどになっている（Reid 2004＝2005：14）。

ブリュッセルのＥＵ本部の力と権威を支えている官僚は「欧州官僚＝ユーロクラット」と呼ばれているが、このユーロクラットは、上述の官僚制の類型学のなかでどこに位置するのか、その制度設計に即しながら原イメージを探り出しておくことにしよう。

ＥＵは、その歴史的先行者ＥＣやＥＣＣの時期から、「閣僚理事会」Council of Ministersと「委員会」Commissionという二頭立てで構成されている。「閣僚理事会」は、加盟各国の政府から派遣された一名の代表者からなる機関で、主権国家間の利害調整の原理に基づくものである。他方、「委員会」は、加盟国の相互承認によって任命される委員から構成され、委員は出身国の利害のために働いてはならず、また各国はそれを求めてはならない。ＥＵ全体の利害に沿うことを第一義に、職務を遂行しなければならない。

ユーロクラットは、通例はこの「委員会」委員の指揮の下で働いている人員を指す（「閣僚理事会」を支える官僚組織も、同じブリュッセルに隣り合わせに存在する）。ユーロクラットでは、上級職が加盟国から指名されるといった「政治的」任用の場合もあるが、その大半はEU独自の権限に基づいて採用されている。

「ヤヌス神」に喩えられ、「両頭型」と名付けられるこの二つの機関は、どのような形で関連付けることができるのか。

立法と行政の混淆

両者の特性を浮き彫りにするために、しばしば立法府vs行政府という三権分立モデルが援用される。というのも、強制力を持つ「法」が成立するには「閣僚理事会」の決定を必須不可欠とし、「委員会」は決定された「法」を確実に執行する義務を有するからである。しかし「委員会」は法のたんなる執行機関ではない。「委員会」は法を提案する権限を独占しているからである。「閣僚理事会」は「委員会」から提案された法案を、審議の上「法」へと整形するに過ぎない。両頭型の下では、立法と行政の境界は曖昧で、二つの機能は相互浸透している。

鴨武彦は「閣僚理事会」と「委員会」との関係について次のように述べている（鴨 1992：119-35）。「競争・対立のモデルでこれを特色づけることは誤りだということになる」、両者は一体となってひとつの「官僚制的混合システム（a system of bureaucratic intermingling）」をなしている（122）。

両者は意思決定機関として同一の平面にあり、「委員会」が政策の提案をし、「閣僚理事会」は政策の決定をする、と対比される。こうした対比は「スタッフ-ライン」という組織論の知見を援用したものであろう。たしかに「委員会」は政策を立案し提案することを本務とする点で「スタッフ」機能を持つ。しかし「閣僚理事会」で決定された政策を執行するのもまた「委員会」の重要な役目であり、ラインとしての機能を持つ。そして、「ユーロクラット」は政策や法案を提案し、それを執行するという二つの機能を併せ持つ。

こうした制度設計によれば、「ユーロクラット」は、主権的vsディスクレート的、という軸上でいえば、明らかにディスクレート的な極に位置する。というのも、「自由裁量（ディスクレッション）」を許すために、ラインと区別されたスタッフ制は構想されたものだからである。「委員会」は、政策の立案に関して「閣僚理事会」から「委任」された独自の権限を持つ自立的な機関であり、白紙委任的な決定権を持ったヘルに「僕《しもべ》として」従属する機関ではない(9)。

他方「ユーロクラット」は、「閣僚理事会」で決定された「法」に即して、政策を執行する責任を持つ。その限りで合法支配が、その行動原則をなす。しかしこの「法」は外部、あるいは上部から動かし難い「所与」として与えられるわけではない。というのは、そもそも法を立案したのは「ユーロクラット」だからである。たしかに「法」には従わなければならない。と同時に現行の法を作り替えるために、法を超える力もまた与えられている。法を超える力は、法に反するためではなく、法の精神を体現し、よりよき法をこの世に実現するために用いられねばならない。法重視vs規律重視、という軸でいえば、明らかに規律重視の極にある。

「ユーロクラット」は、〈ディスクレート的＋規律重視〉の象限に位置付けられる。「プロフェッション‐官僚制」の典型をなすと結論付けることは許されるだろう。

二一世紀と官僚制の時代

二〇世紀の末に生起した東欧革命によって破砕されたのが「官職‐官僚制」だとすれば、二〇世紀から二一世紀にかけて急速に押し進められたヨーロッパ統合では、大規模な「プロフェッション‐官僚制」が新たに創出された。ユーロクラットの人員数の急激な増大、力と権威の拡大、草の根レベルにみられる根強い反感等々をみる限り、「官僚制の時代」が二〇世紀の末に終焉したとは到底言い難い。「時代に合わないもの」として打ち捨てられたのは「官職‐官僚制」の存在のみである。ポーランドの事例から明らかなように、官僚制一般の打ち壊しが目指されたわけではない。またEUの事例から明らかなように、「官僚制」なしには、大量の人間を統治することもまた不可能である。「官僚制」はたしかに「国民国家」形成とともに急速に成長した。しかし「国民国家」が「超国家システム」へと自己否定する際にもまた、これまでとは別箇の「官僚制」が大規模に創出される必要がある。「プロフェッション‐官僚制」の時代は、今後まだまだ続くと思われる。

注

（1）ヴェーバーの官僚制論として念頭に浮かべられているのは、次のような著作である。Weber（1972＝1975, 1960, 1970）。Weber（1958＝1982）。Weber（1924＝1980）。Weber（1958＝1995）。訳文は適宜変更。傍点は厚東のもの。

（2）ヴェーバーの規律概念の二義性を最初に指摘したのは伊藤大一である。伊藤（1980：第1章）参照。

（3）石丸（1991, 1992）と注（2）参照。

（4）官僚制の四つのサブタイプには、それぞれ得意とする行政および専門的知識の分野がある。それらをまとめておけば、〈官職‐官僚制〉→法律職、〈権限‐官僚制〉→経済職、〈プロフェッション‐官僚制〉→福祉職、〈天職‐官僚制〉→イデオロギー職。福祉職のプロフェッション性については、森定玲子がT・H・マーシャルを用いながら周到な議論をしている（森定 1992）。

(5) ヴォスレンスキー（1981）参照。

(6) 厚東（1977）では、生活諸領域の分立する近代というイメージを明確に提示していながら、官僚制化に関しては一枚岩的イメージに囚われた議論が展開されている。

(7) 法領域の自律性の意味をヴェーバーに則しながら徹底的に追究した業績としては、中野（1993）が優れている。

(8) 「一九八〇年八月三一日にグダニスクでとりかわされた政府委員会と工場連合ストライキ委員会の合意書」（『文化評論』一九八〇年一一月、九九頁）。

(9) 委員とそれを支える委員のスタッフが、「閣僚理事会」の事務局的役割を果たす「コルベール」（大使級の加盟国の官僚からなる）との間で、入念な「根回し」や「利害調整」するルール・オブ・ゲームズはほぼ確立されている。そして理事会の政策決定の仕事のおよそ八割はこのコルベールがこなしているという（鴨 1992：120，126）。

*本章は財団法人日本証券奨学財団の研究助成の成果のひとつである。記して感謝する。

コラム　マックス・ヴェーバーをめぐる女性たち

マックス・ヴェーバーの妻

　近年、マックス・ヴェーバーの妻であるマリアンネに対する関心が高まり、シンポジウムが開催されたり、その人と業績に関する研究書が刊行されたりしている。本書（クリスタ・クリューガー／徳永恂・加藤精司・八木橋貢訳『マックス・ウェーバーと妻マリアンネ』新曜社）は、こうした潮流に棹さしながら、マックスとマリアンネの二人を、独立した対等な人物として取り扱い、その夫婦関係を論じたものである。「ある結婚の昼と夜の光景」という副題から窺えるように、二人の関係は〈男と女のカップル〉という視点から照らし出されている。

　著者は全集に新たに所収された書簡や、いまなお未刊行の手稿や書簡、関係者のインタビューなどの新しい資料を用いながら、ヴェーバー夫妻における関係性のドラマを一歩一歩再構成していく。著者がアカデミックな学者でないこともあり、叙述の仕方は論証的というより物語的で、巻、おおう能わずという感じで、読者をぐいぐいと最後まで引っ張っていく。この読みやすさには翻訳の流麗さもあずかっているのは確かだろう。

　通読して一番感じるのは、歴史的距離に対する明晰な意識である。

「百年前に生きた一組の男女についての矛盾した供述の多彩な混合、それらはジグゾー・パズルのように、時間的な隔たりをおいて一つの像に結び合わされるであろうか。」

　行動面での時代制約性と性格面での永遠性とが織りなすロマンとし、ヴェーバー夫妻の結婚生活が、抑制の利いた筆致で描き出される。

登場人物として生彩があるのが、マリアンネとエルゼ・ヤッフェの二人の女性である。この二人は一九世紀後半から顕著になったフェミニズムの第二波のただ中で生きた点で共通性を持つ。二人は、女性解放のためには、女性が大学で学ぶことが決定的に重要と感じていたが、当時は教授の許可に基づき、特例として入学することしか可能でなかった。エルゼはマックスが最初に指導した女子学生であり、マリアンネはマックスの友人のリッケルトのもとでようやく勉学を始めることができた。二人は、マックスを実質的な指導教員として女性研究者として身を立てることができた点で共通性を持つ。他方、マリアンネは財産があり、妻としての役目を第一義とみなし、アカデミズムは「教養」をつける手段であったのに対し、財産のないエルゼにとっては、アカデミズムは職業に就くための経路であり、家庭は人生を形作るひとつのアイテムでしかない、という点で対照的であった。

マリアンネとエルゼ

一九世紀の末から二〇世紀の初頭におけるヨーロッパにおいて、最新の論題とみなされたのが「性」であった。フロイトの精神分析、世紀末の芸術運動においても性は最重要の課題であったが、とりわけフェミニズムにおいては踏み絵の役割を果たした。従来の性的タブーを破ることが抑圧された感性を解放するための唯一絶対の途とみなす新しい社会運動が、二〇世紀の初頭、ドイツの知識人社会に起こった時、マリアンネとエルゼは対照的な動きを示した。マリアンネは一夫一婦制に基づく性的規範を擁護する側に立ったのに対し、エルゼは、夫エドガー・ヤッフェとの破綻した結婚生活を前提にして、婚外子をもうけたり、マックスの弟であるアルフレートと同棲生活を始めるという道を歩んだ。マックスは、教え子でもあるエルゼのこうした行動に、一方では強い不快の念を感じながらも、他方では強い魅力をも感じた。エルゼに対するこうした強いアンビヴァレンスは、「表情豊かな顔立ち、ほっそりとした優しい女性」といったエルゼの容姿によって作り出された部分が多分にあるだろう。

女性と神話

　マックスは、終生、マリアンネとエルゼの間を揺れ動いていたようにみえる。知的な理解力に富み、母親のお気に入りの親戚の娘であるマリアンネ。妹のようなかわいい存在であったマリアンネとの結婚生活は、性的な面では、最初から不調だったようである。マリアンネは性的魅力には欠けていたが、しかし病気のときは最良の看護人であった。マックスが妻の助けと世話に頼り切りになったとき、マリアンネが待ち望んでいた「共生的な結びつき」がようやく実現したと感じ取ることができたという。こうした経緯は哀しさを呼び起こす。

　エルゼがマックスに与えたものは何か。これは病から立ち直らせる生命力、創造への活力である。マックスの場合、女性の与える「活性化」は、新しい知的問題を開示し、集中的な研究活動へと誘った。結果として病気からの立ち直りが可能となった。エルゼとマックスの間の「エロス的なもの」とは、世紀末の芸術において喧伝された「ファム・ファタール（宿命の女）」というキャラクターを思い出させる。ファム・ファタールは、男を社会的に破壊させる代わりに、新しい生命を吹き込み新しい存在へと転生させる。エルゼは世紀末的背景のなかでは「魔性の女」であるが、日本流にいえば「妹の力」の適例だろう。

　マリアンネとエルゼは一八九〇年代の出会いから死に至るまで、時期によりニュアンスの差があるにしろ固い友情に結ばれていたことも疑うわけにはいかない。「マリアンネは今や自分の夫の『活性化』を、嫉妬抜きで、他の女たちに任せているのだろうか?」マリアンネもエルゼも(母親のヘレーネも含めて)マックスをめぐる女たちは、知的に卓越している男性にのみ魅力を感じるという共通性がある。アカデミックな場は同時にエロスの場でもあった。そこに、ドイツロマン主義に由来する「天才神話」が重ね合わされる。大学者は創造力と想像力に富んだ「英雄」である。彼女たちは共犯して「ヴェーバー神話」を形作る。マックスはといえば、己の生涯をかけ、知的英雄という時代的な期待に応答し続けた。マックスの場合、「女性的なもの」は成熟に伴い分化されることなく、「私の母親、私の姉妹、私のいうにいわれぬ幸せ」という形で終生一括されていたように見受けられる。

一九世紀のリアリズム小説を読んだ後のように、人間の生きることの哀切さが心に残る、一読して忘れ難い一書である。

第7章　社会学における影響力の始まりと終わり

二〇世紀社会学におけるヴェーバーの影響力の歴史が跡付けられる。ヴェーバーは通常「世紀の転換期の社会学者」としてデュルケームと並立される。こうした通説に従えば影響力の発端は、早ければ一九世紀末、遅くとも第一次世界大戦前に求められる。しかし私の見解によれば、ヴェーバーの社会学への導入は第二次世界大戦と大きな関連を持つ。ヴェーバーは、それまで支配していたマルクスの資本主義vs社会主義の二項対立に代わり、合理主義を導きの糸とする解釈枠組みを提供した。ヴェーバーの合理主義パラダイムは、一方では、ナチズム解剖のための道具立てを与え、他方では大西洋憲章を理論的に根拠付けた。ヴェーバーの合理化論に従えば、社会の全般的官僚制化によって、資本主義も社会主義も、同じ地点に逢着する。二つの体制の合流点は、一九七〇年代の近代批判の社会学の展開のなかで、「鉄の檻」としてイメージされた。「鉄の檻」のイメージに最も近い社会は旧ソ連と思われる。ソ連の崩壊は、合理化が終着したことを意味するのか。第二次世界大戦とともに形成されたヴェーバーの解釈枠組みは、一九八九年の東欧革命とともにある種の理論的袋小路に陥っている。ここからの突破が図られない限り、ヴェーバーの社会学への影響力を回復することはきわめて困難であろう。

1　ヴェーバーは世紀の転換期の社会学者か

社会学の広義と狭義　マックス・ヴェーバーが社会学に与えた影響はいったいどういうもので、それはいつ頃始まり、もし終わりがあるとすれば、いつ頃終わりを迎えたのか。ヴェーバー学説の作用史を社会学のなかでたどり直す、というのが本章の課題である。この場合の社会学とは、すなわち法律学・経済学等々と並立される社会科学の一分野としての「社会学」を指し、社会科学一般、ジンメルのいう「社会の科学」（Wissenschaft der Gesellschaft）のことではない。

通説的位置付け　パーソンズおよびヒューズの仕事以来、ヴェーバーは「世紀の転換期の社会学者たち」あるいは「一八九〇年世代の社会学者たち」として、デュルケームと並び称されることが多い。ヴェーバーを、デュルケームと並ぶ「古典的」社会学者とみなすこうした位置付けは、現在の通説といっていいだろう。事実、生年月日からみれば、ヴェーバーをジンメル、デュルケームと同時代の人と取り扱うことはそう不自然ではない。こうした見解に従えば、ヴェーバーの社会学に及ぼす影響力の行使は、一八九〇年に始まる、遅くとも第一次世界大戦以前には始まっていることになる。果たしてそうであろうか？

ドイツ社会学会設立時の役割　一九〇九年にドイツにおいて社会学会設立の動きが始まった。設立準備のために参集したのはジンメル、テンニース、フィーアカント、ベック、ヘルクナーの五人である。この五人がドイツ社会学会の骨格を形作った大立者である。そのあと学会準備委員は一八名に増やされ、マックス・ヴェーバーが呼び込まれたのは、この段階からである。彼は、運営委員長（Ausschussvorsitzender）という資格で、ドイツ社会学会にコミットし始めている。米沢和彦のまとめによれば「当初の段階において、マックス・ヴェーバーは積極的な役割を果たしておらず……、少なくともヴェーバーはドイツ社会学会の設立の中心人物ではなかった」（米沢 1991：17）。

しかし運営委員長にひとたび選ばれてからは、きわめて熱心にその職務に励み、フランクフルト・アム・マインの第一回大会（一九一〇年）およびベルリンで開かれた第二回大会（一九一二年）では、事務報告から討論まで引き受け、何回となく登壇し、大会を成功裡に終わらせる上で、大いなる貢献をした。とはいえ、第二回の大会が終了した当日に、学会から手を引きたい旨の手紙を学会事務局に送っている。ヴェーバーが社会学会員として実質的に活動した期間はきわめて短く、わずか四年であった。

ところで一九〇九年の時期において、ヴェーバーはいかなる業績で「社会学者」として認定され、ドイツ社会学会設立のための呼びかけ対象人に選ばれたのだろうか。『プロテスタンティズムの倫理と資本主義の精神』は、一九〇四年から〇五年にかけて論文という形で発表され、激しい論争を呼び起こした話題作であった。その当時すでに「宗教社会学」者として高い声望があったのだろうか。

「社会学」に期待したこと

ヴェーバーは第一回大会で「事務報告」をおこなっているが、その内容は「社会学」の性格規定にも踏み込んだ学術的なものであった。「社会学という概念がはっきりと定まっていないとき、ドイツで人気のないこの名称を冠する学会が、自らの将来の展望を、現行の組織と当面の課題との具体的な提示によって、できる限り明らかにすることは、まことに意義のあることだと思われます」という冒頭の一節から始まり、次に学会の原則に言及する。第一の原則として掲げられているのが「価値判断からの自由」（Wertfreiheit）である。さらに話を進めて、ドイツ社会学会が今後手掛けるのが適当な研究テーマへと説き及ぶ。そこで提案されているのが、新聞の社会学、集団の社会学、近代社会における指導的職業の選抜、という三つの共同調査の実施である。

ヴェーバーが社会学に期待したのは同時代の社会に関する実態調査であった。彼が「社会学会」を「社会政策学会」の延長上で捉えているのは明らかである。「社会政策学会」では、反対勢力の根強い抵抗ゆえに中途半端な状態におかれている「価値自由」の原則を徹底的に貫徹し、「社会政策学会なら拒否されるような民間人をも喜んで会員として受け入れ」、いかなる党派的な立場にも囚われない自由な討論の場を作り上げることこそ、「社会学会」に期待した第一の事がらであった。

社会政策学者ヴェーバー　ヴェーバーが「社会学会」に呼び込まれたのは、「社会政策」に関する有能な研究者としての実績ゆえだったと思われる（ちなみにヘルクナーも有力な社会政策学会員であった）。ヴェーバー自身も、学会設立時の一九〇九年頃にあっては、社会政策学と明確に区別された「社会学」のビジョンがあったとは思われない（運営委員長という職責ゆえに社会学について上述のような規定をしたとは思えない）。ヴェーバーは、「社会学者」として自他ともに認める地位を確立した後に、ドイツ社会学会に参加したのではない。その点ではテンニース、ジンメルと同日に論じることはできない。「社会学会」のアクティブなメンバーとして活動し、自らの理想を貫くことに失敗するという経験を積み重ねるなかで、「社会学」への思索を深めていったのである。退会という苦い学会経験が、社会学を捨てさせる代わりに、「社会学者」へと成長させるためのパンだねとなった。

一九一三年の『理解社会学の若干のカテゴリー』（Weber 1922 = 1968）において、自己の社会学上の立場を「理解社会学」と明確に規定しえたその翌年の一九一四年に、ドイツ社会学会を正式に退会した。ベルリンやライプチヒなどを旅して会員募集に奔走した数年後に、怒りをもって退会するという振幅の激しい学会経験をするなかで、マックス・ヴェーバーは「社会学者」へと成熟していったのである。

アカデミック世界からのひきこもり

第一次世界大戦以前のドイツ社会学会の動向をみる限り、ヴェーバーの社会学のビジョンが誰かと共有されていたり、広くあるいは特定の人々に影響力を有していた、という痕跡を認めることはできない。彼が人々との共同作業のなかで社会学への関心をとぎ澄ませていったとも考えることはできない。

こうした推測は、彼のおかれていた社会的状況を考慮すれば当然であろう。彼は一八九八年以降大学での講義はしておらず、一九一八年にウイーン大学で再び教授職にカムバックするまでの間、大学のなかでしかるべき地位を占めてはいなかった。いわば学識ある民間人として世に知られていた存在であった。アカデミックな著作は、すべて学術専門誌に掲載されているだけで、単著という形で刊行されたものはない。新聞などに発表された世の耳目を集めるような論考は、現実政治や現実社会の実践的なテーマにかかわるものばかりであった。彼が独自な社会学のビジョンを持っていたことなど、生前においては、例の「ハイデルベルク・サークル」にゆかりのある人々を除けば、ほとんど知られていたとは思えない。知られていないのに、どのような影響力を行使できるというのだろうか。

2　戦間期におけるヴェーバーの普及と受容

死後に出版の波

第一次世界大戦以前のこうしたヴェーバーの学問的孤立状況が徐々に改善されてきたのは、皮肉なことに彼の死を契機としてであった。

彼の死ぬ直前の一九二〇年、『宗教社会学論集』の第一巻が刊行された。死後、堰を切ったように、学術専門誌に掲載されたさまざまな分野の諸論考が、論文集という形で続々と出版された。遺稿も『経済と社会』というタイトルで刊行された。ヴェーバーの仕事が単著という形で、きわめて短日間に世に出るようになったのは、妻マリアンネのおかげである。ヴェーバーと直接面識のない人々が、彼の著作に接するようになったのは、ようやく一九二〇年代に入ってからのことであった(1)。

友人・知人・教え子

一九三〇年代になると、さらに事態は改善される。二〇年代では、ドイツ語に堪能な人以外には、ヴェーバーにアプローチすることは不可能であった。こうしたドイツ語圏という制約から解放され、英語圏やフランス語圏においてもヴェーバーが受容され始めたのは三〇年代のことである。ドイツ社会学に対して、文献を通してではなく、直接留学することによって精通するようになった、若い世代によるヴェーバー研究書が公刊されるようになった。そのなかでも、現代においても味読に値する二つの業績が決定的に重要である。

アロンの研究

まず最初に挙げられるべきは、一九三五年に公刊されたレイモン・アロンの『現代ドイツ社会学』である。マックス・ヴェーバーは、ジンメルやテンニースに代表される

「体系的社会学」とアルフレート・ヴェーバーやカール・マンハイムに代表される「歴史的社会学」の総合者としての位置を与えられている。同時代のドイツ社会学者のうちで、アロンが最も重要な存在と指定したのがマックス・ヴェーバーなのである。

パーソンズの研究

ヴェーバー受容史のなかで決定的なもうひとつの作品が、タルコット・パーソンズの『社会的行為の構造』（1937）である。英仏の実証主義の伝統とドイツの理念主義の伝統という二つの潮流の合流地点に、「行為の主意主義的理論」と呼ばれる新しい社会学が生成しつつある、というのが、この本の歴史的見取り図である。合流地点に位置する三人の社会学者が、同時代における致命的に重要な社会学者であるが、ヴェーバーはこの三人の重要人物のうちの一人という地位が与えられている。しかも分量的にみれば、他の二人の社会学者であるパレート、デュルケームに比べて、一・五倍以上の分量が、その議論のために充てられている。

アロンもパーソンズも、まず『学問論集』から議論を始め、『宗教社会学論集』および『経済と社会』の両方に説き及びつつヴェーバーの全体像に肉迫する、という共通の問題設定がなされている。いずれもヴェーバー社会学の全貌が、彼を頂点とする歴史の見取り図のなかで提示されており、一読して忘れ難い印象を与える力作である。

ガース・ミルズによる英訳

ヴェーバーを同時代の社会学者の最高峰に位置づける二つの研究書によって切り開かれた道を舗装して、「普通の」社会学者たちが容易に通行することを可能にしたのが、『マックス・ヴェーバー選集』（1946）の刊行である。ガースとミルズのコンパクトで行き届いた解説と平易な翻訳のおかげで、マックス・ヴェーバーは世界の社会学者の共通財産となり、「古典」としての地位を確立することができた。ドイツ語が不如意で、社会学の歴史に対する関心も乏しい、社会学の他分野の専門的研究者たちが、ともかくもヴェーバーの業績にアクセス可能になったのは、ようやく第二次世界大戦以後のことであった。ヴェーバーの著作が広く読まれるという前提条件が整備されて初めて、ヴェーバーの影響について語ることが可能になる。

3　ヴェーバー受容の根拠

第二次世界大戦とパラダイム転換　優れた研究書と平易な翻訳本の出版は、ヴェーバーが普及するための、いわば供給側の必要な条件である。社会学者の間にヴェーバーの業績を必要とさせる条件、いわば需要側の条件がなければ、ある一時期にどっと流行することは不可能であろう。ヴェーバーの受容を必然化させた現実的な理由は一体何なのか。

私見によれば、第二次世界大戦を完遂させるのに適合的なパラダイムをヴェーバー社会学が提供した、というのがその理由である。

資本主義 vs 社会主義　ヴェーバーが普及する以前において、社会学のドミナントな枠組みを形作っていたのは「資本主義パラダイム」である。一九世紀半ば以降、さまざまな流派の社会主義者たちとリベラルな社会学者との絶えざる論争のなかで、階級・社会問題・プロレタリア・ブルジョワなどをキー概念とする社会の分析装置が次第次第に形成されてきた。一八九〇年代に入ると、マルクスの業績が先進的なアカデミック・スカラーたちを魅了し、「資本主義」は社会学においてポピュラーな概念となった。「資本主義」は「社会主義」と対になる言葉であり、上述した「資本主義パラダイム」とは、資本主義vs社会主義という二項対立によって、社会のマクロ的特性および歴史的特性を把握するような思考様式のことである。

ファシズムの位置付け　こうした意味での「資本主義パラダイム」は、第二次世界大戦にあって敵味方を弁別する図式としては少々具合が悪い。一九四一年に発表された「大西洋憲章」（Atlantic Charter）に象徴的に示されているように、第二次世界大戦は、資本主義パラダイムの予測を裏切り、資本主義と社会主義との間の死闘ではなかった。資本主義のチャンピオンであるイギリス、アメリカ合衆国と当時唯一の社会主義国家であったソ連とが手を握り、ドイツ（それにイタリアと日本）に対し共同戦線を張れるかどうかが、全体の構図を決める上で死命を制する事がらであった。アメリカとソ連を一括し、ドイツを敵として括り出すために持ち出されたのが「ファッシズムの打倒・民主主義の擁護」といったスローガンである。資本主義パラダイムに従う限り、イギリス・アメリカ・ソ連を一方の極におき、他方の極にドイツを括り出すような対立図式を作り出すことは不可能である。イギリス、アメリカ、ソ連の共通性をデモクラシーに認めるというのも、社会科学を専攻するものからすれば、あまりに単純で根拠薄弱であるといわざるをえない。第二次世界大戦の全体構図を仕上げるには、資本主義vs社会主義という二項対立をリハビリテーションするような、新しい世界解釈図式がどうしても必要となる。ここで招喚されたのがマックス・ヴェーバーの業績である。

合理主義パラダイム　アロンとパーソンズのヴェーバー研究は、世界の合理化をライトモティーフにヴェーバーのさまざまな業績を体系的に整理した早い時期の代表的作品である（社会学を離れていえば、カール・レーヴィットの『マックス・ヴェーバーとカール・マルクス』〔1932〕が決定的に重要であるにしろ)。ヴェーバーは、「合理性」「合理化」などをキーワードする「合理主義パラダイム」の創始者として、マルクスに拮抗する地位を、一九三〇年代以降次第次第に固めていく。第二次世界大戦の進行と軌を一にして沸き起こったヴェーバーへの熾烈な関心は、「資本主義から合理主義へ」というパラダイム・シフトを共鳴盤とするものであった。第二次世界大戦に対する「利害関心」に駆動され、資本主義から合理主義へと「世界像」の転轍が遂行されたのである。

4　大衆社会の社会学——一九四〇—五五

影響の三段階

「大西洋憲章」(Atlantic Charter) は、たんに、イギリス・アメリカとソ連とを同盟国にするという短期的な政治的思惑に由来するものではない。それは、第二次世界大戦後の社会復興の基本方針を策定したものでもあった。第二次世界大戦以後の社会学のメインストリームのなかで、ヴェーバー社会学に対する強い関心は受け継がれた。社会学の動向は戦後復興のモデルをどこに求めるかに応じて移り変わりを見せた。社会学の動向の変動に伴いヴェーバー像も変貌し続けた。社会学におけるヴェーバーの学説の摂取過程は、三つの段階に整理することができる。

ナチズム研究と大衆社会論の形成

戦後社会学の第一段階は、ナチズムのために亡命を余儀なくされた社会研究所(Institut fü Sozialforschug) の所員たちがリードした時代であった。彼らは、ナチズムを研究することで「大衆」の果たす決定的な役割を発見し、同時代を「大衆社会」と診断する大衆社会論を構築した。エミール・レーデラーは（1940）、ヴェーバーの『支配の社会学』を援用して、官僚制化の進展が中間集団を消滅させ、カリスマ的リーダーの出現に至り着くという基本構図を組み立てた。エーリッヒ・フロムは（1941）、『プロテスタンティズムの倫理と資本主義の精神』を導きの糸としてナチズムを支えた大衆の社会的性格を解明した。テオドール・アドルノらは（1950）、この性格構造を権威主義的パーソナリティ（authoritarian personality）と名付け、統計的手法を用いて、それが民主主義の国々にも蔓延しているありさまを明らかにした。

カール・マンハイムは（1940）、ヴェーバーの形式合理性／実質合理性の二分法を受け継ぎ、「機能的合理化は実質合理性を高めるものではない」というテーゼのもとに、現代社会における非合理的要素を摘出しようと試みた。

大衆社会では、大量の人間を一定方向に動員するために、マスメディアによる「操縦」が不可欠の要素となる。マスコミュニケーションという言葉が急速に普及したのは、一九四〇年代以降のことである。ヴェーバーの提唱した「新聞の社会学」を、マスメディアに関する社会学的研究の先駆けとして位置付けることも可能であろう。

デモクラット・ヴェーバー　大衆社会論では、ヴェーバーの仕事は『経済と社会』（Wirtschaft und Gesllschaft）というタイトルのもとに集められた『支配の社会学』（Soziologie der Herrschaft）や『社会学の基礎概念』（Grundbegriffe der Soziologie）を中心に摂取され、同時代の危機的現象を解明するために役立てられていた。大衆社会論は、ヴェーバー社会学から重要なアイディアを掘り出し、それらをエラボレイトするなかで、その理論的な骨格が形作られているのである。

大衆社会の典型はドイツのナチズム（ファシズム）である。それは近代社会の「病理」形態と位置付けられる。英米諸国およびソ連が近代社会である限り、大衆社会に頽落する危険を常に内包している。英米・ソ連は、「外なる病理」であるファシズム（ドイツ・イタリア・日本）と闘うばかりでなく、「内なる病理」である「大衆社会化現象」に対しても闘いを挑む必要がある。現代を貫く二項対立は、「合理的な近代社会」vs「非合理的な大衆社会」という図式によって与えられる。この二項には、正常vs病理という価値判断が二重写しにされている。「病理」に対する闘い故に、第二次世界大戦は正当化されるのである。ヴェーバーは民主主義の守護神として理解されている。

5　比較近代化の社会学――一九五五―七〇

冷戦と資本主義パラダイムの復権　第二次世界大戦は連合国側の勝利に終わったが、その戦後処理をめぐってアメリカとソ連との間に主導権争いが生じた。こうして「冷戦」の時代が一九四〇年代の後半から始まった。「冷戦」とともに大西洋憲章の精神は破綻した。「冷戦」は、アメリカとソ連が直接戦闘し合う「熱い戦争」と対比された表現である。冷戦下でアメリカとソ連が用いた戦闘手段は何か。戦略地点として選ばれたのが、アジア、アフリカ、中南米等々に位置する「南の」新興の国々であった。民族自決の原則により第二次世界大戦後、植民地から独立国家への途を歩み始めた国々に対して、アメリカとソ連は、援助競争を仕掛け合った。援助を「アメ」に、政治的系列化を目指す戦いが世界的規模で繰り広げられたのである。援助競争に勝ち抜くために社会科学も動員され、南の国々を自国モデルに即する形で、いかに効率よく発展させるかが国家プロジェクトとして研究された。ここに資本主義vs社会主義図式の復位というパラダイム逆転現象が現出した。

冷戦批判としての
近　代　化　論

冷戦への国家戦略的な加担に抗するようにして、資本主義と社会主義の対立を相対化するような研究動向も一九五〇年代から顕著となる。

政治学者は民主主義vs全体主義、経済学者は市場経済vs指令（計画）経済という二分法に足を取られ、資本主義vs社会主義パラダイムから身を解き放ちえなかったのに対して、社会学者は価値体系（文化的要因）に着目することにより、こうした二項対立を横断するような比較近代化の社会学を展開することができた。そうした社会学者たちに準拠枠を提供したのが、マックス・ヴェーバーの『世界宗教の経済倫理』（Die Wirtschaftsethik der Weltreligionen）（Weber 1920, 1921 に収載）であった。

ラインハルト・ベンディクスは（1956）、工業化を推し進める上で必須不可欠な経営体（機械制的工場制度）に着目し、資本主義と社会主義の相違を労務管理イデオロギーの差異に帰着させ、そのおのおのを環境への適応の所産として理解した。ロバート・ベラーは（1957）、非西欧文化圏において唯一工業化に成功した日本の秘密を、日本人の価値体系のなかに探り出す。徳川時代のある宗教（「心学」）に着目して、それが西欧のプロテスタンティズムの倫理と同様の経済倫理を持つ限りにおいて工業化を促進する、と同時に、社会政治的にはプロテスタンティズムと異なった倫理を持つ限りにおいて、民主化には敵対し天皇制に親和した所以を明らかにした。日本の近代化の光と影の両面が、価値体系の平面から同時に説明されたのである。

アイゼンシュタットは（1967）、さまざまな地域から事例を広く収集し、近代化研究を総括するような仕事を残した。彼は近代化に果たす主体的条件を重要視し、近代化には、挫折や抵抗を含めてさまざまな経路があることを論証した。近代化は、こうした逸脱、挫折を生み出しつつも、それらをひとつの方向性へと吸収しうる時に初めて成就する。ナチズムも社会主義も資本主義も、近代化という「持続的成長」の一こまとして理解されることになる。

収斂理論

この時期のヴェーバー理解のスタンダードは、タルコット・パーソンズが作り上げた。彼は四〇～五〇年代に、価値体系にアクセントを置いたヴェーバー解釈を展開したあと、六〇年代に入ると、ヴェーバーの合理化論を進化論的枠組みのなかで再解釈しようと試みた（1966, 1971）。人類史における合理化の過程は「適応能力の上昇」として理解される。適応能力の上昇をもたらした代表的力が、産業化と官僚制化にほかならない。高度な適応能力を中軸原理とする社会の近代的類型は、一七世紀以降、欧州の「北西部」（オランダ、イギリスなど）を基地に離陸することに成功し、一九世紀以降になると、アメリカが指導的地位を奪い取った。アメリカ合衆国による指導的社会では、統合機能としてアソシエーショナルな形態が重視される。それと対立する形態が、一九世紀ではプロシアにおいて、二〇世紀ではソ連において出現した。しかし歴史の進展のなかで、両者はいずれもアソシエーショナルで民主的な構造のなかに包摂される方向に向き直された。

諸社会の近代的タイプは、イギリスとかアメリカとか一つひとつの個別社会において完全な形で実現されはしない。さまざまな諸社会が、ひとつのまとまりをもったシステムとして把握されたとき、初めてその全貌は明らかになる。さまざまな社会の間のコンフリクトや覇権の交替は、モダニティ（近代性）が、この世に実現されるための一こまとして理解されることになる。

近代性の体現者としてのヴェーバー　資本主義と社会主義の相違は、モダニティのとりうる位相の相違として理解され、アメリカもソ連もモダニティという共通の尺度に基づき、その歴史的位置が測定されている。パーソンズのモダニティ論は、資本主義と社会主義とが歴史の進化のなかで合流するとみなす故に、収斂理論と特徴付けられてきた。収斂理論は、冷戦構造に抗して、合理主義パラダイムから資本主義パラダイムに向かう逆転潮流に歯止めをかける試み、いわば大西洋憲章の精神の忘却へのプロテストとして位置付けることができるだろう。こうした位置どりをパーソンズはヴェーバーから学んだのである。

6　モダニティの社会学——一九六五—八〇

学園紛争とモダニティ批判　比較近代化論では、モダニティは開発途上国ばかりでなく先進諸国を含めて、社会進化を導くテロスとみなされていた。こうした傾向は一九六五年を境目として大きく変わった。思考風土のこうした裂け目を象徴的に示すのがスチューデントパワーの爆発である。学園紛争の嵐がアメリカ、フランス、ドイツ、日本等々、先進諸国において一九六〇年代の後半、次々と襲った。先進諸国が学問を含めてそれまで営々として築き上げてきたモダニティは「ナンセンス」として一蹴された。モダニティは「天国」ではなく「地獄」とみなされるようになった。こうしてさまざまなやり方でモダニティに批判的に対峙する社会学の諸潮流が形成されることになった。

フランクフルト学派とハーバーマス　モダニティ批判の社会学の達成として、ホルクハイマー、アドルノ、マルクーゼといったフランクフルト学派の仕事が脚光を浴びた。彼らはいずれもヴェーバーの業績に通暁していたと思われるが、モダニティ批判の武器として引用したのは、マルクスにフロイト、それにヘーゲルであった。ヴェーバーは多分「ブルジョワ社会学者のチャンピオン」とみなされていたのであろう。フランクフルト学派の第二世代のユルゲン・ハーバーマスになるとこうした事情は一変する。社会学におけるモダニティ批判の系譜を探った八〇年代の作品のなかで（1981）、ヴェーバーはこうした伝統の創始者としての位置を与えられている。

自由喪失と意味喪失　ヴェーバーの同時代批判は「意味喪失」と「自由喪失」という二つのテーゼにまとめられる。こうしたヴェーバー理解は、「世界の呪術からの解放としての合理化」という世界像を導きの糸とするものであり、こうした見解は『職業としての学問』、『宗教社会学論集』の「序言（Vorbemerkug）」および「中間考察（Zwischenbetrachtung）」においてコンパクトな形で定式化されている。

科学が人間に与えるものは何か。それはすべての事がらが原則として計算によって自由に制御可能になる状況である。世界をコントロールするためのエイジェントとなるのが「合理的」組織＝官僚制である。計算可能性、制御可能性は、人々の生活全般を覆い尽くす。こうした状況下では、個々人の生は社会的なものによって全面的にコントロールされ、「自由喪失」が引き起こされる。

科学が人間から奪うものは何か。科学は世界から「意味」を奪い去り、有意味なコスモスは因果連関のシステムへと作り替えられる。人間を含めて世界内のあらゆる存在は、本来的な意味を一切持たないモノに過ぎない。こうして「意味喪失」のテーゼが導き出される。

ヴェーバーによれば、合理化とは「科学」という独特な知の形態を推進力として遂行された、世界の呪術からの解放の過程にほかならない。科学をモダニティの核とみなす思考法は、科学を西欧近代特有の知と看破したヴェーバーの見解に由来する。ダニエル・ベルは、科学が及ぼす社会形態への帰結を徹底的に追求し、脱工業化社会論を構築した[(2)]（1974）。

ベルの脱工業化論

ベルによれば、産業革命や官僚制化によって生み出されるのは「工業（産業）社会」であり、現時点の最大の問題は、この工業社会が変質し「脱工業社会」が生まれようとしている点にある。脱工業社会の中軸をなすのは、「理論的知識」が技術革新および政策決定を決定的に方向付けるという原理である。モノ作りよりも情報産業が、モノ作りの技術よりも知的な技術が重要視され、支配階級は、資本家、企業経営者から、「テクノストラクチュア」と呼ばれる専門職、技術職階層へと移行する。人々を動かせるのは、理論的知識に由来する力のみである。

産業労働者ではなくスチューデントパワーが社会を震撼させることができたのは、モダニティの中軸原理が移りつつあるからである。社会主義は、資本主義と同じように、工業社会段階を分析するための用具となる。現時点で社会を動かしているのは、生産力と生産関係の矛盾ではなく、科学に由来する理論的知識と社会関係との矛盾である。

合理性に関する呪術からの解放

収斂論によりその対立が無効化された資本主義vs社会主義パラダイムは、今や過去のものとして一蹴される。モダニティは、科学によって体現された合理主義を導きの糸として理解されねばならない。科学に致命的意義を認めるこうした見方の流布は、合理主義パラダイムの勝利といえるのだろうか。大衆社会論では、合理主義の対極にある「非合理性」は、ネガティブな存在であり、合理的な社会を形成することが目的とされた。

比較近代化の社会学では、開発途上国の体現する制度は、西欧の合理主義とは異なった類型の合理主義とみなされるか、あるいは「合理性と無関係な（non-rational）もの」とみなされていた。西欧に生まれた合理主義の類型だけがモダニティを作り上げることができる。

科学を仲立ちにモダニティと合理性を同視する七〇年代以降のモダニティ論においては、合理的なものは、理念の平面にあるのではなく、人々の生活を支配している現実的力とみなされている。合理性は、人々が実現を求めて憧れる対象ではなく、もうすでに十分に人々の行動を縛り上げているリアリティにほかならない。合理主義に対するロマンティシズムはもはや終焉し、合理主義に対してはリアリズムしか持ちえない。人々が憧れたり望んだりする対象は、合理主義を超えるもののみである。合理主義パラダイムは、ついに資本主義パラダイムに競り勝ったようにみえるかもしれない。しかしこの勝利は、合理主義に対する一切の夢の消失と合理性が背負っていた「大きな物語」の破綻と引き換えに得られたものに過ぎない。ヴェーバーがモダニティの社会学に与えたのは、合理性に関する「呪術から解放された」思考様式であった。ここでヴェーバーはモダニティ＝近代の批判者として立ち現れる。

7　ヴェーバー研究の自立化——一九六五以降

ヴェーバー生誕百年祭　戦後の三番目の段階はまた、ヴェーバー研究と社会学研究との関係が微妙に変化した時期でもあった。変化の端緒をなすのが一九六四年のヴェーバー生誕百年祭であった。世界の各地で記念のシンポジウムが開催された。そのおかげでヴェーバーの名前と業績は一般公衆にまで広く浸透した。さまざまな専門分野においてヴェーバーは研究され、ヴェーバーに関する資料が広く発掘され、網羅的なビブリオグラフィーが公刊された。

ヴェーバー学の成立　ヴェーバーに対して再度燃え上がった強い関心を背景に、ヴェーバー研究の新しい紀元が切り開かれた。その特徴を列挙すれば、①議論されるテクストが包括的になる。②テクストの成立時期等々に関して文献学的な考証が厳密となる。③テクストの書かれた歴史的コンテクストに対して鋭敏となる。④ヴェーバーに影響を与えたパーソナルおよび、知的なネットワークについてのディテールが議論に組み込まれる。⑤比較の対象となる思想家の範囲が飛躍的に広がる等々。これまでのヴェーバー研究にはみられない、ユニークでヴォリューム豊かな業績が続々と刊行された。今やヴェーバー研究は、副専攻としておこなえるジャンルではなく、全生涯をかけ、すべての時間を費やして取り組むべきテーマとなった。ヴェーバー研究を専門とする「ヴェーバー学者」が誕生したのである。

ヴェーバー学者たちの業績は、ヴェーバー研究としてはインパクトのあるものであった反面、社会学のテーマとのつながりがストレートでないものが大半であった。社会学の論文において、ヴェーバーの引用回数が増加するにつれ、ヴェーバーのアイディアを今日的な問題に引きつけて解釈するような個性的な読解が乏しくなった。オリジナリティーあふれるヴェーバー読解は、「誤読」として葬り去られる傾向が生じた。社会学的研究への貢献度という尺度が、ヴェーバー研究においてほとんど重要視されなくなった。

ヴェーバー全集の刊行

一九八二年からヴェーバー全集が刊行されるようになったが、ちょうどその頃から、ヴェーバーの仕事を、同時代の緊急のテーマの解明に役立てるような社会学的研究の代表例を思いつくことが困難となる。(3) ヴェーバーは、誰でも知ってはいるが、直接には読まれることなく、二次的研究の成果をもとに理解される、社会学の「古典」になってしまったのである。

8　終着点としての一九八九年

影響力の終点

ヴェーバーの影響力は、四〇年代から五〇年代にかけて徐々に増大し、六〇年代をピークに、七〇年代に至るまで多大な力を保持してきた。しかし、あらゆる学説には妥当範囲の限界が存する。ヴェーバーの学説にだけ例外をもうけることはできないだろう。ヴェーバーの影響力の終着点はどこに求めたらいいのか。

収斂地点としての「鉄の檻」

収斂理論をもう一度見直してみよう。収斂する地点は一体どこなのか。資本主義と社会主義のちょうど真ん中なのか。ヴェーバーによれば「官僚制的組織が進出する決定的理由は、他の形態に対して純技術的に見て優秀であるという点にあった」。「かくて、行政の官僚制化がひとたび完全に貫徹されると、支配関係の事実上不壊に近い形態が作り出されることになる」。

合理化が進むと、官僚制化が進むわけだから、資本主義のなかにある非官僚制的部分の合理化が進展して、資本主義が社会主義（＝全般的に官僚制化された社会）に接近することは逃れ難い運命である。社会主義が資本主義化するわけではない。収斂する地点は社会主義の極、もう少し正確にいえば「合理化された社会主義」に求められることになる。(4) ミッツマンがヴェーバー論のタイトルに選び、人口に膾炙したフレーズを用いれば「鉄の檻」が収斂地点である。

ソ連崩壊の意味　ところが、「鉄の檻」という表現がよりぴったりだったソ連社会は、一九八九年から崩壊し始めた。現時点ではすべての先進諸国は、資本主義の極の近傍に集合しつつある。「歴史が終焉する」地点は、ヴェーバーの予測を裏切り、資本主義の方にあったのである。ヴェーバーの未来に対する見通しは、歴史の進展によって裏切られたといわざるをえない。ヴェーバーの合理主義パラダイムは、一九八九年を画期としてリハビリテーションされる必要があったはずである。もう少し正確に言い直そう。「鉄の檻」で象徴化されるようなヴェーバー理解は、一九八九年で、一応の終着点を迎えたことになる。

新たなヴェーバー像に向けて　ヴェーバーはある箇所で（Weber 1972 : 126 ＝ 1960 : 635）「理性のカリスマ的な神聖化」は「カリスマの最後の形式」であり、それは「フランス革命において特徴的な表現を見いだした」と述べている。こうした規定の存在にもかかわらず、ファシズムを分析する上でカリスマは鋭利な分析用具となった。もしも一九八九年の「東欧革命」以降にも合理主義パラダイムを用いようとするなら、少なくとも「鉄の檻」イメージが埋め込まれているヴェーバー特有の文脈から自由になる必要がある。ヴェーバー学説の解釈をベースに、一九三〇年代の後半以降形成された合理主義パラダイムは、一九八九年において、真正な意味での影響力は失われた、というのが本章の結論である。

注

（1）一九二〇年代のドイツにおける（ドイツ語圏における）ヴェーバー研究のうちで、出色のものはアルベルト・ザロモン（Salomon 1926）の論考だというのが私の意見である。ヴェーバーの広範な業績が幅広くレビューされ、ヴェーバーの「社会学」の体系性が見事に描き出されている。彼のヴェーバー研究はひとつの「論文」なのでヴォリュームという点では見劣りがするものの、三〇年代におけるアロンやパーソンズの作品に匹敵する包括性と体系性とを兼ね備えた見事な業績である。彼は一八九一年に生まれ、第一次世界大戦以前のハイデルベルク大学で学んだので、ヴェーバーと個人的な付き合いがあった。一九二〇年代にヴェーバーを論じた人は、何らかの形で彼とパーソナルな付き合いがある人ばかりであった（それゆえ追悼文という色彩の強いものが多い）。社会学界以外のものでは、レーヴィット（1932）の研究が屈指のものであるが、レーヴィットとヴェーバーのかかわりは、ミュンヘンでヴェーバーの講演をレーヴィットが一聴衆として聞いたことがあるという程度のもので、二人の間に直接的な師弟関係はない。『ヴェーバーとマルクス』は、ヴェーバーの影響力が「ハイデルベルク・サークル」を越え出たことを示す点でも、ヴェーバー研究史上、記念碑的作品であるといえよう。

(2)　ポスト・インダストリアル社会論では、資本主義社会は産業社会（工業社会）と同視されている。こうした形での産業社会論は、レイモン・アロンによって創始されたとみなされている。ここでまた私たちはアロンに再会することになる（パーソンズの進化論的普遍体の議論もまた想起せよ）。マルクスの資本主義論をヴェーバー流の合理化論の視点から再考したのが「産業社会」論である、と規定することができるだろう。

(3)　「科学」が社会に及ぼす決定的影響を論じた社会学的業績として、ランドール・コリンズの作品（Collins 1979）を外すわけにはいかないだろう。ヴェーバーの「身分」論に依拠しながら、教育がいかにして社会を階層化する上で決定的なメルクマールになるのかについて、犀利な議論が展開されている。学歴と社会階層上の地位との相互規定性に関する研究は、社会的閉鎖化論を産み落とした。社会閉鎖の理論は、レイモンド・マーフィー（Murphy 1988）が、フランク・パーキン（Parkin 1979）の階級論に依拠しつつ、ヴェーバーの概念を継承発展させた議論であるが、こうした傾向の業績としては、ブルデューの仕事の方が、社会学界では圧倒的に著名である。山之内の丁寧な指摘があるように（山之内 1999：86）、ヴェーバーの大きな影響力を受けた旨のブルデュー自身の発言が残されている。しかし文化資本、文化的再生産論の形成に際して、ヴェーバーの作品が利用されたことを立証するのは、私の力量ではできなかった。

(4)　第６章において、ソ連はヴェーバーが想定していたような「合理化された」社会主義というタイプの社会主義からは大きな隔たりがあったと結論している。もしもこうした立論が許されるなら、ソ連の解体は、ヴェーバーにおける合理化の最高形態としての全般的官僚制化というテーゼを反証する事例とはなりえないことになるだろう。

エピローグ　ヴェーバーとグローバリゼーション

1　ヴェーバーの理論的「危機」

問題は現実から与えられる

ヴェーバーの社会学への大きな影響力は、一九八九年に終焉したというのが第7章の結論である。「終焉」してからかれこれ二〇年以上経ってしまった。ヴェーバーの影響力の作用史のなかで、一九八九年から現在までの約二〇年間はどのように位置付けられるのか。この二〇年間に評価に値するヴェーバー研究が皆無だったといいたいのではない。私が重要視したいのは、ヴェーバー研究のプロブレマティークの地殻変動についてである。ヴェーバーが研究対象になる場合、ヴェーバーのテクストにかかわる難点か、あるいはテクストの読み方の難点がクローズアップされるようになった。ヴェーバー研究における問題設定は、ヴェーバー研究の歴史から内在的に引き出される傾向が強まった。こうした研究傾向は、ヴェーバー全集の刊行に伴い、これまで知られていない、あるいは名前しか知られていないテクストにアクセスできるようになり、顕著になった。テクストの成立時期、テクストの異同といった問題は、データを用いて確定的に論証したり反駁したりすることが可能であり、「実証科学」のロジックに従い研究価値を評価できるように思わせる。レフリー付きのジャーナルでは、こうしたタイプのヴェーバー研究が特に好まれる。というのも論文の善し悪しが同一線上で判定できると考えうるからである。

ナチズム研究とヴェーバー発見

このタイプ以外に研究に値する「問題」はありえないのか。第7章の議論に従えば、ヴェーバーが社会学における決定的な人物になったのはナチズム研究を通してである。ナチズムは、ヴェーバーが眼前に見たこともない現実であり、それゆえ直接的にそれに言及したテクストは残されていない。ヴェーバーが研究したこともない現実が解明すべき「問題」として選ばれている。こうした「問題」に対するヴェーバーの答えを推論していくなかで、ヴェーバー学説に対する関心が熾烈化し、さまざまなヴェーバー「解釈」が覇を競うようになった。ヴェーバー研究の「問題」は、ヴェーバーのテクストや研究史の「外」から導き出されている。もう少し精確にいおう。科学の問題設定は、「社会」という「包括的な連関」のなかに埋め込まれている。というのも「科学自身の存在とその仕事の方向性は、この包括的な連関、つまり社会に依存している」からである（Horkheimer 1932 = 1998 : 112）。

二つの理論的危機

私の関心があるのは、現実に由来する問題をヴェーバーに投げ返すようなタイプの研究である。この二〇年間におけるヴェーバー研究の動向は、まず第一に、内在型の問題設定が主流になったこと、第二に、同時代の本質をグローバリゼーションに求めるような人々はヴェーバーに対し無関心であった、という二つの特徴を持つ。事実、現代をグローバリゼーションの時代と規定し、それへの解答をヴェーバーの再読によって果たそうとするようなヴェーバー研究は、日本の山之内靖の仕事（山之内 1999）以外に思いつくことはできない（散発的な論文すらないとまではいわないが）。こうした事実を踏まえて、ヴェーバーの社会学への「真正の」影響力は一九八九年に死滅したという断定が引き出されたのである。

グローバリゼーションの社会学的解明のためにヴェーバー学説の門を叩いてみると、最初に囚われるのは失望の念であろう。ヴェーバーについて人口に膾炙された「学説」は、グローバリゼーションという現実に見事裏をかかれた、といわざるをえない。

ヴェーバー学説を破綻させた現実として二つの出来事が重要である。そのひとつが、一九八〇年代におけるＮＩＥｓ、世紀の転換期におけるＢＲＩＣｓに象徴されるような、非西欧圏における急速な資本主義化の動き、もうひとつが、全般的に官僚制化された社会のイメージに最も適合的な社会主義諸国が、一九八九年を境目に、あっという間に瓦解した現実である。

こうした二つの現実は、常識的にはヴェーバーの予測を裏切ったものと判定せざるをえない。この判定は本当だろうか。もしそうでないと主張するなら、従来のヴェーバー解釈のどこに間違いがあったのか指摘しなければなるまい。ＢＲＩＣｓと東欧革命とは、ヴェーバー理論の「危機」として、ヴェーバー研究のなかで真正面から取り組まれるべき課題と思われる。

ホルクハイマーは断言する。

> 科学の危機ということを正当に語りうる限りでは、それは全般的な危機と切り離せない（113）。

彼は「科学の危機」で「ブルジョワ社会学」を、「科学の危機」で「ナチズム」を思い浮かべていた。私は、「科学の危機」に「ヴェーバー社会学」を、「全般的な危機」に「グローバリゼーション」を代入し、これまでの第5、6、7章を書き連ねてきた。

私の問題設定の内在／外在の対比は、三島憲一のいう「第一次文献学」と「第二次文献学」の対比に重なる部分が多いかもしれない。三島によれば（三島 2007：138-41）、「第一次文献学」とは、文章の解釈にあたって、「同種の」（同じ人物、同じ時代、同じジャンルの）テクストを重ねて解釈する手法であり、「研究室の扉はほんの少し開いているだけ」のケースである。それに対して「第二次文献学」とは、「過去のアクチュアリティを現在のアクチュアリティに変換する」試みであり、「公共の議論」が準拠枠になっている。三島は、書評論文ということもあり、一見したところ「第二次文献学」をすすめているように見受けられる。私の考えでは、研究の順序という意味でも、価値の序列という意味でも、「第一次文献学」は「第二次文献学」に先行し、優位すると思われる。しかしここであらためて確認したいのは、二つの研究手法は、容易に「止揚」したり「調停」したりできるものではないという一点である。どちらの解釈枠組みを選ぶかについては、研究者の判断に委ねられており、つねに明晰な自覚のもとに統制されるべき事柄である。

2　NIEsとBRICsと近代資本主義論の危機

ヴェーバーと中国・インド　ヴェーバーの『儒教と道教』『ヒンドゥー教と仏教』は、中国社会論、インド社会論として今でも味読に値すると思われる。しかし二〇世紀から二一世紀の転換期において一読すると、中国やインドの現状との甚だしい乖離にびっくりしてしまう。これらの本のなかでは、中国およびインドにおいて、いかに資本主義の形成が至難であるかが、一所懸命論証されているからである。ヴェーバーの時代的制約からいってこうした立論はやむをえなかった、という形でヴェーバーを「救済」することも可能であろう。こうした時代制約のあるヴェーバーを何故に現時点で精読する意味があるのだろうか。

モダニティの変容には二つのパターンがある。一つは時間的進化に伴う変容であり、もう一つが地理的移動に伴う変容である、近代化の道は二つある。内発的な資本主義化はモダニティの時間的進化を推進力とし、外発的な資本主義化はモダニティの地理的移動に伴う変容を起動力としている。モダニティの時間的進化は西欧を舞台に繰り広げられたのに対し、モダニティの移動に伴う変容に舞台を提供したのが非西欧諸社会である。日本の文明開化は、モダニティの移動を推進力とする外発的近代化の典型例であろう。中国やインドの急速な資本主義化は、日本のケースを嚆矢とする「外発的近代化」の再版ではないのか、というのが私の見立てである。

モダニティ論から
グローバリゼーション論へ

一九八〇年代のＮＩＥｓから二一世紀におけるＢＲＩＣｓへの歴史的展開過程は、「グローバリゼーション」の典型的事例である。私はモダニティ論を一歩進めてグローバリゼーションを包摂しようと試みた。「グローバリゼーション」を起動しているのは「モダニティの移転」である。グローバリゼーションをモダニティの移転をもって定義するこうした試みは、私からいえば、ヴェーバーの見解の継承である。

「普遍的な意義と妥当性を持つ」モダニティという文化的諸現象（資本主義も重要な一項として含まれる）がその姿を現すのは、「西欧という地盤において、またそこにおいてのみであった」というのが、ヴェーバーの有名な断言である。

ヴェーバーのこの言明が否定するのは、一方では「モダニティは世界各地で同時多発したものである」という考えであり、他方では「モダニティは西欧においてのみ妥当する意義を持つ」という考えであろう。進化論では、進化を起動させる突然変異の発生は、地理的に限られることなく、世界各地で起こりうると想定されている。また日本文化論では、「日本らしさは日本に生まれた者しか真に理解することはできない」という形で、文化の個別主義的意義と妥当がしばしば主張されている。ヴェーバーのモダニティ論は、進化論と文化相対主義の否定の上に成り立っている。

ａ　西欧を地盤にして生まれたモダニティが、
ｂ　人類の共有財産として普遍的な意義と妥当性を持つ。

aという前件とbという後件をつなぐために、モダニティの全世界への波及過程＝モダニティの世界各地での共有財産化という過程が必須不可欠となる。ヴェーバーの見解に従えば、モダニティの歴史的発生論に続いて、モダニティの地理的移動論が展開されねばならない。モダニティの全世界への波及過程をグローバリゼーションと名付けるなら、グローバリゼーション論はヴェーバー社会学の正統な続編ということになるだろう。西欧を地盤として生まれた「文化的諸現象」が、もしも中国にもインドにも侵入することができないとしたら、また中国でもインドでも受容されることはないと解するなら、そうした現象がどうして「普遍的な意義と妥当性を持つ」と規定することができるのだろうか。モダニティが「普遍的な意義と妥当性を持つ」に至るような「グローバリゼーション」は、ヴェーバーにとって、正統な研究課題になると思われる。

3　東欧革命とヨーロッパ統合との対照的な二つの革命

近代官僚制の類型学

一九八九年、フランス革命から二〇〇年経ったヨーロッパを舞台に生起した激動を目の当たりにして、稲上毅は次のような感慨を書き記している。

ひとは、二〇〇年という歳月を隔てた今日、ヨーロッパ世界に出現した幾重もの意味における――第一に、フランス革命と東欧革命との符合、第二には、EUの原型構想と「新ヨーロッパ」再組織化の二重写し、第三には、「軍事と形而上学を超えて」という同型の時代のうねり――これらの絶妙な共鳴関係に遭遇してどうして感動しないでいられようか（稲上 2005：237）。

東欧革命からソ連の崩壊に至る一連の過程をみると、ヴェーバーの官僚制化のテーゼに対し疑問を感じざるをえない。というのは、技術的に最も効率的で、不壊の支配機構と思われた官僚制が、一夜にして内部から崩れ去ってしまったからである。それに代わるように「新自由主義」が声高に唱導されるようになった。最も合理的なのは、一切を「市場」あるいは「自由競争」に委ねる道である。官僚制による管理は、市場による淘汰よりも一歩進んだ合理化の段階にあるとは到底いえないのである。

他方、一九九〇年代に入ると、ヨーロッパ統合の動きは一気に加速化され、ＥＣはＥＵへと変貌していく。こうした動きに対する根強い抵抗もある。マーストリヒト条約の批准に失敗する事例が相次いだ。その際、理由として持ち出されたのは、「ブリュッセル」による「中央集権化」に対する懸念である。事実、ヨーロッパ統合の深化が進めば進むほど、ブリュッセルの官僚制機構は整備され、加盟国によるチェックの動きを振り払い、「ヨーロッパ全体の利害」を体現することに成功してきた。

ヨーロッパ統合とユーロクラットの権威と力の増大とは、手に手をとって相進んでいる。ヨーロッパ統合の方に目を移すと、一九五八年に創設されたヨーロッパ経済共同体（ＥＣＣ）の理想は、市場の自由な展開のなかで達成されたとは到底思えない。市場への「合理的」な官僚制的介入のもとにようやく可能になったと考えざるをえない。その限りで、ヴェーバーの官僚制化のテーゼは、依然として現在進行形である。

一方における東欧諸国・ソ連における官僚制の機能不全、他方におけるヨーロッパ統合における官僚制化の進展、こうした対照的な動きは、どうしたら同時に理解することができるのか。こうした方向性の下で、再びヴェーバーの官僚制論を再読し始めた。

ヴェーバーの記述から、家産官僚制と区別される近代官僚制は、決してひとつのタイプしかないわけではないことに気付く。社会学の常套的手法に従い四つのタイプを弁別することができた。こうして得られた〈近代官僚制の類型学〉を用いると、ソ連は「官職‐官僚制」の典型であり、EUは「プロフェッション‐官僚制」の適例として対極的な位置にある。ヴェーバー自身のイメージに従えば、「官職‐官僚制」が合理的官僚制の代表例となるだろう。というのも、来るべき全般的官僚制化された世界は、「エジプト化」などの比喩で呼ばれているからである。

プロフェッション‐官僚制の時代へ　しかし、ヴェーバーの合理化に関するさまざまな議論に整合的なのは、むしろ「プロフェッション‐官僚制」の方と思われる。「プロフェッション‐官僚制」こそが「合理的官僚制」の理念型とみなされるべきである。というのも「プロフェッション‐官僚制」の依拠する合理性は、形式合理性などを含めてヴェーバーが用意した合理主義のさまざまな次元、あるいはまた他の諸領域における合理化の動きに関する記述に対し、より親和的なものだからである。

今、仮に東欧諸国・ソ連とヨーロッパ統合との対比を、グローバリゼーションという動きに対する対応力の差異によって説明するとしよう。「官職‐官僚制」はグローバリゼーションの動きについていけず自己崩壊し、グローバリゼーションの暴走する世界を現出せしめた。それに対し「プロフェッション‐官僚制」の方は、グローバリゼーションの動きに柔軟についていくことができ、「地域統合」という形でグローバリゼーションを手なずけることに成功した、といえるだろう。

「プロフェッション‐官僚制」は、モダニティのさまざまな項目に対する親和性の程度において、「官職‐官僚制」の上をいく。その限りで合理化の段階が一歩進んだ類型といえるだろう。グローバリゼーションは合理化の一つの局面である。合理性の程度の高い組織ほど合理化された世界のなかで生き残る確率が高いのは当然の理であろう。

二〇世紀から二一世紀にかけての世紀の転換期に試されたのは、近代官僚制のさまざまなタイプの間の適応力の差異である。ことを官僚制一般vs市場、に帰着させてはならない。グローバリゼーションは、ヴェーバー官僚制の理論に対しても、新しい境地を切り開くものであった。

文献紹介

I　グローバリゼーション・社会学理論・ヴェーバー

1 厚東洋輔（二〇〇六）『モダニティの社会学――ポストモダンからグローバリゼーションへ』ミネルヴァ書房

モダニティ論からグローバリゼーション論へとつないでゆく、私の議論の道筋は、この書で大筋でき上がったものである。巻末の「文献案内」には、私のベーシックと思われる業績は、すべて列挙されている。本書では、そこで挙げられた書物への言及は割愛することにしたい。

本書を書く際に何回か参看したのにもかかわらず、私の議論のなかにうまくはめ込むことができず、結果として引用・参照文献として掲げることができなかった業績について、以下では私なりの評価を込めて「補説」という形で述べておくことにしたい。「注」にするには適当な引用箇所が見つからなかったものが大半である。

2 Urry, J., 2000, *Sociology beyond Societies : Mobilities for the Twenty-first Century*, Routledge.

（＝二〇〇六、吉原直樹監訳『社会を越える社会学――移動・環境・シチズンシップ』法政大学出版局）

「社会学理論」の分野から挙げるなら一押しの業績である。グローバリゼーションをこれまでの「社会学理論」に対する「危機」として受け止め、グローバリゼーションを取り扱えるような形に社会学理論をリハビリテーションするにはどうしたらよいのかについて思考をめぐらした一書。問題設定は私とまったく同じである。アーリが「社会学の解体／再構築に向けて」選んだキーワードが「モビリティ（移動）」である。副題の「21世紀に向けてのモビリティ」は、こうした方向性を端的に要約するものである（訳書ではこの点が曖昧になっているが）。

問題設定が同じなので、本文で是非引用したいと思ったが、引用しようとすると完全に同意できる箇所をみつけることがどうしてもできなかった。議論展開の粗さが気になって仕方がなかったからである。建物としては見事なもので、設計も建築も第一級の作品と思われるが、内装に関しては今ひとつ気に入ることができなかった、というのが私の読後感である。

③ 山之内靖（一九九九）『日本の社会科学とヴェーバー体験』筑摩書房

ヴェーバー研究の分野からまず挙げられるべき屈指の業績である。

「やがて一九八〇年代の末にいたって、資本主義システムは再度その性格を変容し始めた。この変容をもたらしたプロセスを総括して、グローバリゼーションとよぶことができるであろう。グローバリゼーションとともに、社会科学にも大きな質の変化が訪れようとしている」（二一五頁）。

同時代が「グローバリゼーション」として把握されていること、社会科学に対するグローバリゼーション・インパクトを重視していること、同時代認識のために何よりもまずヴェーバーが参照されていること、こうした諸点に関しては私もまったく同意する。日本産の優れたヴェーバー研究書として、本文で是非引証したいと思ったが果たせなかった。その理由は、アーリの場合とまったく逆である。ヴェーバーのテクストの読み方など、ずいぶん勉強になった箇所があり、引用したくなるところは沢山あった。私が引っかかったのは「総力戦からグローバリゼーションへ」という全体の見取り図に対してであった。冷戦の終焉によって巨大な戦時動員が「解除」されたのか、「遺産継承」として連続しているのか、山之内はその両方を指摘している。連続と切断との構造について私はどうしても一義的な理解に達することができなかった。ヴェーバー解釈に引きつけていえば「鉄の檻としての現代」という構図が、グローバリゼーションとともにどうなるかについて、確たる見通しを得ることができなかった。

同時代に関する全体的見取り図がもしも私と異なるなら、部分を引用して自分の議論の補強に用いるのは、「我が田に水を引く」感じがして躊躇せざるをえなかった。ニーチェ・インパクトとグローバリゼーション・インパクトとの関連について、私が理解できないことに、こうした躊躇は由来するのかもしれない。

Ⅱ　グローバリゼーションの社会学

1　Giddens, A., 1999, *Runaway World : How Globalization is Reshaping Our Lives*, Profile Books.

（＝二〇〇一、佐和隆光訳『暴走する世界——グローバリゼーションは何をどう変えるのか』ダイヤモンド社）

ギデンズがグローバリゼーションを直接のテーマとして論じた文字通りの小著。グローバリゼーションについて、リスク、伝統、家族、デモクラシーという項目を立てて手短に論じているが、この項目の立て方は、一見常識的なようだが、よく考え抜かれたものである。こうした項目立てのお陰で、グローバリゼーションは一気に社会学の本体へと持ち来らされ、原著の副題「グローバリゼーションはいかにして私たちの生活を形態変容させるか」という社会学的問いかけに肉迫することが可能となる。読んで時間を浪費した、と感じさせないギデンズのいつもながらの手腕には脱帽せざるをえない。

2 **Featherstone, M., 1995,** ***Undoing Culture : Globalization, Postmodernism and Identity*****, Sage Publications.**（＝二〇〇九、西山哲郎・時安邦治訳『ほつれゆく文化——グローバリゼーション、ポストモダニズム、アイデンティティ』法政大学出版局）

カルチュラル・スタディーズの立場からグローバリゼーションについて論じた興味深い一著。社会構造論としてのハイブリディティ論、あるいは地理的移動に伴うモダン変容をハイブリッドモダンと呼ぶ点など、私がカルチュラル・スタディーズ系統に立つグローバリゼーション論から学んだものは多い。グローバリゼーションへの反応として「ようやく我々はここに社会学的な問題があるかもしれないと考え始めた」（訳書、二四一頁）。結果、「社会」概念を無効とみなす傾向、あるいはまた「このように社会内の次元に焦点を当てることから、社会間の、あるいは社会を横断するプロセスを無視することになってしまう」(二四一、二三九頁)という指摘など、私の主張と重なる部分が多い。

翻訳書に寄せられた「日本語版序文」を読んだときには、心底びっくりした。というのは「本書の鍵となる合意の一つは、社会学は、マックス・ウェーバーやノンベルト・エリアスのアプローチにとって中心的な課題であった国際政治、戦争、グローバルな権力バランスの問題に回帰しなくてはならないということである」という一節があったからである(訳書、xix頁)。エッ、どんなヴェーバーの業績が念頭におかれているのかしらと注をみてまたびっくり、テンブルックのヴェーバー研究論文が挙げられているだけだからである。『儒教と道教』あるいは『ヒンドゥー教と仏教』にこうした視点が埋め込まれていたとは、言い切ることは難しい。これについては第5章で長々論じた通りである。

「こうしたプロセスのなかから生じた文化の借用と折衷主義は、社会学や人類学のなかで長らく維持されてきた、有機的ないし美学的な統一体を強調する文化の観念に対して、大きな疑問符を付さないではいられない」(訳書、二四〇頁)という指摘に合致するものを、ヴェーバーの業績から探し出すとすれば、現時点における私の考えでは『古代農業事情』が屈指のものだろう。しかしこうした視点に立った立ち入ったヴェーバー研究がなされているわけでもない。

フェザーストンは、論文で読むときわめて犀利でこちらの通念を揺さぶる力を持つ。例えばデュルケームについて社会と国民国家の混同という紋切り型の指摘をした後、「十九世紀末から二十世紀初頭にかけて起こった激しいグローバリゼーションと国家間競争の局面において、国民国家社会によって生み出された忠誠心の代わりとなる、新しいタイプの道徳的統合を発見する必要性に迫られて、人類に焦点を当てたのである」(訳書、二三八頁)という卓見がそれに続けて披露される。書物になると、理論部分についていえば（経験的な素材の選び方の面白さはともかくとして）、彼の議論は類似のフレーズの繰り返しが多くなり、同じステージをぐるぐる回っているという感じを否めなくなる。構築性という点ではアーリと対照的である。

③ **Castells, M., 2001, *The Internet Galaxy : Reflections on the Internet, Business, and Society*, Oxford University Press.**（＝二〇〇九、**矢澤修次郎・小山花子訳『インターネットの銀河系――ネット時代のビジネスと社会』東信堂**）

「ネットワークはメッセージである」という言葉をキーワードにして、「インターネット」という技術的変革を出発点にして、それの与える大きなインパクトを、文化、ビジネス、社会関係、政治、地政学、世界的な格差という項目立てに従い、体系的に論じ切った力作。インターネットの日常化等々、いわゆる「情報革命」を起動力に想定しているグローバリゼーション論のなかで、その構築性で卓抜している業績である。

グローバリゼーションと文化というテーマでは、肯定するにしろ否定するにしろ、必ず触れられるべき先行業績といえるだろう。

④ **内海博文**（二〇〇七）**「グローバリゼーションと人間の安全保障の興隆」友枝敏雄・厚東洋輔編『社会学のアリーナへ――21世紀社会を読み解く』東信堂、第8章**

二〇世紀の最後の四半世紀では、社会科学における議論の潮流を形作る上で、国連の指導下で開催された会議および報告書は決定的な力を発揮してきた。国連開発計画（UNEP）の『人間開発報告1994――人間の安全保障の新次元』は「人間の安全保障 human security」という言葉を世に広めるために大きな働きをした。「人間の安全保障」論は、グローバリゼーションを、開発途上の諸社会の側から、しかも「生活」という平面から捉え返すという点で、社会学からみてきわめて興味ある論点を提供する。しかし社会学界では、こうした論点は、依然として「ローカリゼーション」といった道具立てでしか議論されはしないのが現状である。

人間の安全保障で展開されている議論と、社会学の本体とは、内容的には交錯するところが多い。内海博文の論文は、日本の社会学界において、人間の安全保障論のはらむ社会学的意義について真正面から論じたパイオニア的業績である。

5 **遠藤薫（二〇〇九）『聖なる消費とグローバリゼーション』勁草書房**

消費社会論をグローバリゼーション論へと接合しようとする、方向性のはっきりと定まった興味深い業績である。「消費」は経済現象ではなく文化現象として把握されている。「グローバリゼーションと文化」という範疇に属する最新の業績といえるだろう。

私がとりわけ興味深かったのは、引証されている事例として「近代日本の経験」が重要視されている点である。

この著作は「社会変動をどうとらえるか」という総題のもとの一著で、二〇〇九年には第二作『メタ複製技術時代の文化と政治』、二〇一〇年には『三層モラルコンフリクトとオルトエリート』、『日本近世における聖なる熱狂と社会変動』が続刊されている。勢いを感じさせる仕事である。

⑥ **正村俊之（二〇〇九）『グローバリゼーション——現代はいかなる時代なのか』有斐閣**

「グローバリゼーション」に関して標準的な知識を与えようとするテキストブック。主として欧米で蓄積されてきたグローバリゼーションに関する研究書が、的確にフォローされ、手堅い形でまとめ上げられている。「ウエストファリア体制」として近代の国家体制が押さえられていることから窺えるように、ヨーロッパ（あるいは欧米）の歴史のなかにグローバリゼーションという過程ははめ込まれている。こうした視点から、一六世紀から現代に連なる政治的・経済的出来事が、二段階（あるいは四段階）に分けて、要領よく概説されている。

⑦ **Patel, S., 2010, *The ISA Handbook of Diverse Sociological Traditions*, Sage.**

社会学は現在、さまざまな国・地域において、研究され、また教育されている。こうした世界各地の社会学がそれぞれの伝統を引き継ぎながら、いかに多様な形態のもとで遂行されているかを知るために、格好の一冊である。世界は、欧米、中部東部ヨーロッパ、ラテンアメリカ、アジアおよびカリブ海諸国、極東、という五つの地域に分けられ、それぞれの地域を地盤にユニヴァーサリズムとパティキュラリズムのせめぎ合いのなかで、どのようにして異なった伝統が生成してくるのかが興味深く描き出されている。「社会学のグローバリゼーション」のもとでは、社会学もまたハイブリッド化せざるをえない。本書第2章第3節で引用したローランド・ロバートソンの批判的な指摘にもかかわらず、「社会学のグローバリゼーション」は、「グローバリゼーションの社会学」の重要な一こまとして見逃すことはできない。

Ⅲ　ヴェーバー研究のなかから

一九八〇年以降に刊行されたヴェーバー研究のなかから、ヴェーバーのアジア社会認識に焦点を絞り切って論じた研究書を、二冊紹介しておこう。

1　富永健一（一九九八）『マックス・ヴェーバーとアジアの近代化』講談社学術文庫

「近代化」という視点から、ヴェーバーの全業績を把握し直そうと試みた仕事である。私は本書の第7章の第5節「比較近代化の社会学」で、こうしたアプローチがパーソンズのヴェーバー解釈の上に構築されたものであることを、欧米の著作を手掛かりに論じた。また富永健一の『日本の近代化と社会変動』が、本書の第5章第5節では、日本における「比較近代化の社会学」の分野に属する記念碑的労作である所以が論じられている。この『日本の近代化と社会変動』ではパーソンズのAGIL図式を日本の歴史に適用させるモチーフが前面に現れているが、その一方で富永の比較近代化論が、ヴェーバーの仕事から大きな影響を受けたものであることが、『マックス・ヴェーバーとアジアの近代化』を読むとよくわかる。富永健一が「近代化」へ徹底的にこだわりながら社会学理論を構想したのに対して、私の場合は、「グローバリゼーション」の視点からヴェーバーを社会学的に読み直そうと試みたといえるだろう。

2 折原浩（二〇一〇）『マックス・ヴェーバーとアジア――比較歴史社会学序説』平凡社

本書は、私が本書の原稿を印刷に回した後に手にすることができた折原浩のヴェーバー研究の集大成ともいうべき作品である。ヴェーバーのアジア認識を支点に、ヴェーバーの「パラダイム変換と再構成」を敢行しようとした著作で、この研究書の上梓により、著者自身の言葉を借りれば「五五年余のヴェーバー研究に、ひとつの区切りをつけることができ」た、すなわちヴェーバーの「『科学論集』『経済と社会』『宗教社会学論集』という学問上の主著を、粗削りながら統一的に解釈し、日本の歴史‐社会科学に活かす道筋をつけることが」可能になったという。

私がヴェーバーの読み直しを促された現実と折原浩のそれとは、大きく異なることが一読すれば明らかとなるだろう。例えば中国、インドにおける資本主義化の現実をいかに説明するのかという問題は、「異常発達した生産諸力をいかに地球環境の生態学的許容限界内に公正に制御するか」の問題によって覆い隠され、また東欧革命・ソ連の崩壊の問題は、「西欧近代の『巨体の亜流』」であるがゆえの当然の帰結として捉え返される。EUの問題は考慮の外におかれている。

私の場合、説明の対象とされる経験的レファラントは、「同時代」の特性、すなわち二〇世紀の最後の四半期から二一世紀の一〇年という三〇年余の歴史的変化である。折原浩の場合は、「新しい世界史像への批判的な構想」が、研究の全体を貫く問題意識である。説明の際に組み込まれるタイムスパンは人類史全体ということになるのだろう。

何はともあれ、本書が（『グローバリゼーション・インパクト』の第7章第8節で論じられた）「終着点としての一九八九年」以降に刊行されたヴェーバー研究のなかで、社会学の分野から発信された問題作であることは疑いえない。

Ⅳ　同時代認識の社会学理論

「グローバリゼーション」も「ヴェーバー」もキーワードとして選ばれてはいないが、同時代認識の学としての「社会学」の面白さを伝えてくれる作品を、三点、推薦しておこう。

1　稲上毅（二〇〇五）『ポスト工業化と企業社会』ミネルヴァ書房

この論文集は「20世紀第4四半期はどういう時代だったのか」という序論から始まっている。世代が同じせいか時代認識は私も同じである。稲上毅の優れたところは、時代の動きに同伴して走り切れるタフネスさである。この本に集められた論文を読むと、ああそうだ、この時期にはこんな言葉が飛び交っていたな、こんなことが問題になっていたな、と懐旧の念とともに、それぞれの時期が呼び起こされる。各時期ごとに、その全体像を描くために、社会学的知識が総動員されている。

2　今田高俊（二〇〇一）『意味の文明学序説——その先の近代』東京大学出版会

二一世紀に展開されていくであろう社会的趨勢を見通すために「意味の文明学」が構想される。モダンの行き詰まりを突破するために「情報」とは区別された「意味」という概念が社会学の基本概念へと彫琢される。そして二一世紀型社会のために、「ケアと支援」を基軸とする「公共性」の復権が図られる。「文明学」と「社会学」は同じものなのか、あるいは違うものなのか、といった疑問が私などにはすぐ浮かぶが、こうした「小姑」的な批判を思い止まらせるだけの熱気が全編をおおっており、文字通りの「力作」である。

3 佐藤俊樹（二〇〇八）**『意味とシステム――ルーマンをめぐる理論社会学的探究』勁草書房**

卓抜なルーマン研究であるが、私が特に心惹かれたのは「私は『理論社会学』という語が好きではない」という著者の告白である。「『理論社会学』のなかには、世界のすべてを見渡したいという一般理論への欲望と、執拗に問い直し考え直すという反省の思考が、奇妙な形で共存している。根底的な探求をうたいながら、『一般理論が作れる』という信仰だけは疑われない。それが他者の理論への辛らつな批判と、自分の理論へのぬるい甘さを生み出す」（八頁）。言い得て妙、私もまったく同感。多分私の『グローバリゼーション・インパクト』もこうした弊を免れてはいないと思われる。

第3章で「全体社会」概念の現代における無効性を述べている私の議論に逆らうように、Gesellschaft に「全体社会」という訳語が与えられているが（三二頁）、その内実についていえば根本的な齟齬はないように思われた。

V グローバリゼーション論の基本文献

1 Roland, R. & Kathleen, E. W., (ed.), *Globalization : Critical Concepts in Sociology*, vols, I〜IV, 2003, Routledge.

グローバリゼーションに関連する論文を一二五編、集成した基本論文集。一二五本の論文は、内容に即して、六つの巻に分けられ、さらにまた巻ごとに五ぐらいのパートに分けて、整理された形で配列されている。編者の用意した分類枠は、内容を読まずに論文内容の大凡を知ることのできる便利さを与えるが、やや常套に墜するところがあり、読み手の想像力を縛るものでもある。

私は時間のあるおりに、収載論文を著者のＡＢＣ順に読んだり、通し番号を手掛かりにランダムに読んだりして楽しんでいる。いずれの論文も抜粋であり、それほど長いものではなく、読み通すのにそれほどの忍耐は要さない。

収載された論文を読んでいると、グローバリゼーションについては、まだまだ定説はなく、どんなことをいっても（テキストブックに書かれていることの逆をいったとしても）一面の真理を伝えることができるという思いに囚われる。こうした状況に知的な勇気をもらうか、あるいは学問としての未成熟さを感じるかは、人によってさまざまだろう。「社会学」は前者のような人々の仕事になるのではないか。

あとがき

本書に収載されている七つの論文は、それぞれ別々の機会にいろいろな方々の求めに応じて書かれたものである。時期的に言えば、ヴェーバーのアジア社会認識を論じたものが一九九五年で一番早く、一番最近のものがヴェーバーの社会学における作用史を論じた二〇一〇年に発表されたもの。その間には十五年の開きがある。

あらためて読み返してみて最初に感じたのは、七つの論文を通して、自分のテーマをほとんど重複や繰り返しもなく、ワンステップずつ追究していく、その執拗さである。第2章にやや教科書的な雰囲気があるにしても，全体としては「研究論文」の集成といわざるをえない。読者や依頼主からいえば、厚束がそれまでに著した論文が読まれていることを前提に論述は進められており、ジャーナルに投稿された原稿を読まされている感じだったのではないか。こんな不親切で、読み手に負担を強いる論文を、文句も言わず修正も求めずよく採択してくれたものだと，プロデューサーの方々の寛容さに遅ればせながら感謝せざるをえない。

書いてからそれなりの時間が経った時期に集中的に読み返すことによって、「自分のテーマ」がどの辺にあるのかがおぼろげながら摑めるようになった。私のなかには，社会学理論に対する関心とヴェーバーの学説研究に対する関心という、二つの焦点があるらしい、その二つの関心の焦点の間にグローバリゼーションの与える影響という媒介項を挿入すると，話を一本にまとめることができるのではないか，という道筋が自分自身にみえてきた。グローバリゼーションが社会学理論とヴェーバー学説に及ぼすインパクトを追究する、というのがこの何年かの私のテーマらしい、二つの関心の焦点は『グローバリゼーション・インパクト』というタイトルのもとに一つに串刺しすることができるのではないか、こうした見通しのもとで、プロローグとエピローグの二つを新たに書き加えて一著にしたのが本書である。

初出一覧は次のようなものである。

プロローグ　書き下ろし。

第1章「ポストモダンとハイブリッドモダン」『社会学評論』一九九八年、vol.48,no.4，一九二号。

第4節の節題を変更。

第2章「グローバリゼーションと社会学の未来」友枝敏雄・厚東洋輔編（二〇〇七）『社会学のアリーナへ――21世紀社会を読み解く』東信堂、終章。

タイトルと節編成を変更。

第3章「グローバリゼーションと社会変動理論の変容」金子勇・長谷川公一編著（二〇〇八）『講座社会変動1　社会変動と社会学』ミネルヴァ書房、第5章。

タイトルを変更。

第4章「グローバリゼーションと社会構造概念の変容」『現代社会の構想と分析』二〇〇九年、第7号、現代社会構想・分析研究所（二〇〇九年度年報）。

タイトルを変更し第5節、第6節を増補。

第5章「ヴェーバーのアジア社会論の射程と限界」『思想』一九九五年三月号。通算八四九号、岩波書店。

タイトルを変更。

第6章「近代官僚制の類型学」『社会学評論』一九九五年、vol.46, no.3 通算一八三号。

タイトルを変更。第5節ユーロクラット論を書き加えた。

第7章 "Max Weber and 20th-Century Western Sociology", *Kwansei Gakuin University Social Sciences Review*, 2010, vol. 14, translated by Dr. Scott North.

タイトルおよび節編成を変更。

エピローグ　書き下ろし。


一著するのに旧稿のタイトルや節題を適宜代え、つなぎの節を書き加えたりしたが、本文そのものを修正したり改訂したりすることはしなかった（そうする必要性はほとんど感じられなかった）。

論文のほとんどは、大阪大学人間科学研究科時代に書かれたものである。多忙な公務の合間を縫って、締め切り期限を気にしながら寸暇を見つけて一気に書き上げられた。ゴールを目指して疾駆する競走馬のように、全体の見取り図がみえずに走り続けていた。

関西学院大学社会学部に移り、管理業務から解放された時間の流れのなかに身をおき、自分は一体何をしたかったのかについて自省を重ねるなかで、ようやく自分の追究しているテーマに形を与えることができた。

大阪大学の最後の一〇年間は国立大学法人化の嵐に巻き込まれ、研究上のブループリントを十分に練り上げることができなかった。自分の研究に一区切りをつけられずに定年を迎えた。関西学院大学社会学部に採用して頂き、研究と教育に専念できる最適の環境のもとで暮らすうちに、研究上の不完全燃焼感を除去することができたのが私としては一番嬉しいことである。こうしたチャンスを与えてくださった方々に心から感謝申し上げたい。

自分のテーマがわかったからといって、これまでやってきたことの達成水準が向上するわけではない。十五年掛かってこの程度か、という思いが去来することも事実だが、こうした感情を持つのは欲張りというものだろう。これまでの仕事をこうした形でまとめることができたのは本当に幸運であった。

本書を『叢書・現代社会学』の一巻として上梓することを許してくださった、金子勇先生をはじめとする監修の諸先生に御礼申し上げたい。

また編集部の涌井格さんと堀川健太郎さんには、適切な助言と元気の出るサポートとでずいぶん助けて頂いた。本書が論文集ではなく、起承転結をもった一冊の本になったとすれば，それはこのお二人の力のお陰である。

二〇一〇年九月二八日

暑くて長い夏をなんとか乗り切り、迎えることの出来た秋に

厚東洋輔

叢書・現代社会学

編集委員
金子　勇
盛山和夫
佐藤俊樹
三隅一人

*社会分析　金子　勇
*社会学とは何か　盛山和夫
社会関係資本　三隅一人
社会学の使い方　佐藤俊樹
社会的ジレンマ　海野道郎
都市　松本　康
社会意識　佐藤健二
メディア　北田暁大
比較社会学　野宮大志郎
ボランティア　似田貝香門

アイデンティティ　浅野智彦
ジェンダー／セクシュアリティ　加藤秀一
貧困の社会学　西澤晃彦
社会学の論理（ロジック）　太郎丸博
*仕事と生活　前田信彦
青年の戦後史　片瀬一男
福祉　藤村正之
社会システム　徳安　彰
*グローバリゼーション・インパクト　厚東洋輔

（*は既刊）

《著者紹介》

厚東洋輔（こうとう・ようすけ）

1945年　生まれ。
東京大学大学院社会学研究科後期課程中退。博士（人間科学）。
大阪大学大学院人間科学研究科教授を経て，
現　在　関西学院大学社会学部教授。

主要な著書・編著
『ヴェーバー社会理論の研究』東京大学出版会，1977年。

『社会認識と想像力』ハーベスト社，1991年。

『近代性の社会学』（今田高俊との共著）放送大学教育振興会，1992年。

『人間ウェーバー』（徳永恂との共編著）有斐閣，1995年。

『リーディングス日本の社会学1　社会学理論』（塩原勉・井上俊との共編著），東京大学出版会，1997年。

『講座社会学1　理論と方法』（高坂健次との共編著）東京大学出版会，1998年。

『モダニティの社会学』ミネルヴァ書房，2006年，ほか多数。

叢書・現代社会学④

グローバリゼーション・インパクト

——同時代認識のための社会学理論——

2011年2月25日　初版第1刷発行　〈検印廃止〉

定価はカバーに
表示しています

著　者　厚　東　洋　輔
発行者　杉　田　啓　三
印刷者　藤　森　英　夫

発行所　株式会社　ミネルヴァ書房
607-8494 京都市山科区日ノ岡堤谷町1
電話（075）581-5191（代表）
振替口座　01020-0-8076番

亜細亜印刷・新生製本

ISBN 978-4-623-05839-6
Printed in Japan

索　引

た　行

な　行

は　行

ま　行

や・ら・わ行

参照文献

Abercrombie, N., Hill, S. & Turner, B. S., (eds.), 2000, *The Penguin Dictionary of Sociology*, Penguin Books.（= 2005, 丸山哲央監訳『社会学中辞典』ミネルヴァ書房.）

Adorno, Theodor W. with Frankel-Brunswik, E., Levinson, D. J. & Sandford, R. N., 1950, *The Authoritarian Personality*, Harper.（= 1980, 田中義久・矢沢修次郎・小林修一訳『権威主義的パーソナリティ』青木書店.）

Albrow, Martin, 1990, "Globalization,knowledge and society" in Albrow M. & King, E., (eds.), *Globalization, Knowledge and Society*, Sage.

————, 1996, *The Global Age*, Polity Press.（= 2000, 会田彰・佐藤康行訳『グローバル時代の歴史社会論——近代を超えた国家と社会』日本経済評論社.）

Anderson, B., 1983, *Imagined Communities：Reflections on the Origin and Spread of Nationalism*, Verso Editons.（= 1987, 白石隆・白石さや訳『想像の共同体』リブロポート.）

Appadurai, A., 1996, *Modernity at Large: Cultural Dimensions of Globalization*, University of Minnesota Press.（= 2004, 門田健訳『さまよえる近代——グローバル化した文化研究』平凡社.）

Aron, R., 1935, *Sociologie allemande contemporaine*, Alcan.（= 1956, 秋元律朗・河原宏・芳仲和夫訳『現代ドイツ社会学』理想社.）

新睦人, 1995,『現代社会の理論構造』恒星社厚生閣.

Bell, D., 1974, *The Coming of Post-Industrial Society*, Basic Book.（= 1978, 内田忠男・嘉治元郎・城塚登・馬場修一・村上泰亮・谷嶋喬四郎訳『脱工業社会の到来』上・下, ダイヤモンド社.）

Bellah, R. N., 1957, *Tokugawa Religion*, The Free Press.（= 1962, 堀一郎・

池田昭訳『日本近代化と宗教倫理――日本近世宗教論』未来社.)

Bendix, R., 1956, *Work and Authority in Industry*, Wiley.（= 1980, ベンディックス, 大東英祐・鈴木良隆訳『産業における労働と権限』東洋経済新報社.）

Benedict, R., 1934, *Pattern of Culture*, Houghton Mifflin.（= 1973, 米山俊直訳『文化の型』社会思想社.）

Beynon, J. & Dunkerley, D., (eds.), 2000, *Globalization: The Reader*, The Athline Press.

Boeke, J. H., 1953, *Economics and Economic Policy of Dual Societies as Exemplified by Indonesia*, H. D. Tjeenk Willink.（= 1979, 永易浩一訳『二重経済論』秋董書房.）

Collins, R., 1979, *The Credential Society*, Academic Press.（= 1984, 大野雅敏・波平勇夫訳『資格社会』有信堂.）

Comte, A., 1839, *Cours de philosohie positive, 50e Lecon/51e Lecon*, Bachelier.（= 1970, 霧生和夫訳「社会静学と社会動学」『世界の名著36巻 コント／スペンサー』中央公論社.）

Cooley, C.H., 1909, *Social Organization*, Charles Scribner's Sons.（= 1967, 大橋幸訳『社会組織論』（現代社会学大系 10）青木書店.）

Durkheim, E., 1893, *De la division du travail social : Étude sur l'organization des sociétés supérieurs*, Félix Alcan.（= 1971, 田原音和訳『社会分業論』青木書店.）

――――, 1895, *Les regles de la methode sociologique*, Félix Alcan.（= 1978, 宮島喬訳『社会学的方法の規準』岩波文庫.）

Eisenstadt, S. N., 1967, *Modernization, Protest & Change*, Prentice-Hall.（= 1968, 内山秀夫・馬場晴夫訳『近代化の挫折』慶応通信.）

遠藤薫, 2009,『聖なる消費とグローバリゼーション』勁草書房.

Faris, R. E., 1967, *Chicago Sociology 1920-32*, Chabdler Publishing Company.（= 1990, 奥田道大・広田康生訳『シカゴ・ソシオロジー

1920-1932』ハーベスト社.)
Featherstone, M., 1995, *Undoing Culture : Globalization, Postmodernism and Identity*, Sage Publications.（= 2009, 西山哲郎・時安邦治訳『ほつれゆく文化――グローバリゼーション, ポストモダニズム, アイデンティティ』法政大学出版局.)
Frobenius, L., 1897, *Der westafrikanische Kulturkreis*, Peter Geographische Mitteilungen, 43.
Fromm, E., 1941, *Escape From Freedom*, Farrar & Straus.（= 1951, 日高六郎訳『自由からの逃走』東京創元社.)
Garcia Canclini, N., 1995, *Hybrid Cultures :Strategies for Entering and Leaving Modernity*, University of Minnesota Press.
Gerth, H. & Mills, C. W., 1946, *From Max Weber*, Oxford University Press.（= 1962, 山口和男・犬伏宣宏訳『マックス・ウェーバー――その人と業績』ミネルヴァ書房.)
Giddens, A., 1990, *The Consequences of Modernity*, Polity Press.（= 1993, 松尾精文・小幡正敏訳『近代とはいかなる時代か？――モダニティの帰結』而立書房.)
――――, 1991, *Modernity and Self-Identity : Self and Society in the Late Modern Age*, Stanford University Press.
――――, 1999, *Runawey World : How Globalization is Reshaping Our Lives*, Profile Books.（= 2001, 佐和隆光訳『暴走する世界――グローバリゼーションは何をどう変えるのか』ダイヤモンド社.)
Glazer, N. & Moynihan, D. P., (eds.), 1963, *Beyond the Melting Pot*, MIT Press.（= 1986, 阿部斉・飯尾正子訳『人種のるつぼを越えて』サイマル出版会.)
Graebner, F., 1911, *Methode der Ethnologie*, Winter.
Habermas, J., 1981, *Theorie des Kommunikativen Handelns*, Suhrkamp.（= 1985, 86, 87, 河上倫逸・フーブリヒト・平井俊彦・藤沢賢一郎・岩倉

正博・徳永洵・平野嘉彦・山口節郎・丸山高司・丸山徳次・厚東洋輔・森田数実・馬場孚瑳江・脇圭平訳『コミュニケイション的行為の理論』上・中・下，未来社.）

Held, D., McGrew, A., Goldblatt, D. & Perraton, J., (eds.), 1999, *Global-Transformation : Politics, Economics and Culture*, Stanford University Press.（= 2006，古城利明ほか訳『グローバル・トランスフォーメイションズ――政治・経済・文化』中央大学出版部.）

Hobsbawm, E. J., & Ranger, T., (eds.), 1983, *The Invention of Tradition*, Cambridge University Press.（= 1992，前川啓司・梶原景昭訳『創られた伝統』紀伊国屋書店.）

Horkheimer, M., 1932, *Bemerkungen ueber Wissenschaft und Kreise*, Zeitschrift für Sozialforschung, I..（= 1998，角忍・森田数実訳『批判的理論の論理学』恒星社厚生閣.）

Hughes, H. S., 1958, *Consciousness and Society*, Alferd A Knopf.（= 1970，生松敬三・荒川幾男訳『意識と社会』みすず書房.）

船津衛，1999，『アメリカ社会学の展開』恒星社厚生閣.

Huntington, Samuel P., 1993, *The Clash of Civilization?*, Foreign Affairs, June.（= 1993，竹下興喜監訳「文明の衝突――再現した西欧と非西欧の対立構図」『中央公論』1993 年 8 月号.）

今田高俊，1986，『自己組織性』創文社.

――――，1987，『モダンの脱構築』中央公論社.

――――，2001，『意味の文明学序説――その先の近代』東京大学出版会.

稲上毅，2005，『ポスト工業化と企業社会』ミネルヴァ書房.

石丸博，1991，「プロフェッションとしての官僚制――問題の展望」『社会科学論集』第 31 号，愛知教育大学社会科学会.

――――，1992，「M・ヴェーバーと西欧官僚制――覚え書き」『社会科学論集』第 32 号，愛知教育大学社会科学会.

伊藤大一，1980，『現代日本官僚制の研究』東京大学出版会.

岩本潤一，1991，「『文化への受肉』の概念をめぐって」『現代の典礼』第1号，現代典礼研究会.
鴨武彦，1992，『ヨーロッパ統合』日本放送出版協会.
加納啓良訳編，1973，「ブーケとブルヘルの論争」，大塚久雄編『後進国資本主義の展開過程』アジア経済研究所，第9章.
加納啓良，1974，「植民地期インドネシアの村落経済——ブーケとブルヘルの所説をめぐって」『アジア経済』第15巻第2号.
加藤周一，1974，『雑種文化——日本の小さな希望』講談社文庫.
厚東洋輔・今田高俊，1992，『近代性の社会学——構造とゆらぎの視点から』放送大学教育振興会.
厚東洋輔，1977，『ヴェーバー社会理論の研究』東京大学出版会.
————，1991，『社会認識と想像力』ハーベスト社.
————，1998，「近代化」広松渉・三島憲一他編集『岩波哲学・思想事典』岩波書店，368-9.
————，2006，『モダニティの社会学——ポストモダンからグローバリゼーションへ』ミネルヴァ書房.
蔵内数太，1966，「三つのレベルの社会」（1978，『蔵内数太著作集　第一巻』関西学院大学出版会.）
Lederer, E., 1940, *State of the Masses*, Norton.（= 1961，青井和夫・岩城完之訳『大衆の国家——階級なき社会の脅威』東京創元社.）
Loewith, K., 1932, "Max Weber und Karl Marx" *Archiv fuer Sozialwissenschat und Sozialpolitik*, 67: 175-214.（= 1966，柴田治三郎・脇圭平・安藤英治訳『ウェーバーとマルクス』未来社.）
Luhmann, N., 1971/1968, *Theorie der Gesellschaft oder Sozialthchnologie*, Suhrkamp.（= 1984，佐藤嘉一訳「全体社会の分析形式としての現代システム理論」佐藤嘉一・山口節郎・藤沢賢一郎訳『ハーバマス／ルーマン論争——批判比論と社会システム理論』上，木鐸社.）
MacIver, R. M., 1917, *Community : A Sociological Study, Being an Attempt*

to set out the Nature and Fundamental Law of Social Life,Macmillan and Co. Limited.（= 1975/2009, 中久郎・松本通晴訳『コミュニティ』ミネルヴァ書房.）

———, 1949, *The Elements of Social Science,revised ed.*,Methuen & Co. LTD.（= 1957, 菊池綾子訳『社会学講義』社会思想研究会出版部.）

Malinowski, B., 1945, *The Dynamics of Cultural Change : An Inquiry into Race Relations in Africa*, Yale University press.（= 1963, 藤井正雄訳『文化変化の動態』理想社.）

Mannheim, K., 1940, *Man and Society in the Age of Reconstruction*, Kegan Paul.（= 1953, 福武直訳『変革期における人間と社会』みすず書房.）

Marx, K. & Engels, F., 1848, *Manifest der Kommunistischen Partei*.（= 1946, 大内兵衛・向坂逸郎訳『共産党宣言』岩波文庫.）

正村俊之, 2009,『グローバリゼーション――現代はいかなる時代なのか』有斐閣.

三島憲一, 2007,「書評――小田部胤久『芸術の条件』」『社会思想史研究』第 31 号, 藤原書店.

Mitzman, A., 1970, *The Iron Cage*, Alferd A Knopf.（= 1988, 安藤英治訳『鉄の檻』創文社.）

森定玲子, 1992,「対人福祉サービスと福祉専門職――T.H.マーシャルを手掛かりに」『ソーシャルワーク研究』68, 第 17 巻第 4 号.

村上淳一, 1979,『近代法の形成』岩波書店.

Murphy, R., 1988, *Social Closure*, Oxford University Press.（= 1994, 辰己伸二訳『社会的閉鎖の理論』新曜社.）

中野敏男, 1993,『近代法システムと批判――ウェーバーからルーマンを超えて』弘文堂.

Nederveen Pieterse J., 1995, "Globalization as Hybridization" in Featherstone, M. et al., (eds.), *Global Modernities*, Sage.

Nettl, J., & Robertson, R., 1968, *International Systems and the Modernni-*

ation of Societies : transformation of national goals and attitudes, Basic Book.
Nomiya, D., 2007, "The Demize of Conparatine Sociology? Globelization and its Shadow" *International Journal of Japanese Sociology*, No.16.
野崎敏郎, 1993,「ヴェーバー日本封建制論の文献学的考察」『社会学雑誌』10, 神戸大学社会学研究会.
———, 1994,「ヴェーバー日本生活精神論の文献学的考察」『社会学雑誌』11, 神戸大学社会学研究会.
大林大良, 1960,「伝播」『現代人類学２（人間の文化)』中山書店.
Page, Ch. H., 1940, *Class and American Sociology*, The Disl Press Inc.（= 1970, 斉藤正二・内藤昭訳『アメリカ社会学と階級理論――ウォードからロスまで』八千代出版.）
Parkin, F., 1979, *Marxism and Class Theory*, Tavistock.
Parsons, T., 1937, *The Structure of Social Action*, McGraw-Hill.（= 1974-89, 稲上毅・厚東洋輔・溝部明男訳『社会的行為の構造』１～５巻, 木鐸社.）
———, 1966, *Societies : Evolutionary and Comparative Perspectives*, Prentice-Hall.（= 1971, 矢澤修次郎訳『社会類型――進化と比較』至誠堂.）
———, 1971, *The System of Modern Societies*, Prentice Hall.（= 1977, 井門不二夫訳『近代社会の体系』至誠堂.）
ペテロ, クネヒト, 1984,「文化伝播主義」綾部恒雄編『文化人類学 15 の理論』中央公論社.
Ratour, B., 2005, *Reassembling the Social : an introduction to Actor-Network-Theory*, Oxford University Press.
Redfield, R., Linton, R. & Herskovits, M. J., 1936, "Memorandumu on the Study of Acculturation"*Ameican Anthropologist*, Vol.38.
Reid, T. R., 2004, *United States of Europe : The New Super power and the*

End of American Supremacy, Penguin Books.（= 2005, 金子宣子訳『「ヨーロッパ合衆国」の正体』新潮社.）

Ritzer, G., 1993, *The McDonalization of Society,* Pine Forge Press.（= 1999, 正岡寛司監訳『マクドナルド化する社会』早稲田大学出版部.）

Roberts, J. T. & Hite, A., (eds.), 2000, *From Modernization to Globalization : Perspective on Development and Social Change,* Blackwell.

Robertson, R., 1992, *Globalization : Social Theory and Global Culture,* Sage.（= 1997, 阿部美哉訳『グローバリゼーション――地球文化の社会理論』東京大学出版会.）

Robertson, R. & White, K. E., (eds.), 2003, *Globalization : Critical Concepts in Sociology,* Vol. I～VI, Routledge.

Rumford, C., 2001, "Social Space Beyond Civil Society : Eurpean Integration, Globalization and the Sociology of European Soceity" [original, 2001, Invation14(3)] Robertson, R. & White, K. E.,(eds.),2003, *Globalization : Critical Concepts in Sociology,* Vol.III, Routledge.

作田啓一, 1967,『恥の文化再考』筑摩書房.

Salomon, A., 1926, "Max Weber" *Die Gesellschaft* 3, 131-53.

佐藤慶幸, 2006,『アソシエーティブ　デモクラシー』有斐閣.

佐藤俊樹, 2008,『意味とシステム――ルーマンをめぐる理論社会学的探究』勁草書房.

Schluchter, W., 1988, *Religion und Lebemsfuehrung,* Suhrkamp.（= 2009, 佐野誠・林隆也訳『マックス・ヴェーバーの研究戦略――マルクスとパーソンズの間』風行社.）

Scholte, J. A., 2000, *Globalization : A Critical Introduction,* Macmillan.

Simmel, G., 1890, *Ueber sociale Differenzierung : Sociologische und Psychologische Untersuchugen* → *Georg Simmel Gesamtausgabe, Bd.* 2, 1989, Suhrkamp.（= 1970, 居安正訳『社会分化論社会学』青木書店.）

――――, 1894, *Das Problem der Soziologie* → *Georg Simmel Gesam-*

tausgabe, Bd. 5, 1992, Suhrkamp.（=1961，阿閉吉男訳「社会学の問題」『社会学の根本問題』社会思想社.）
———, 1908, Soziologie → *Georg Simmel Gesamtausgabe, Bd*. 11, 1992, Suhrkamp.（= 1994，居安正訳『社会学』上・下，白水社）
園田茂人，1993，「儒教と近代化」厚東洋輔・今田高俊・友枝敏雄編『社会理論の新領域』東京大学出版会.
富永健一，1965，『社会変動の理論』岩波書店.
———，1990，『日本の近代化と社会変動——テュービンゲン講義』講談社学術文庫.
Tomlinson, J., 1999, *Globalization and Culture*, Polity Press.（= 2000，片岡信訳『グローバリゼーション——文化帝国主義を超えて』青土社.）
友枝敏雄，1993，「社会システムの変動」厚東洋輔・今田高俊・友枝敏雄編『社会理論の新領域』東京大学出版会.
Urry, J., 2000, *Sociology Beyond Societies: Mobilities for the Twenty-first Century*, Routledge.（= 2006，吉原直樹監訳『社会を越える社会学——移動・環境・シチズンシップ』法政大学出版局.）
内海博文，2007，「グローバリゼーションと人間の安全保障の興隆」友枝敏雄・厚東洋輔編『社会学のアリーナへ——21 世紀社会を読み解く』東信堂，第 8 章.
Wagner, P., 1994, *A Sociology of Modernity*, Routledge.
Weber, A., 1921, *Gesellschatsprozess, Zivilisationsprozess und Kulurbewegung*, Archiu für Sozialwissenscheft und Sozialpolitik, Bd. XL VII, 1921（= 1957，山本新・信太正三・草薙正夫訳『文化社会学』創文社.）
Weber, M., 1909, *Agraverhältnisse im Altertum* → *Max Weber Gesamtausgabe*, I-6.（= 1959，渡辺金一・弓削達訳『古代社会経済史』東洋経済新報社. ）
———, 1920, *Gesammelte Aufsaetze, zur Religionssoziologie, Bd*. I → *Max Weber Gesamtausgabe*, I-18, I-19.（= 1973，大塚久雄・生松敬三

訳「序言」『宗教社会学論選』みすず書房／= 1989，大塚久雄訳『プロテスタンティズムの倫理と資本主義の精神』岩波文庫／= 1971，木全徳雄訳『儒教と道教』創文社.）

———, 1921/1916-7, *Hinduismus und Buddhismus, Gesammelte Aufsaetze zur Religonssoziologie, Bd.*Ⅱ → *Max Weber Gesamtausgabe*, I-20.（= 1983，深沢宏訳『ヒンドゥー教と仏教』日貿出版社.）

———, 1922, *Gesammelte Aufsaetze Zur Wissenschaftslehre* → *Max Weber Gesamtausgabe*, Ⅰ-12.（= 1968，林道義訳『理解社会学のカテゴリー』岩波文庫／= 1990，海老原明夫・中野敏男訳『理解社会学のカテゴリー』未来社.）

———, 1924, *Gesammmelte Aufsaetze zur Soziologie und Sozialpolitik* → *Max Weber Gesamtausgabe, I-8.*（= 1980，浜島朗訳『社会主義』講談社学術文庫.）

———, 1958, *Politishe Schriften, 2Aufl* → *Max Weber Gesamtausgabe*, I-16, I-17.（= 1982，中村貞二・山田高生訳「新秩序ドイツの議会と政府」／= 1982，山田高生訳「ドイツ将来の国家形態」／= 1982，脇圭平訳「職業としての政治」，いずれも『政治論集２』みすず書房.）

———, 1958, *Wirtschaftgeschichite*, 3Aufl.（= 1995，黒正巌・青山秀夫訳『一般社会経済史要論』上・下，岩波書店.）

———, 1972, *Wirtschaft und Gesellschaft, Fuenf Aufl* → *Max Weber Gesamtausgabe, I-22, I-23.*（= 1975，富永健一訳「経済行為の社会学的基礎範疇」尾高邦雄編『ウェーバー（世界の名著 50）』中央公論社／= 1970，世良晃志郎訳①『支配の諸類型』創文社／= 1960，世良晃志郎訳②『支配の社会学Ⅰ』創文社.）

Wissler, C., 1917, *The American Indian : An Introduction to the Anthropology of the New World*, D. C. McMurtie.

ヴォスレンスキー，M., 1981,『ノーメンクラツーラ』佐久間穆・船戸満之訳，中央公論社.

山田盛太郎, 1934,『日本資本主義分析』岩波書店.
山之内靖, 1999,『日本の社会科学とヴェーバー体験』筑摩書房.
矢野暢編集責任, 1994,『世界単位論（講座現代の地域研究, 第二巻）』弘文堂.
米沢和彦, 1991,『ドイツ社会学史研究』恒星社厚生閣.
吉田禎吾, 1960,「文化変容」『現代文化人類学（人間の文化２）』, 中山書店.
吉見俊哉, 1992,『博覧会の政治学』中央公論社.
油井清光, 2006,「市民権と人権の社会学——研究ノート」『社会学雑誌』23, 神戸大学社会学研究会.